OS? Oh Yes!

누워서 보는 **운영체제** 이야기

김 주 균 지음

제2판

Operating System Principles

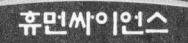

정가 20,000원

OS? Oh Yes! 누워서 보는 운영체제 이야기 | 2판 |

2022년 2월 22일 2판 인쇄
2022년 3월 2일 2판 발행

저　자 : 김　주　균
발 행 자 : 박　주　옥
발 행 처 : 휴먼싸이언스
주　　소 : 서울시 도봉구 도봉동 613-14
　　　　　숙진빌딩 B1
등록번호 : 제2008-20호
등 록 일 : 2008. 10. 13
전　　화 : (02) 955-0244
팩　　스 : (02) 955-0245

e-mail : humansci@naver.com
ISBN : 979-11-89057-29-9 93560

```
저자와의
협의하에
인지생략
```

* 이 책의 전체 내용이나 일부를 무단으로 복사·복제·전재하는 것은 저작권법에
  저촉됩니다.
* 낙장 및 파본은 구입처나 본사에서 교환하여 드립니다.

이 도서의 국립중앙도서관 출판시도서목록(CIP)은 서지정보유통지원시스템 홈페이지
(http://seoji.nl.go.kr)와 국가자료공동목록시스템(http://www.nl.go.kr/kolisnet)에서
이용하실 수 있습니다. (CIP제어번호 : CIP2013014158)

OS? Oh Yes!
누워서 보는 **운영체제** 이야기

시작하기 전에 몇 마디!

강의하면서 뒤늦게 발견한 여러 부분을 수정하고, 새로 13장을 추가하여 개정판을 엮어 내었다. 이 책을 처음 접하는 독자들을 위해 초판에 썼던 글을 밑에 남겼으니 참고하기 바란다.

필자가 운영체제를 강의한지도 16년이 훌쩍 넘었지만(달인 다음은 뭐?) 학기를 끝낼 때마다 학생들이 제대로 이해를 잘 못하고 있구나 하는 아쉬움이 늘 남았었다. 무능한 가르침도 한몫했겠지만, 비슷한 형식의 딱딱한 교재들 역시 흥미를 끌지 못했으리라. 한두 장 읽다가 머리 아프고 지루해 덮어버리는 지금까지의 틀을 벗어나 좀 더 재미있게 이해시킬 수 있는 책이 있다면 어떨까?

필자의 이런 의도에 같은 길을 걷는 몇몇 동문께서 동참하여 시작한 지는 벌써 몇 년이 흘렀다. 중간에 이런저런 사정도 있었고, 의도했던 문체와 형식이 낯설어 버거워도 하였고... 안타깝지만 하나 둘 빠져 결국엔 혼자 마무리할 수밖에 없어 이제야 졸작이나마 나오게 되었지만. 혹자는 이 책의 형식이 가벼워 전공교재의 진중함이 없는 것이 아니냐는 말을 했지만 그럴 때마다 "무슨 소리! 어떻게 해서라도 운영체제를 하나라도 더 이해시키는 것이 중요하지!"라고 면박을 주었었고, 그 생각이 이 책을 집필하는 내내 지켰던 원칙이었다.

이 책은 학부 수준의 운영체제를 이해하는 데 필요한 내용들을 필자가 강의할 때의 방식을 그대로 글로 옮겨 담았다. 물론, 크게 필요하지도 않고 어차피 한 학기에 다룰 수도 없는 부분들은 제외했지만. 참고문헌과 연습문제는 다른 책들에 비슷한 내용으로 얼마든지 있으므로 일부러 넣지 않은 대신, 필기할 수 있는 공간을 각 장의 끝에 조금 붙여 두었으니 활용하기 바란다.

이 책에서 다루고 있는 내용의 정도로 볼 때 전공교재로도 충분히 활용될 수 있겠고, 원서나 번역서가 교재가 될 경우에는 참고서로 사용해도 되겠다. 아마도 교재보다 더 읽게 되리라는 추측을 조심스럽게 해 보면서! 굳이 사족을 붙이면, 틈틈이 써놓았던 부분적 분량으로 필자의 지난 학기 강의에 사용하여 학생들의 반응을 본 후 더욱 집필 의지를 굳혔다는 것을 밝힌다. 그 외에도 전공자는 아니지만 운영체제의 기본 내용이 필요한 업무의 직장인, 혼자서 공부해야 하는 독자들에게

시작하기 전에 몇 마디

도 도움을 주리라 생각한다. 누워서 편안한 기분으로 읽어도 처음엔 몰랐던 운영
체제(OS?)가 나중엔 이해되기(Oh Yes!)를 바라며 책의 제목을 그렇게 지었다.

　필자가 손보고 다듬기는 했지만, 처음에 맡았던 부분의 초고를 만드느라 고생
하셨던 전용기, 엄영익, 류연승 교수 그리고 PPT를 만들어 준 이재동 교수께 지면
을 빌어 감사드린다. 또 본문의 여러 곳에 등장하는 삽화를 만들어준 조카 지은에
게도 고맙다는 말을 전한다. 낮밤을 거꾸로 보내며 글 쓰느라 고생한다고 이것저
것 챙겨준 집사람도 당연히 고맙고.

　꼼꼼히 챙긴다고는 했으나 아직 부족한 부분도 꽤 있을 것이다. 읽다가 궁금하
거나 오류 또는 의견이 있을 때는 아래 적어놓은 이메일로 알려주면 가능한 필자
가 조치할 것을 약속한다. 같이 수고하신 휴먼싸이언스 출판사 분들께 감사드리
며, 필자의 지금 마음을 다음 글의 인용으로 대신하면서 맺는다.

　"이 책이 비록 명산에 비장할 것은 되지 못하나 간장 항아리의 덮개로 부질없
이 쓰이게 되지 않기를 바랍니다. 신의 구구하고 망령된 뜻은 하늘의 햇빛이 밝혀
줄 것입니다."

청파 언덕에서　필자 씀

jgkim@sookmyung.ac.kr

차 례

Chapter 1 OS? Oh Yes!

1.1 OS? ··· 1

1.2 옛날에 운영체제는? ··· 4
    1.2.1 수동식 계산기 ·· 4
    1.2.2 자동계산기 시대 ·· 4

1.3 Oh Yes! ··· 11
    1.3.1 OS 안에는 어떤 것들이? ·· 11
    1.3.2 OS는 컴퓨터의 어디에 있을까? ·· 12
    1.3.3 윈도에서는? ·· 13

Chapter 2 들어가기 전에

2.1 OS의 목적 ··· 19

2.2 몇 가지 상식 ··· 20
    2.2.1 부팅 ·· 20
    2.2.2 레지스터 ·· 20
    2.2.3 명령어 처리 ·· 21

2.3 인터럽트 ··· 22
    2.3.1 인터럽트는 언제 처리될까? ·· 23
    2.3.2 인터럽트는 어떻게 처리될까? ··· 23
    2.3.3 중첩된 인터럽트의 처리는? ·· 26

2.4 기억 장치의 계층적 구조 ··· 27

2.5 I/O 방식 ··· 29

차례

Chapter 3 프로세스와 스레드

3.1 프로세스란 무엇일까? ······ 35

    3.1.1 프로세스 제어 블록 ······ 36

    3.1.2 프로세스의 상태와 변화 ······ 37

3.2 스레드란? ······ 42

    3.2.1 스레드에 대해 조금 더. ······ 43

    3.2.2 스레드의 상태와 동기화 ······ 45

    3.2.3 스레드의 종류 ······ 46

Chapter 4 CPU 스케줄링

4.1 스케줄링의 단계 ······ 51

4.2 스케줄링의 목적과 기준 ······ 53

4.3 스케줄링 기법들 ······ 55

4.4 실시간 스케줄링 ······ 67

4.5 윈도에서의 스케줄링 ······ 70

Chapter 5 병행 프로세스와 동기화

5.1 병행 프로세스 ······ 74

5.2 상호배제 ······ 76

5.3 상호배제를 위한 소프트웨어 기법들 ······ 78

    5.3.1 몇 가지 미완성 시도들 ······ 79

    5.3.2 성공적인 기법들 ······ 83

    5.3.3 n 프로세스 간의 상호배제를 위한 소프트웨어 기법들 ······ 84

5.4 상호배제를 위한 하드웨어 기법들 ······ 86

    5.4.1 인터럽트 금지를 사용한 기법 ······ 86

    5.4.2 하드웨어 명령어를 사용한 기법 ······ 87

5.5 세마포어 ······ 89

5.6 생산자-소비자 문제 ······ 92

5.7 Eventcount와 Sequencer를 사용한 기법 ······ 95

5.8 모니터 ······ 97

Chapter 6   교착 상태

6.1   교착 상태에 대해 조금 더! 108
6.1.1   자원이란? 109
6.1.2   프로세스는? 111
6.1.3   교착 상태의 원인은? 111

6.2   교착 상태의 해결 113
6.2.1   예방 기법 114
6.2.2   회피 기법 117
6.2.3   탐지 기법 120
6.2.4   복구 기법 125

Chapter 7   메모리 관리

7.1   메모리의 구성은? 131

7.2   메모리의 관리는? 133

7.3   단일 프로그래밍 134

7.4   고정 분할에서의 다중 프로그래밍 135

7.5   가변 분할에서의 다중 프로그래밍 137

Chapter 8   가상 메모리

8.1   가상 메모리를 위해서는 147

8.2   페이징 150
8.2.1   TLB의 사용 153
8.2.2   페이지의 보호와 공유 155
8.2.3   페이징에서 사상 테이블의 구성 157

8.3   세그먼테이션 160
8.3.1   세그먼트의 보호와 공유 161

8.4   페이징을 사용하는 세그먼테이션 162

Chapter 9   가상 메모리의 관리

9.1   하드웨어의 사용 168

vii

차례

9.2 관리를 위한 다양한 기법들································· 168

   9.2.1 적재 정책····································· 168

   9.2.2 배치 정책····································· 169

   9.2.3 할당 정책과 교체 범위························· 170

   9.2.4 교체 정책····································· 170

   9.2.5 Working set 이론과 PFF···················· 178

   9.2.6 클리닝 정책과 부하 조절······················ 182

9.3 몇 가지 고려할 점들································· 183

   9.3.1 페이지의 크기································· 183

   9.3.2 프로그램의 구조······························ 184

   9.3.3 프레임 잠금··································· 185

9.4 윈도에서의 가상 메모리 관리······················ 185

Chapter 10 파일시스템

10.1 파일에 대해······································ 189

10.2 파일시스템의 구조-논리적 관점에서················ 193

10.3 파일시스템의 구조-물리적 관점에서················ 197

10.4 파일에 대한 접근제어······························ 200

   10.4.1 패스워드···································· 200

   10.4.2 접근 행렬···································· 200

Chapter 11 디스크와 스케줄링

11.1 디스크의 구조···································· 207

11.2 디스크 스케줄링·································· 212

11.3 회전 지연 시간의 최적화··························· 221

11.4 디스크 관리를 위해······························· 223

Chapter 12 컴퓨터 보안

12.1 보안의 개념····································· 232

12.2 보안을 위협하는 유형····························· 234

viii

차례

12.3 보안 메커니즘 ·· 235

   12.3.1 암호 및 인증 ··· 236

   12.3.2 접근 제어 ·· 245

   12.3.3 시스템 보안 ··· 245

   12.3.4 네트워크 보안 ··· 248

12.4 보안 시스템 ··· 251

   12.4.1 침입 차단 시스템 ···································· 251

   12.4.2 침입 탐지 시스템 ···································· 252

   12.4.3 보안 운영체제 ··· 254

12.5 기타 보안 위협 ··· 255

   12.5.1 웜과 바이러스 ··· 255

   12.5.2 해킹과 크래킹 ··· 256

Chapter 13 다중처리 시스템과 운영체제

13.1 약결합과 밀결합 시스템 ·································· 261

13.2 병렬처리 시스템 ··· 263

   13.2.1 병렬성의 탐지 ··· 267

   13.2.2 "Never wait" 규칙 ·································· 271

   13.2.3 Fetch-and-add 명령 ······························ 271

   13.2.4 병렬 운영체제의 구조 ····························· 272

13.3 분산 처리 시스템 ··· 274

   13.3.1 분산 운영체제의 유형 ····························· 275

   13.3.2 분산 운영체제의 설계 시 고려사항 ······· 278

   13.3.3 클라이언트/서버 시스템과 미들웨어 ······· 283

   13.3.4 클러스터 ·· 286

   13.3.5 클라우드 컴퓨팅 ······································· 286

찾아보기 ·· 289

ix

OS? Oh Yes!

우리가 흔히 운영체제라 부르는, 컴퓨터에서 가장 기본적으로 있어야 할 OS (Operating Systems)란 무엇이며 어떤 것일까? 이런 의문을 가지고 있었다면 지금부터 하는 말들을 귀담아 듣도록 하자.

1.1 OS?

프리스타일(길거리 농구 게임이다)이 너무 하고 싶었던 우리의 친구 OS맨. 하루는 마음먹고 공장에서 출고되는 컴퓨터를 바로 사게 되었다. 집으로 갖고 가 켰더니 이런! 꼼짝도 하지 않는 것이 아닌가. 아! 프리스타일 프로그램을 깔지 않았구나 생각한 이 친구는 우선 이 프로그램부터 깔기로 하였는데 이것 역시 불가능함을 알았다. 자. 그럼 무엇이 문제인가.

그렇다. 컴퓨터를 정상적으로 작동시켜 필요한 프로그램을 설치하고 실행될 수 있도록 해주는 가장 기본적인 프로그램들. 컴퓨터를 사게 되면 기본적으로 설치되어 미처 우리가 눈치 채지 못했던 바로 그 프로그램. PC(Personal Computer)를 살 경우 윈도라는 이름으로 깔렸던 그 프로그램. 바로 그것이 있어야 하는 것이다. 즉, 컴퓨터의 여러 응용 프로그램을 설치되게 해 주고, 여러 가지 장치를 효율적으로 작동하도록 하며, 사용자가 컴퓨터를 손쉽게 이용할 수 있도록 해 주는 프로그램의 집단을 운영체제라고 한다. 물론 이 설명은 너무 일반적이라 지금 바로 모든 걸 이해하려고 욕심내지 말자. 이 책을 재미있게 읽고 나면 여러분도 모르게 훨씬 많은 것을 알게 될 것이다.

설명하는 사람에 따라서 운영체제를 "컴퓨터의 사용자와 하드웨어 사이에서 가교 역할을 하는 프로그램", "하드웨어 그 자체가 가지고 있는 능력을 십분 발휘되도록 제어해 주는 프로그램", "컴퓨터가 컴퓨터 밖의 세계와 상호

Chapter 01 OS? Oh Yes!

동작하는 방법을 정의한 프로그램" 등등 많은, 그러나 알고 보면 거의 모두 같은 뜻을 가지고 정의하고 있음을 알게 된다. 물론 운영체제의 역할을 약간만 더 파고들면 크게 두 가지 즉, 사용자 인터페이스(User Interface)와 자원관리(Resource Management)를 위한 프로그램의 집합으로도 설명할 수 있는데 이것 역시 지금은 그렇구나 하는 정도로 넘어가자. 아직은 급할 게 없으므로...

운영체제와 시스템 프로그램 – 컴퓨터 하드웨어에 의존적이며 그 시스템을 정상적으로 작동시키기 위해 필요한 프로그램 – 은 그 기능을 어떻게 보느냐에 따라 명확히 구분할 수 없는 경우가 많다. 따라서 운영체제와 시스템 프로그램 집단을 합쳐서 시스템 소프트웨어라 하고, 응용 프로그램 집단을 응용 소프트웨어로 분류하기도 한다. 시스템 소프트웨어는 컴퓨터 기종에 따라 다르나 응용 소프트웨어는 기종에 관계없이 작성될 수 있는 것이다. 예를 들어 윈도는 시스템 소프트웨어가 되며, 프리스타일은 응용 소프트웨어, 그 중에서도 종류로 따지면 게임 프로그램이 되는 것이다. 그림 1.1의 (a)부터 (c)는 몇몇 책들에서 소개된 사용자와 컴퓨터 사이에서 운영체제의 위치를 보여 주는 것인데 약간은 달라 보일지라도 알고 보면 같은 것을 조금 다르게 그린 것에 지나지 않는다.

참고로 한 가지 짚고 넘어가고자 한다. 대부분의 독자들은 PC에 매우 익숙해져 있어서 앞으로 이 책에서 소개될 운영체제의 다양한 분야에 대해 생소할 수도 있다. 비록 그것들이 윈도 안에 이미 대부분 있음에도 불구하고. 다시 말해 이 책을 통틀어 설명될 여러 분야들은, 다수의 사용자가 한꺼번에 컴퓨터와 접속되어져 각자 동시에 다양한 일을 할 수 있는 환경 즉, 다중 사용자(Multiuser) 컴퓨터 시스템에서 사용될 운영체제에 대해 다룰 것이며, 이 사실은 이 책의 중간 중간에서 또 언급될 것이다. 이를테면 연구소나 기업 등에서 사용되는 큰 규모의 시스템에 탑재된 운영체제가 이해된다면 한 명의 사용자에 의해 활용되는 PC에서의 운영체제는 자연스럽게 알게 되는 이치와 같은 것이다. 물론 이해를 돕기 위해 소개될 각 분야에 대해 윈도에서는 어떻게 쓰이고 있는지에 대해 가능한 한 설명을 해 놓았다.

온고이지신(溫故而知新)이란 말이 있다. 오늘날의 운영체제를 이해하기 위해 우선 이것의 과거와 변천사를 알 필요가 있다는 것일 진데 그렇다면 운영체제의 과거는 어떠하였을까?

2

1.1 OS?

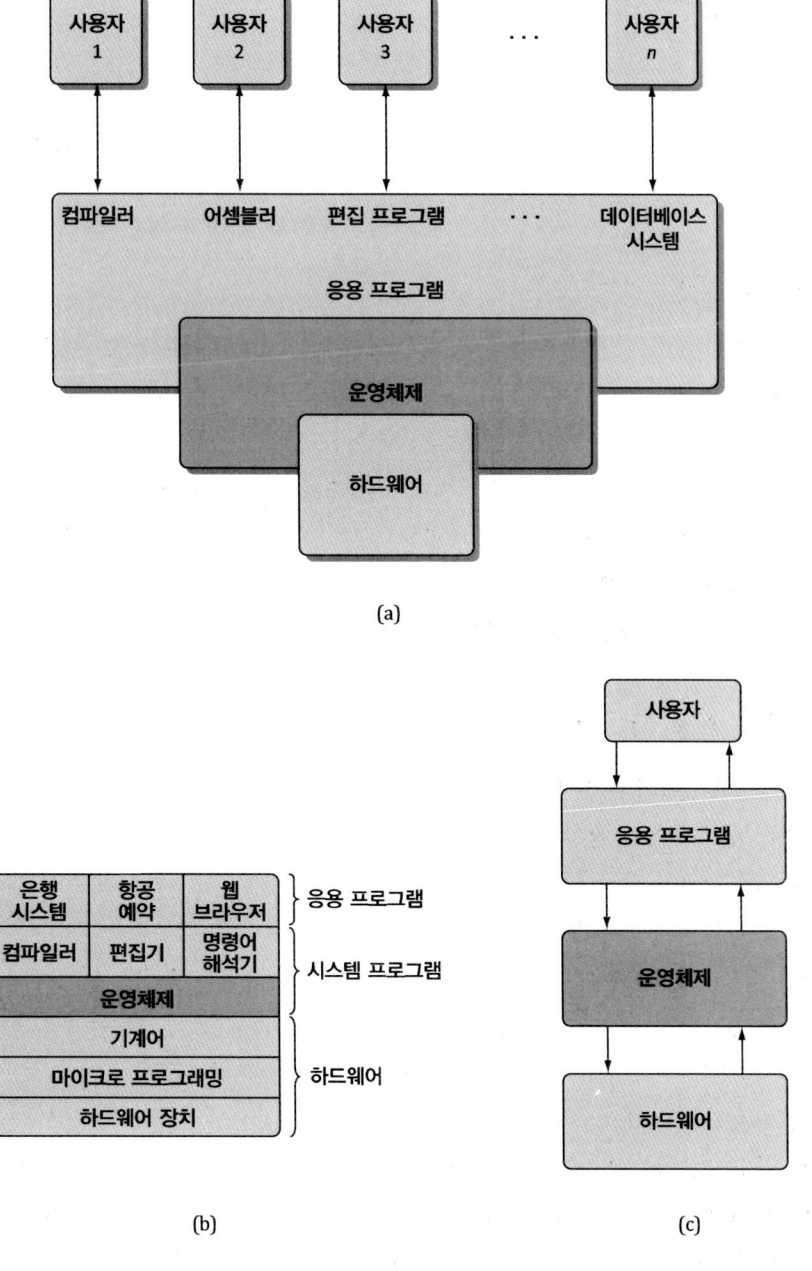

(a)

(b)   (c)

❖ 그림 1.1 컴퓨터 시스템의 구성요소

Chapter 01 OS? Oh Yes!

1.2 옛날에 운영체제는?

앞서 말했듯이 운영체제란 하드웨어와 따로 떼어놓고 설명하기가 쉽지 않다. 그래서 이 절에서는 운영체제의 과거를 컴퓨터의 역사와 함께 설명하고자 한다.

1.2.1 수동식 계산기

기원전 3000년경 중국에서 발명된 주판이 발판이 되어 이 후 자연 대수의 창시자 존 네피어가 1600년대에 창안해 곱셈과 나눗셈을 쉽게 할 수 있도록 한 존 네피어 봉, 프랑스의 수학자이며 철학자인 파스칼(Blaise Pascal)이 세무서에 근무하는 아버지를 돕기 위해 – 효도는 발명의 아버지? – 제작한 톱니바퀴로 연동되는 계산기, 그리고 1673년 독일의 수학자인 라이프니쯔(G. W. Leibnitz)에 의해 만들어진 계산기 등이 있다. 물론 이 시기에는 운영체제라는 개념조차 없던 때임은 당연하다.

1.2.2 자동계산기 시대

영국의 수학교수인 배비지(C. Babbage)에 의해 제작된 증기기관으로 작동되는 해석장치(Analytical Engine)를 시작으로, – 이때 에이다(Ada Augusta, Lovelace)부인은 그를 도와 최초로 수학문제를 풀 수 있는 프로그램을 만들었으며 지금 쓰이고 있는 고급 프로그램 언어인 Ada는 이 이름을 따 붙여졌다. – 미 인구 통계국 직원 홀러리스(H. Hollerith)가 만들어 1970년 초반까지 입력 수단으로 많이 쓰였던 천공기 등이 있으며 에이컨(H. Aiken)이 제작한 MARK I(1943)은 3천 개의 전기 스위치와 4마력의 모터를 동력으로 23자리 숫자의 가감을 매초 3회, 곱셈은 3초에 1회씩 계산이 가능하였다. 참고로 이 시스템은 높이가 2.4m, 길이가 17m나 되는 지금은 짐작하기 힘든 크기였다. 이 시기 역시 운영체제라는 것은 존재하지 않았으며 따라서 지금 운영체제가 하는 일들은 모두 소수의 기술자에 의해 수동으로 조작되었다.

4

1.2 옛날에 운영체제는?

1.2.2.1 1세대 운영체제(1940년대 - 1950년대)

컴퓨터 시스템의 1세대(1950 - 1957)는 진공관 컴퓨터의 시기이며 아타나소프(J. Atanasoff) 교수와 그의 조교 베리(C. Berry)가 45개의 진공관을 사용한 ABC라는 컴퓨터를 1942년 제작한 후, 모클리(J. W. Mauchly)와 에커트(J. P. Eckert) 교수가 이를 토대로 세계 최초의 컴퓨터라 할 수 있는 ENIAC(Electronic Numerical Integrator and Calculator)을 1946년에 완성하였다. 이 후 폰 노이만의 2진 부호 체계를 채택하여 영국의 모리스(Maurice)와 윌키스(Wilkes) 교수에 의해 EDSAC(1949)이 제작되었고 이어서 UNIVAC-I(1951년 Remington-Rand사 제작), IBM 701(1953년 제작. 초당 16000회의 가산 가능), IBM 305(1956년 제작, 자기 디스크 장치 채택) 등이 있으며 그 외에도 CDC, GE, NCR 등에서 컴퓨터가 제작되었다. 참고로 여러분은 위 얘기들을 외우려 노력하지 말기 바라며 그냥 들어본 적이 있는 정도로 넘겨도 좋다.

EDSAC이 개발되었을 때에만 해도 프로그램을 계산기에 붙어 있는 스위치나 버튼 등을 일일이 조작하여 기계어로 만들어야 했기 때문에 운영체제가 따로 개발되어 활용될 여지가 없었지만 IBM 701에 와서야 비로소 운영체제의 효시 즉, 1세대라 할 수 있는 기능들이 장착되었다. 다시 말해, 일괄처리 시스템(Single-stream Batch Processing Systems)이 등장하게 된 것이다.

일괄처리에 대해 알아보겠습니다.

일괄처리란 다수 개의 프로그램을 읽어 저장해 놓되, 한 번에 한 개씩의 프로그램을 실행시켜 주는 방식을 말합니다. 프로그램들은 천공카드 위에 만들어지며 이렇게 만들어진 프로그램들을 카드 판독기(Card Reader)가 읽어 저장하는 것이지요. 카드 판독기는 천공카드들을 수직으로 쌓아 놓고 빠르게 읽는데 예전에 은행에서 지폐를 셀 때 사용하는 기계와 유사하다고 생각하면 되겠어요.

그런데 말입니다...

왜 여러 개의 프로그램을 같이 읽어 저장할까요? 여러분은 면접을 해 본 경험이 있을 겁니다. 한 번에 한 명씩 할 경우 실제 면접이 이루어지기 위해 필요한 동작들 이를테면, 문을 열고 들어와서 인사하고 자리에 앉고 하는 시간과, 끝났을 때 필요한 역순의 동작 등이 전체 면접 시간을 꽤 많이 걸리게 하는 이유가 되지요. 이때 시간을 줄이기 위해 할 수 있는 방법이

5

Chapter 01 OS? Oh Yes!

동시에 여러 명을 들어오게 하여 진행하는 것이지요. 즉, 들어오고 나갈 때 소모되는 시간을 상당 부분 줄이고 한 사람 면접 후 다음 사람 면접을 바로 옆에 앉아 있으니까 자연스럽게 연결할 수가 있지요. 이렇게 처리해야 할 작업(Job)들을 한꺼번에 여러 개 준비시켜 놓고 (Single-stream) 다음 작업의 처리를 자연스럽게 연결되도록 하면 운영체제에서 사용하는 용어를 빌어 Job-to-job의 Transition을 Smooth하게 한다라고 하는 것이지요. 아! 그리고 Batch라는 말의 설명이 빠졌군요. 초창기의 Batch는 작업이 차례대로 한 개씩 처리된다는 뜻인데 이 말은 한 개의 작업이 시작되면 그 일이 완전히 끝날 때까지 다른 작업은 기다려야 한다는 뜻이에요. 이후, 일괄처리를 하되 다중 프로그래밍을 하는 Batch로 발전했지요. 더 중요한건 작업이 끝날 때까지 사용자의 중간 개입이 허용되어 있지 않아요. 이 경우의 문제점과 해결책은 앞으로 설명하겠지만 초창기 운영체제라는 것을 감안한다면 이 정도는 눈감아 줘야 지요.

1.2.2.2 2세대 운영체제 (1960년대 전반기)

2세대 컴퓨터의 가장 큰 특징은 트랜지스터 컴퓨터라고 할 수 있다. 벨 연구소의 쇼클리(W. Shockley)에 의해 진공관을 대체할 수 있는 트랜지스터가 1947년에 발명되었고 포레스터(Forester)교수에 의해 자기코어 기억 장치 (Magnetic Core Memory Device) - 당시에 주기억 장치로 사용되었다. - 가 발명되었는데 이것들을 사용하여 UNIVAC-II가 1959년에 제작되었다. 다음으로 1960년대 초 IBM 1400시리즈가 발매되었는데 진공관으로 만들어진 컴퓨터에 비해 크기는 100배 이상 축소되었으며 속도는 100배 이상 빨라지게 되었고 전력 사용량과 열 발생량 역시 매우 줄일 수 있게 되었다. 또한 자기 디스크 팩(Magnetic Disk Pack) - 보조기억 장치로 여러분들이 익숙한 하드디스크와 같은 것이다. - 이 등장하였으며 소프트웨어로는 Assembly 언어의 등장과 함께 곧이어 FORTRAN, COBOL 등이 소개된 시기이다.

이때의 운영체제는 컴퓨터에 장착되어 있는 다양한 주변기기들을 효율적으로 관리하는데 관심을 기울였으며 사용자에게도 보다 나은 서비스를 제공하기 위한 많은 방식들이 개발되었다. 대표적인 것으로 다중 프로그래밍 시스템 (Multiprogramming System)과 다중처리 시스템(Multiprocessing System), 시분할 시스템(Timesharing System)과 대화식 시스템(Interactive System) 등을 들 수 있으며 이것들은 결국 시스템의 여러 자원들을 효과적으로 운영하

6

1.2 옛날에 운영체제는?

여 컴퓨터의 처리 능력을 – 이것은 곧 사용자의 만족도와 직결된다. – 높이고
자 한 것이다. 이 밖에 특징적인 것으로 실시간 시스템(Realtime System)이
있는데 이 부분은 뒤에 나오는 4장의 스케줄링을 다루는 곳에서 설명하겠다.
오늘날 운영체제를 구성하는 많은 부분의 연구, 개발이 이 시기에 이루어졌음
을 알 수 있다.

뭔 말인지 알지?

1세대에서 설명한 일괄처리에는 어떤 문제가 있을까? 즉, 한 번에 한
개의 작업을 처리해 준다는 것이 가지는 문제 말인데, 컴퓨터에서 가장
핵심인 장치는 중앙 처리 장치(Central Processing Unit, CPU)라는
건 아는 사실이고... 이것은 비싸기도 하고 가장 처리 속도가 빠른 장치
이기도 하며 이것의 능력이 곧 그 시스템의 능력이기도 하다. 따라서
CPU를 최대한 가동시키는 것이 그 시스템의 능력을 최대한 발휘하게 하는 것이며 결과적으
로 사용자들의 작업을 가장 빨리 처리해 줄 수 있게 되는 것이다. 하지만 한 작업이 완료될
때까지는 CPU를 다른 작업에 넘기지 않는다고 하면 불행하게도 대부분의 경우 한 개의 작
업이 처리되는 동안 실제로 CPU를 사용하는 기간은 매우 짧아서 이 외의 기간에 CPU는
할 일 없이 낭비되어 버리는 것이다. 이런 기간의 대표적인 예가 입출력(Input/Output, I/O)
때 인데... 그렇다면 어떤 해결책이 있을까? 한 작업을 처리하는 도중에 입출력이 발생되어
CPU가 놀게(?) 되는 경우가 발생하면 바로 다른 작업을 처리할 수 있도록 조치해 주면 간
단하게 해결될 것이다. 그런데 여기서 한 가지 꼭 필요한 사항은 어떠한 작업도 실행되기 위
해서는 주기억 장치(Main Memory)에 있어야 한다는 점이다. – 이것이 바로 폰 노이만이라
는 사람이 말한 내장 프로그램 개념(Stored Program Concept)이며 오늘날 여러분이 경험할
수 있는 컴퓨터에서 채택하고 있는 방식이다. 그렇다면 이제 결론은 간단하다. 한 작업의 실
행 도중에 위와 같은 입출력이 발생하게 되고 CPU를 바로 다른 작업에 동원하여 계속 가동
시켜야 하는 상황이라면 CPU를 받게 될 후보 작업들이 여러 개 주기억 장치에 있도록 해야
하겠다. 이처럼 다수(Multi) 개의 작업(Program)이 같이 주기억 장치에 있도록 한 방식을
다중 프로그래밍 시스템이라 부르며, 여러(Multi) 개의 처리장치(Processor) – CPU와 같은
기능을 하는 것이라 보면 된다. – 를 장착하여 동시에 여러 작업(Multi)을 병렬(Parallel)로
실행하여 처리 속도를 최대한 높이는 방식을 다중처리 시스템이라고 부른다. 조금만 더 생각
을 이어보자. 다중처리는 여러 작업이 동시에 실행된다고 하였는데 실행을 위해서는 주기억
장치에 있어야 한다고 하였으니... 결국 다중처리를 위해 다중 프로그래밍은 필요할 수밖에
없다. 뭔 말인지 알지?

7

Chapter 01 OS? Oh Yes!

글을 읽다 보면 작업이라는 용어가 자주 등장하고 있음을 알 수 있다. 이 용어는 사실 일괄처리 시스템에서 일거리의 단위로 사용되던 것이다. 즉, 시스템이 처리해 주어야 할 일거리 하나가 한 개의 작업이 되는 것이다. 요즘은 이 용어를 잘 사용하지 않고 있으며 대신 프로세스(Process), 태스크(Task) 또는 스레드(Thread)라는 말을 쓰고 있는데 이것에 대한 설명은 3장에서 다룰 것이다.

CPU! 당신의 능력을 보여 주세요.

위에서 말했지만 컴퓨터에서 CPU보다 더 처리 속도가 빠른 것은 없어요. 예를 들어 프린터와 CPU의 처리 속도를 비교하는 것은 반딧불과 태양의 차이라고 하겠지요. 여러분은 영화에서 짐 케리가 주연한 마스크맨을 알고 있지요? 이 친구 무지 빠르죠. 만약 빵 100개를 배고픈 사람 10명에게 각각 10개씩 나누어주는 일을 마스크맨에게 시켰다고 해 보죠. 우선 열 명을 일렬로 세워 놓고 첫 사람에게 열 개, 그 다음에 열 개와 같이 한다면 마지막 사람은 자신이 빵을 받기 위해 기다려야 하는 시간이 좀 걸리는 걸 느끼게 될 겁니다. 마스크맨이 아무리 빠르기는 해도 마지막 사람은 자기 앞의 9명이 모두 받을 때까지는 한 개도 못 받으니까요. 물론 중간에 약간의 지체가 한 번씩 생기게 된다면 - 지체와 관련된 부분은 좀 더 자세한 설명이 필요하므로 지금으로선 무시해도 좋아요. - 뒤에 있는 사람일수록 점점 불만이 쌓이게 되겠죠? 이번에는 좀 바꾸어서 첫 사람에게 한 개, 그 다음에 한 개와 같이 마지막까지 한 개씩 주고 다시 되돌아 와 같은 방법으로 열 번을 반복해 본다면 어떨까요? 마지막 사람은 열 번째의 빵을 받게 되고 이 빵을 먹는 동안 또 자신의 차례로 두 번째의 빵 - 전체로 보았을 땐 스무 번째의 빵 - 이 오게 되어 계속해서 빵을 먹는데 아무 문제가 없는 것으로 느끼게 될 겁니다. 이처럼 CPU가 처리해 줄 수 있는 시간(Time)을 작업 수에 맞춰 분할하여 각자에게 일정량만큼 씩 분배(Share)하여 번갈아 가며 처리한다면 실제로는 많은 작업이 있음에도 불구하고 각 작업은 CPU가 자신의 일을 계속해서 처리해 주고 있다는 생각을 하게 되는데 이것이 바로 시분할 시스템입니다. 잘 생각해 보면 - 다음 사람으로 넘어 갈 때 걸릴 시간을 가장 줄일 수 있는 방법을 생각해 보면 될 겁니다. - 시분할 시스템이 효과적으로 운영되기 위해서는 위에서 설명한 다중 프로그래밍 시스템이 먼저 필요하다는 것을 알 수 있어요.

시분할 시스템이 사용자에게 바로바로 응답해 줄 수 있는 장점을 가지고 있으므로 이러한 응답을 즉시 볼 수 있기 위해서는 모니터(Monitor)가 필요하게 되고 또 계속해서 다음 일을 의뢰하기 위해 키보드(Keyboard)나 마우스(Mouse)같은 입력 장치가 필요할 겁니다. 이처럼 시스템과 사용자가 모니터와 입력 장치를 통해 마치 대화하듯이 일을 처리해 나가는 방식을

8

1.2 옛날에 운영체제는?

대화식 시스템이라고 해요. 일괄처리 때와의 차이가 분명히 떠오르나요? 결국 다중 프로그래밍, 시분할, 대화식 시스템은 서로 밀접한 연관이 있음을 알 수 있고 CPU의 능력을 얼마나 잘 활용하느냐가 중요하지요.

1.2.2.3 3세대 운영체제(1960년대 후반기 – 1970년대)

1958년 텍사스 인스트루먼트(Texas Instrument, TI)사의 킬비(J. Kilby)에 의해 규소 칩에 소자를 집적시킨 집적회로(Integrated Circuit, IC)가 개발되어 트랜지스터를 대체하게 되었다. 컴퓨터의 부피와 무게를 혁신적으로 줄이고 속도와 신뢰도는 1000배 이상 늘어나게 되었는데 이러한 하드웨어의 발전이 소프트웨어의 발전 역시 촉진시키게 되었다는 점 또한 중요하다. 1965년 DEC에 의해 미니컴퓨터(Mini-computer)가 만들어졌고 IBM 360계열의 대표적 3세대 컴퓨터가 발표되어 범용(General Purpose) 컴퓨터 시스템으로 자리 잡았다. 한 가지 흥미 있는 사실은 1960년대 말에 대학에도 전산학과가 생기기 시작하였다는 사실이다 – 물론 우리나라는 이 보다 한참 더 뒤의 일이지만.

일괄처리와 시분할 그리고 실시간 작업을 모두 지원하는 다중모드(Multimode) 시분할 시스템이 소개되었고, TCP/IP 표준과 함께 근거리 통신망(Local Area Network, LAN)도 등장하였다. 그 외에도 소프트웨어 공학(Software Engineering)과 컴퓨터 보안에 관한 것들 역시 소개되었다. 한 가지 주목할 사실은 1969년도에 UNIX라는 운영체제가 출현한 점인데 소스 코드(Source Code)의 공개로 인해 각자의 취향에 맞는 운영체제를 개발하는 활발한 연구가 진행되어 개인용 컴퓨터부터 메인프레임(Mainframe : 쉽게 말해 중형이나 대형 컴퓨터라고 보면 된다)에 이르기까지 다양한 시스템의 운영체제로 사용되고 있다. 예를 들면 여러분의 PC에 탑재할 수 있는 LINUX 역시 UNIX의 PC용 운영체제로 만들어진 것이다.

1.2.2.4 4세대 운영체제(1970년대 후반기 – 현재)

고밀도 집적회로의 발전으로 컴퓨터의 제조기술과 이용분야에 커다란 진화가 이루어졌으며 이 시기의 특징으로, 컴퓨터 사용의 범용화, 입출력 장치의

Chapter 01 OS? Oh Yes!

다양화, 저장 장치의 대용량화, 데이터 통신의 발전 및 정보산업의 출현, 마이크로프로세서의 등장 등이 있다. 특별히 주목할 점은 마이크로프로세서(Microprocessor)의 개발로 개인용 컴퓨터가 본격적으로 보급되어 오늘날 거의 전 분야에 걸쳐 컴퓨터가 활용되는데 기여하였다 – 이 전의 몇 억짜리 컴퓨터와 맞먹는 성능의 컴퓨터가 겨우 백만 원 정도에 구입이 가능한 장면을 상상해 보라.

운영체제와 관련된 기존의 기법들이 최소의 비용으로 최대의 효과를 낼 수 있는 방향으로 다양하게 발전되었으며 값싼 하드웨어 비용으로 분산(Distributed) 및 병렬(Parallel) 처리 시스템이 등장하고 다른 기종 간의 자유로운 통신과 프로그램 작성과 함께 데이터베이스(Database), 인공지능(Artificial Intelligence) 및 운영체제의 표준안에 관한 연구도 활발히 진행되었다.

반갑습니다. 마이크로 프로세서에 대해 모르는게 없는...

노이스(R. Noyce)라는 사람이 1968년에 설립한 인텔사(Integrated Electronics Corporation)의 기술자 호프(T. Hoff)팀은 1969년에 연구를 시작해 연산장치와 제어장치 그리고 여기에 필요한 레지스터(Register)들을 하나의 칩에 집적시켜 넣는 데 성공하였으며 이것을 1971년 마이크로프로세서로 발표하였는데요. 이것의 의미는 2,000여 개의 논리소자로 구성되는 ENIAC 정도의 중앙 처리 장치를 손톱보다 작은 반도체 칩에 넣었다는 것을 말하며 컴퓨터의 크기와 가격을 획기적으로 줄였다는 것이지요. 이후 8 비트 마이크로프로세서인 Intel 8080이 개발되어 세계 최초의 마이크로컴퓨터인 Altair 8800의 중앙 처리 장치로 사용되었는데 이것이 개인용 컴퓨터 산업의 출발과 함께 오늘날 정보화 사회의 토대가 된 것이죠. 몇 가지 흥미 있는 사실을 열거하면 1974년 빌 게이츠(B. Gates)와 알렌(P. Allen)이 마이크로소프트사(Microsoft)를 설립하여 1975년 Altair 컴퓨터에 BASIC 언어를 탑재하고, 같은 시기에 스티브 잡스(Steve Jobs)는 오늘날 애플(Apple) 컴퓨터의 원조인 애플 I을 개발하였답니다. 물론 중앙 처리 장치로 마이크로프로세서를 사용한 것은 당연하지요. 이후에도 계속된 발전으로 1987년부터 16 비트인 Intel 286, 32 비트인 386 또는 486 그리고 펜티엄에서 제온, 이 후 인텔의 코어시리즈와 AMD의 라이젠시리즈로 이어지며 우수한 성능에 값싸며 다양한 기능을 갖춘 칩들로 지금과 같은 정보화 시대를 이룬 거랍니다.

1.3　Oh Yes!

　지금까지 운영체제의 간략한 정의와 함께 변천사를 컴퓨터 시스템과 같이 설명하였다. 위에서 말한 운영체제의 정의만으로는 사실 아무것도 안 것이 없다고 봐야 할 것이다. 이제 조금만 더 구체적으로 운영체제를 이루는 구성요소를 살펴보고 이들이 해 주어야 할 일, 이른바 기능에 대해 살펴보자.

1.3.1　OS 안에는 어떤 것들이?

　1.1절에서 운영체제의 정의를 말할 때 운영체제란 "사용자 인터페이스(User Interface)와 자원 관리(Resource Management)를 위한 프로그램의 집합"이라는 문구가 있었다는 것을 기억해 보라. 그리고 그림 1.2와 비교해 보면 운영체제를 구성하는 대표적 요소들에 대한 이해가 쉬울 것이다.

　쉘(Shell : 이 용어는 UNIX의 경험이 있다면 쉽게 알 수 있을 것이다)이라고도 불리는 사용자 인터페이스는 사용자나 응용 프로그램이 운영체제와의 의사소통 다시 말해, 정보 교환이나 운영체제로의 요청 창구로 필요한 요소이다. 이를테면 윈도에서 그래픽(Graphic) 사용자 인터페이스의 도움을 받아 아이콘(Icon)이나 메뉴를 클릭(Click)함으로써 프로그램을 실행시키거나 파일을 여는 등의 일을 할 수 있는 것이 좋은 예다. 나머지 네 개는 모두 자원의 관리를 위해 필요한 요소들인데 그 종류와 관리 방식에 따라 장치, 파일, 메모리, 처리기 관리 등으로 분류되어 있다.

　장치들의 관리는 시스템에 있는 주변 장치, 이를테면 키보드, 모니터, 프린

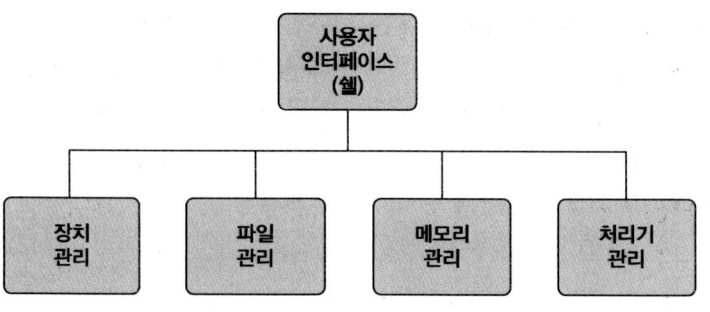

❖ 그림 1.2　운영체제의 다섯 가지 구성요소

Chapter 01 OS? Oh Yes!

터, 하드디스크 등을 제어하고, 파일 관리는 사용자 또는 프로그래머로 하여
금 파일을 만들고, 지우고, 수정하고 이름을 부여하며 디렉터리(Directory) –
윈도에서는 폴더(Folder)라는 이름으로 잘 알려져 있다. – 등을 관리하는 일을
맡게 된다. 메모리 관리는 주기억 장치의 관리를 담당하게 되는데 실행될 프
로그램을 위해 주기억 장치의 일정 부분을 할당하거나 주기억 장치 안에 있는
프로그램들의 경계를 설정하여 서로 침범하지 못하게 하는 등의 일을 하게 된
다. 처리기 관리는 컴퓨터의 처리기 즉, CPU의 처리 능력을 각 작업에 효과적
으로 배분토록 하는 부분이다. 중요한 것은 이러한 관리들이 서로 동떨어져
행하여지는 것이 아니라 밀접한 연관을 가지고 실행된다는 점이다. 예를 들어
프로그램 파일 하나를 실행시킬 경우 먼저 파일 관리자에 의해 해당 파일이
불려지고 장치 관리에 의해 디스크로부터 읽혀져 메모리 관리에 의해 주기억
장치에 옮겨지고 처리기 관리에 의해 실제로 실행되어지는 일련의 과정을 밟
게 되는 것이다.

1.3.2 OS는 컴퓨터의 어디에 있을까?

앞서 말한 사용자 인터페이스와 많은 관리 프로그램들이 운영체제를 이루
게 되는데 이들을 크게 두 부류로 커널(Kernel)과 유틸리티 프로그램(Utility
Program)으로 나눈다. 커널은 운영체제의 각종 기능들 중 사용자와 실행 프
로그램을 위해 매우 빈번하게 사용되는 부분을 말하고 컴퓨터가 처음 부팅
(Booting)될 때에 주기억 장치에 적재되어 시스템의 운영이 종료(Shutdown)
될 때까지 계속해서 주기억 장치에 남아 있게 되는 부분이다. 다시 말해 커널
은 운영체제의 핵심이며 핵(Neucleus), 관리자(Supervisor), 메모리 상주
(Memory Resident) 프로그램이라고 부르기도 한다. 왜 커널이라는 것을 주기
억 장치에 상주시킬까? 운영체제 중에서 빈번히 그리고 빨리 실행돼야 할 프
로그램을 디스크에 두었을 경우 이들이 실행될 때마다 주기억 장치로 불러들
여야 할 텐데 이 일은 결국 디스크와 주기억 장치 사이의 입출력에 해당하는
일이며 많은 시간을 요구하게 되어 시스템의 성능이 매우 떨어지기 때문이다.
그렇다면 운영체제 전부를 커널로 하면 될 텐데 왜 유틸리티라는 것을 따로
떼어 냈을까? 그것에 대한 해답은 주기억 장치의 용량에 있다. 한정된 용량의
주기억 장치에 운영체제가 거의 대부분을 차지할 경우 사용자 프로그램들이

올라올 – 이 점은 다중 프로그래밍 시스템을 생각하자. – 공간이 매우 줄어들게 되어 많은 사용자 프로그램이 효과적으로 실행되지 못하게 될 것이다. 따라서 운영체제 프로그램 중 자주 사용되지 않는 부분은 디스크에 두고 필요할 때 잠시 주기억 장치로 넣어 실행시킨 후 다시 디스크로 보냄으로써 사용자 프로그램을 위한 주기억 장치의 공간을 확보하게 되는 것이다. 사용자 인터페이스의 대부분이 이런 유틸리티에 속하게 된다. 여러분이 잘 아는 MS-DOS의 예를 들면 IO.SYS와 MSDOS.SYS 그리고 COMMAND.COM 등이 커널에 속하는 파일이며, 그 외 PRINT.EXE, FORMAT.EXE, BACKUP.EXE 등이 유틸리티에 속한다. 참고로 말하면, 운영체제에서 커널과 유틸리티를 구분 짓는 명확한 잣대는 없다. 즉, 운영체제마다 설계자의 기준에 따라 달라질 수 있다는 말인데, 다만 대부분의 설계자들이 중요하다고 동의하는 수준의 프로그램들이 커널로 정의되고 따라서 많은 운영체제의 커널에 속하는 프로그램들이 대부분 비슷하다는 것이다.

근래에는 커널 중에서도 좀 더 빠른 실행이 요구되거나 높은 수준의 보호가 필요한 프로그램들은 아예 마이크로-프로그래밍(Micro-programming)을 하여 롬(Read Only Memory, ROM)이나 PLA(Programmable Logic Array)와 같은 칩의 형태로 만들어 놓기도 하는데, 이런 것을 펌웨어(Firmware : 생긴 건 하드웨어고 내부적으로는 프로그램인 형태를 일컫는 용어)라 하며 앞으로의 추세가 될 걸로 예상하고 있다.

1.3.3 윈도에서는?

이 책에서 소개되는 많은 운영체제의 정책들은 메인프레임을 대상으로 하고 있으나, 이 글을 읽는 대부분의 독자들이 사용하고 있는 운영체제가 윈도라는 현실을 감안하여 가능한 소개되는 분야의 윈도에서의 실 사례를 싣기로 한다. 물론 윈도의 소스 코드를 참조하기가 거의 불가능하므로 만족할 만한 설명은 어렵고 그나마 설명이 안 되는 부분도 있겠으나, 그래도 최근의 윈도 버전(Version)에 대해 자료가 있는 만큼은 소개하도록 하겠다. 참고로 번역 시의 의미 왜곡을 피하기 위해 용어는 가능한 원어를 그대로 쓰겠다.

Chapter 01 OS? Oh Yes!

듀얼 모드(Dual Mode)에 대해 알아볼까요?

컴퓨터 시스템에는 많은 프로그램들이 있는데요, 운영체제에 속하는 프로그램, 응용 프로그램, 잠시 머리를 식히기 위해 넣어 놓은 게임 프로그램 그리고 숙제 때문에 내가 만들어 놓은 프로그램 등등... 중요한 건 이런 프로그램들이 실행될 때 적용받게 되는 모드가 있다는 거지요. 대부분의 시스템에는 두 개의 모드 즉, 유저 모드(User Mode)와 커널 모드(Kernel Mode)를 정해 놓고 각각의 프로그램은 이 중 하나의 모드에서 실행되도록 한다고 그래요. 왜 이렇게 만들었을까요? 만약 사용자 프로그램이 실행되면서 자신의 프로그램이 있는 영역을 벗어나 다른 사용자 영역에 대해 쓰기 작업을 하거나 심지어 운영체제가 깔려 있는 영역으로 가서 뭔가를 변경시켜 버리는 일을 하게 된다면 – 사용자는 어떤 실수도 할 수 있음을 인정해야 합니다. – 이 시스템은 더 이상 희망이 없지요. 즉, 사용자 프로그램 간에 그리고 사용자와 운영체제 프로그램 간에 설정된 영역은 꼭 보호되어야 한다는 것이지요. 뿐만 아니라 시스템에 있는 여러 장치들을 사용자가 마음대로 작동시켜서도 안 되고, 시스템에서 설정되어 있는 여러 가지 데이터들을 바꿔서도 안 되겠지요. 그래서 이런 일들을 운영체제가 담당해 주도록 하는 것이며 이런 권한은 커널 모드로 실행되는 프로그램들만이 가지도록 하였지요. 당연히 사용자 프로그램이나 응용 프로그램은 그런 권한이 없는 유저 모드에서 실행되도록 하지요. 그렇다면 사용자 프로그램에서 발생되는 읽기나 쓰기와 같은 디스크나 메모리를 접근(Access) – 다시 말해 커널 프로그램밖에 할 수 없는 종류의 일 – 해야 하는 경우는 어떻게 할까요? 이럴 때 시스템 호출(System Call)이 필요한 거지요. 즉, 유저 모드로 실행 중 커널 모드에서 해야 할 일이 생기면 프로그램은 시스템 호출을 하게 되고 이후 그 일을 해 줄 운영체제 프로그램이 커널 모드에서 실행된 다음 다시 사용자 프로그램으로 복귀되도록 하는 거지요. 이해가 됐나요?

그림 1.3은 윈도의 개요에 대한 것이다. 크게 유저 모드와 커널 모드로 나뉘며 유저 모드는 Environment subsystem과 Integral subsystem로, 커널 모드는 Executive services, Device drivers, Kernel 그리고 Hardware abstraction layer (HAL)로 나뉘어 있다. 유저 모드라고 해서 운영체제가 아니라는 의미는 아니고 단지 이 부분에 있는 프로그램들이 유틸리티에 속하며 실행될 때의 모드가 유저 모드라는 뜻으로 이해하기 바란다.

Environment subsystem은 MS-DOS, OS/2 그리고 POSIX 등과 같은 운영체제에서 만들어진 응용 프로그램들이 윈도에서도 실행될 수 있도록 해 준다.

1.3 Oh Yes!

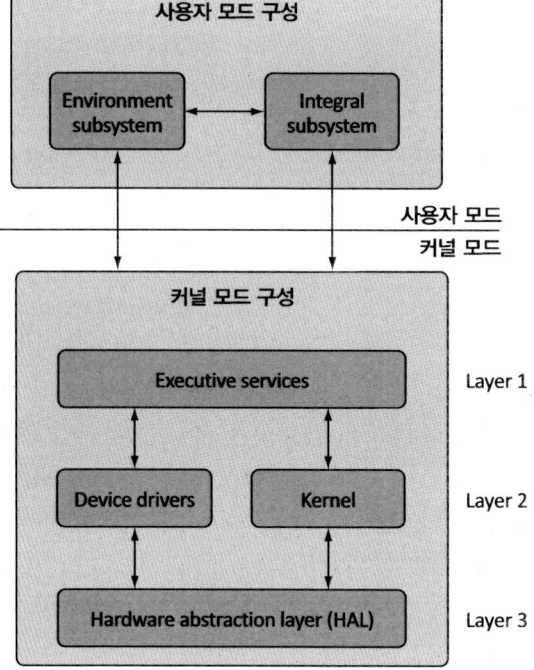

❖ 그림 1.3 윈도 구조

알다시피 윈도는 32 비트 환경이므로 이처럼 이뮬레이션(Emulation)이 가능
하도록 하기 위해 응용 프로그램 인터페이스(Application Programming In-
terface, API)와 동적 링크 라이브러리(Dynamic Link Library, DLL)가 사용
된다. Integral subsystem은 시스템의 시작(Startup)과 종료(Shutdown) 시에
필요한 일들을 실행하는 서버 프로세스(Server Process)와 로그온(Logon)과
사용자 확인 등의 일을 하는 시스템 프로세스(System Process)로 되어 있다.

커널 모드의 하위층에 있는 HAL은 인터럽트 제어(Interrupt Control)와 입
출력 인터페이스(I/O Interface) 등을 맡고 다른 하드웨어로의 이식성을 위해
프로세스들에게는 가상 머신(Virtual Machine) 인터페이스를 제공한다. 중간
층의 Device drivers는 프로그램의 입출력 요청을 실제 입출력 하드웨어에 맞는
형식으로 변환해 준다. Kernel은 스레드(Thread)나 프로세스의 실행 순서를 정
하고 동기화(Synchronization)와 비동기 프로시저 호출(Asynchronous Pro-
cedure Call) 및 전원과 관련된 일 등을 담당하며 Executive를 위해 기본이 되
는 커널 객체(Object)를 제공한다.

15

Chapter 01 OS? Oh Yes!

Executive services

I/O manager	Security manager	IPC manager	Virtual memory manager	Process manager	P&P manager	Power manager	Window manager

File systems	Object manager	GDI

❖ 그림 1.4 Executive Services의 내부 모듈들

윈도는 파일이나 디렉터리, 스레드, 프로세스 그리고 포트(Port)와 같은 것들을 모두 객체로 사용하는 객체 지향(Object-oriented) 시스템임을 기억하자. Executive에는 여러 모듈(Module)이 있는데 그림 1.4와 같다. 객체 관리자(Object Manager)는 객체에 대한 실행이나 접근 권한을 만들거나 없애고 허용하는 일을 맡으며, IPC 관리자는 서버와 클라이언트(Client) 간의 통신을, Security 관리자는 보안을, GDI(Graphical Device Interface)는 GUI(Graphical User Interface)와 그림과 관련된 일을, 윈도 관리자는 창(Window)의 조작과 함께 키보드나 마우스 입력을 해당 프로그램에 전달하는 일을 하고 있다. P&P 관리자는 P&P 장치의 제어를 맡아 장치의 추가와 작동을 위해 장치 드라이버와 정보를 교환하며, Power 관리자는 전원과 관련된 기능을 맡고 있다. 그 외 나머지 관리자들은 이 책의 여러 곳에서 좀 더 자세하게 다룰 것이므로 여기서는 생략하겠다. 참고로 위의 윈도를 설명하는 글에서 전문용어들이 꽤 등장하는데, 앞으로 각 장에서 배울 것이므로 지금 당장 모른다고 주눅이 들 필요는 전혀 없다.

지금까지 알아 본 운영체제의 개요는 상식적인 수준 정도라 보면 된다. 여기까지 읽은 독자들은 자세하지는 않지만 대충 운영체제가 무엇이며, 어떤 것들로 이루어져 있고 어디에 있는지에 대해 부족하지만 밑그림은 그릴 수 있을 것이다. 이제 본격적으로 다음 장부터 운영체제의 각 기능들을 위해 필요한 개념 정리와 다양한 정책들 그리고 이들 사이의 비교 등 운영체제의 각 구성요소들에 대한 접근을 할 것이다.

여기까지 열심히 공부한 당신. 잠시 쉬어라!

중요한건 필기했음 하는 바램인거죠!

들어가기 전에

이 장에서는 운영체제의 각 기능들을 설명하기 전에 우선 알아두어야 할 것들에 대해 설명할 것이며, 이 내용들은 앞으로 등장할 각 장들을 이해하기 위해 필요한 기초 지식 정도라고 생각하면 되겠다.

2.1 OS의 목적

앞 장에서 설명한 운영체제의 정의에 걸맞기 위해서 요구되는 덕목은 어떤 것들이 있을까? 우선 운영체제는 사용자와 컴퓨터 사이의 가교역할을 한다고 하였는데 이것은 사용자가 컴퓨터를 보다 편리하게 사용할 수 있도록 해 주어야 한다는 것을 의미한다. 그 다음으로 하드웨어가 가지는 능력을 십분 발휘되도록 제어한다고 하였는데 이것은 컴퓨터 시스템의 자원들을 효율적으로 사용될 수 있게 해야 한다는 말과 같다. 요약하자면 사용자의 편리성과 자원의 효율적 사용이 그 목적이라 하겠다. 여기에 덧붙여 운영체제 스스로는 효과적인 점검과 개발이 가능하고, 새로운 기능들이 추가될 수 있도록 만들어져서 사용자에게 보다 나은 서비스를 제공할 수 있도록 만들어져야 할 것이다.

다른 각도에서 좀 더 설명하자면 운영체제를 사용하는 사람들의 입장에서는 사용하기 쉽고 편리하며, 배우기 쉽고 신뢰할 수 있으며 빨라야 한다는 것에 반해, 만드는 사람의 입장에서는 운영체제가 설계, 유지, 보수가 쉽고 적응성이 좋으며 오류 없이 효율적이어야 한다는 점이 강조될 것이다. 이러한 요구들은 경우에 따라 애매하고 모두 가질 수 없기 때문에 사용되어질 환경에 맞추어 순위에 따라 합의하여야 할 것이다.

운영체제가 갖추어야 할 기본적인 기능들은 다음 장부터 책의 마지막까지 각 장을 통해 설명될 것들이므로 이제 시작이라 생각하고 차근차근 해보자.

Chapter 02 들어가기 전에

2.2 몇 가지 상식

2.2.1 부팅

전원이 꺼져 있는 시스템은 사용할 수 없는 것이 당연한데 이때 운영체제 전부는 디스크에 저장되어 있을 것이다. 전원 버튼이 눌러져 커널이라고 불리는 운영체제의 일부가 메모리에 올라와 실행되어 장치들을 준비시키고 각종 레지스터 값을 초기화하고 나서 사용자의 입력을 받을 준비를 마치면 부팅되었다고 한다. 그렇다면 커널이 어디에 있고, 어떻게 메모리에 올라와야 할지는 누가 알고 실행해줄까? 이때 동원되는 것이 부트 프로그램 또는 부츠트랩 로더(Bootstrap Loader)라는 작은 프로그램이며 이것은 대게 ROM에 저장되어 있다. 다시 말해 부트 프로그램은 전원이 켜지면 무조건 제일 먼저 실행되어지도록 하는데 이것의 역할은 커널을 찾아 메모리에 올린 후 실행시켜주는 것이다. 일반적으로 PC와 같은 작은 시스템의 경우는 ROM에 있는 부츠트랩 로더가 더 단순한 기능만을 가지게 하고, 커널을 메모리로 올려줄 부트 프로그램은 따로 디스크에 있어서 부츠트랩 로더가 먼저 부트 프로그램을 메모리에 올려 실행시키면 부트 프로그램이 커널을 올려 실행시켜주는 방식을 취한다.

2.2.2 레지스터(Register)

CPU는 여러 개의 레지스터를 가지고 있는데 이것들은 메모리보다 빠른 기억 장치이지만 크기가 작아서 시스템과 사용 목적에 따라 8 비트, 16 비트, 32 비트 등의 크기를 가진다. 일반적으로 프로그램에서 이용 가능한 것들로는 데이터, 주소, 조건 코드 레지스터 등이 있는데 데이터 레지스터는 연산을 위해 - 메모리에 있는 데이터에 대한 연산보다 레지스터에 있는 데이터의 연산이 더 빠름을 기억하자. - 사용되며, 주소 레지스터는 데이터나 명령어의 메모리 주소를 저장하거나 계산하는데 사용된다. 예를 들어 인덱스 레지스터는 주소 지정을 위해서, 세그먼트 포인터나 스택 포인터는 해당 포인터 값을 저장하는데 사용된다.

위의 레지스터들과는 다른 용도로 CPU의 연산을 제어하기 위해 사용되는 레지스터들이 있는데 한 번쯤은 들어봤을 MBR, MAR, IR, PC 등이 있으며

20

2.2 몇 가지 상식

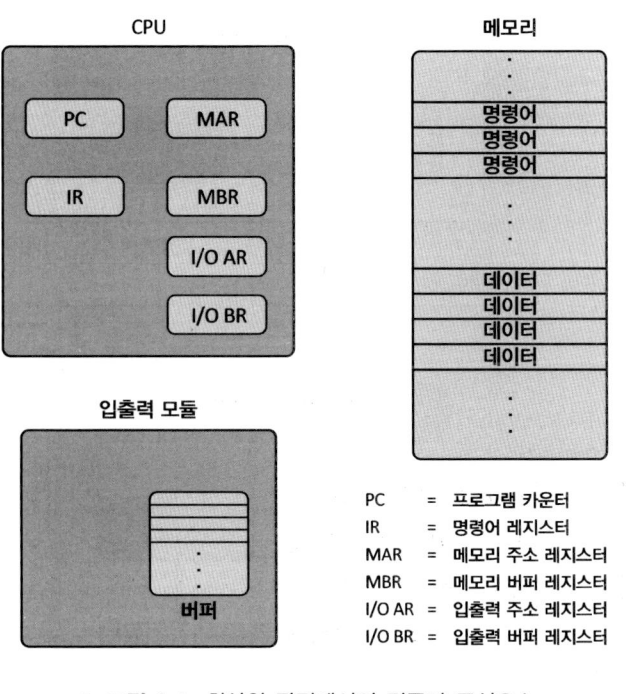

❖ 그림 2.1 최상위 관점에서의 컴퓨터 구성요소

그림 2.1을 보면 도움이 될 것이다. 여기에 덧붙여 모든 CPU는 현재의 상태 정보를 저장하기 위해 프로그램 상태 워드(Program Status Word, PSW)라는 레지스터를 가지는데 여기에는 여러 가지 조건(Condition) 코드와 함께 인터럽트 가능 또는 불가능을 표시하는 비트, 현재 실행 모드를 나타내는 비트 등을 포함하고 있다.

여기서는 레지스터 각각의 고유한 기능들에 대한 자세한 설명을 할 목적이 아니므로 여러분은 "이런 것들이 있구나!" 하는 정도로만 알아 두고 혹시 나중에 이들에 대해 더 자세히 알아야 할 때가 되면 선생님께 질문하기를 권한다.

2.2.3 명령어 처리

명령어 하나를 처리하기 위해 어떤 절차가 필요할까? 우선은 메모리에 있는 명령어를 읽어 처리기에 있는 레지스터로 갖고 와야 하는데 이때 위에서 말한 연산을 제어하기 위해 사용되는 레지스터들이 동원되며 이 과정을 명령어 반입(Fetch)이라 부른다. 이후 연산의 종류를 파악하고 실제로 실행하는

21

Chapter 02 들어가기 전에

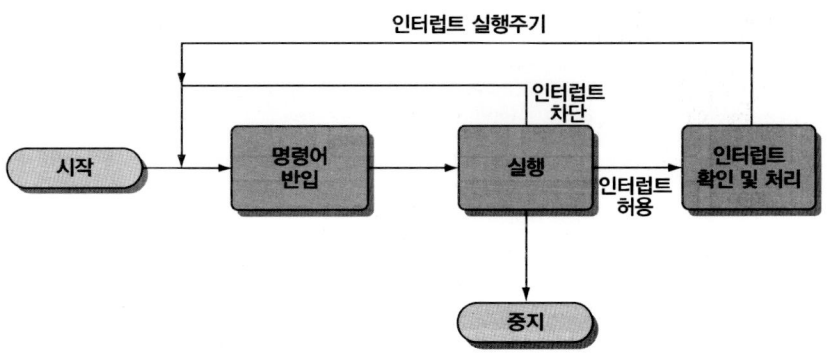

❖ 그림 2.2   인터럽트와 명령어 실행주기

과정을 거치면 하나의 명령어가 처리되고, 다음 명령어 역시 같은 작업을 반복함으로써 전체 프로그램의 실행이 완료되는 것이다. 그림 2.2에서 인터럽트 부분을 빼고 보면 쉽게 이해될 것이다. 참고로 반입에서 다음에 실행해야 할 메모리에 있는 명령어의 주소는 PC(Program Counter) 레지스터가 가지고 있음을 기억하자.

2.3 인터럽트 (Interrupt)

운영체제는 자원을 효율적으로 관리하여야 한다고 강조했었는데 그러기 위해 당장 알아야할 것은 현재 각 자원들의 상황일 것이다. 컴퓨터 시스템에 존재하는 각 자원들의 현 상황을 파악할 수 있는 방법을 생각해 보자.

먼저 잘 알려진 방법으로 폴링(Polling)이라는 것이 있으며 이것은 CPU가 일정한 시간 간격을 두고 각 자원들의 상태를 주기적으로 확인하는 방식이다. 자원들은 폴링 신호를 받은 후 자신의 상태나 원하는 바를 CPU에게 알려 주게 될 텐데 – 부연하면, 자신의 상태를 적어놓을 수 있는 곳에 저장시키고 CPU는 폴링 때 그것을 읽어보는 방식도 같은 말로 이해하면 된다. – 이 경우의 문제는 폴링의 간격을 적절히 정해야 하는 숙제와 동시에 각 자원들은 직전 폴링 이후 변화된 자신의 상태를 다음번 폴링 때까지는 알릴 수 없다는 점이다. 더구나 아무 일이 없었는데도 CPU는 폴링에 일정량의 시간을 들여야 하는 부담도 발생하게 된다.

22

인터럽트는 각 자원들이 능동적으로 자신의 상태변화를 CPU에게 알리는 방식이다. CPU는 따로 시간을 들이지 않아도 되고, 자원들은 상황이 발생하면 즉시 알려 처리 받을 수 있으니 폴링에 비해 훌륭한 방식임은 쉽게 이해하리라 믿으며, 이런 이유로 오늘날 거의 대부분의 시스템에서 채택하고 있다.

인터럽트에 대해 조금 더

자원이란 것에 대해 자세한 설명은 6장에서 할거에요. 여기서의 자원은 하드웨어 자원 즉, 장치(Devices) 또는 주변장치(Peripherals)들을 의미하지요. 좀 더 자세히 나누면 위에서 말한 자원들로부터의 인터럽트를 하드웨어 인터럽트라고 해요. 그런데 경우에 따라서는 실행 중인 CPU 스스로 자신에게 인터럽트를 해야 할 때가 있는데 이것은 실행 중인 명령어 때문에 생기는 일이니까 소프트웨어 인터럽트라고 부르지요. 오류를 발생시키는 명령, 예를 들어 0으로 나눈다든가 다른 사용자 주소를 참조할 경우 등이지요. 이처럼 CPU 스스로 자신에게 인터럽트를 해야 하는 경우를 트랩(Trap)이라고 불러요. 오류는 아니지만 입출력을 해야 하는 명령어라면 1장에서 배운 것처럼 시스템 콜(System Call)을 통해 커널 모드에서 진행해야 할 일이니까 시스템 콜 역시 소프트웨어 인터럽트라고 해요.

2.3.1 인터럽트는 언제 처리될까?

위에서 잠시 소개한 명령어 처리 과정을 떠올려 보자. 하드웨어 인터럽트는 현재 진행 중인 명령어 실행을 마친 후 처리되며 그 과정은 **그림 2.3**과 같다. 반면에 트랩은 처리 중인 명령어에 의해 발생되므로 오류의 경우는 바로 프로그램의 종료를 가져오게 될 것이며, 입출력과 같은 시스템 콜은 입출력이 완료되어야 실행 중인 명령어가 완료되고 이어서 다음 실행문으로 진행될 것이다.

2.3.2 인터럽트는 어떻게 처리될까?

인터럽트의 처리 과정은 시스템의 작동을 이해하는데 도움이 되므로 좀 자세히 설명하겠다. 장치가 인터럽트 신호를 CPU에게 보내고 이때 CPU는 명령어를 실행 중이었다면 먼저 이 명령어의 실행을 완료시키고 인터럽트 신호를

Chapter 02 들어가기 전에

확인할 것이다. 이제 인터럽트를 처리하는 루틴을 실행시켜야 하므로 그전에 현재 실행 중이던 프로그램이 인터럽트 처리 후 다시 실행될 때를 위해 현 상태의 정보를 시스템 스택에 저장한다. 이때의 정보란 PSW, PC 레지스터의 값 등을 말한다. 다음으로 인터럽트 처리 루틴의 시작 주소를 PC에 넣어 실행시킴으로써 결과적으로 인터럽트 처리 루틴이 실행되게 될 것이다. 인터럽트 처리 루틴은 먼저 CPU에 있는 레지스터들의 값을 저장한 후 - 처리 루틴이 실행되면서 이 값들이 훼손될 가능성이 있으므로 - 필요한 인터럽트 처리를 시작할 것이다.

인터럽트의 처리가 끝나면 이전에 저장하였던 레지스터 값들을 다시 재저장(Restore)한 후 PSW와 PC 값들을 원래 자리에 다시 넣어주고 실행하게 되면 프로그램 카운터(PC)에 들어가 있는 값이 인터럽트 이전에 실행 중이던 프로그램에서 다음에 실행할 명령어 위치이므로 자연스럽게 프로그램의 실행을 계속해서 이어 나갈 수 있게 된다.

위에서 설명한 인터럽트의 처리 과정을 그림 2.3으로 다시 한 번 정리해 보자. (a)에서 처리기 내의 각 레지스터 값들은 인터럽트 직전의 상황을 나타내므로 PC 값이 N+1인 것은 현재 실행 중인 명령어가 N번지에 있던 것이라는 것과, 스택 포인터의 값 T의 메모리 위치를 보면 제어 스택(Control Stack)의 맨 아래(Bottom)이고 저장되어 있는 것이 아무것도 없었다는 것을 알 수 있다. 이제 인터럽트의 처리 과정에서 이러한 레지스터 값들을 저장하여야 하므로 그림처럼 범용 레지스터가 4개였다고 가정한다면 그것들과 PC에 있는 값을 제어 스택에 저장하고 스택 포인터 값을 T-5로 바꾼 다음, PC에는 서비스 루틴의 시작 번지인 Y를 넣어주면 Y번지의 명령어가 실행되는 즉, 서비스 루틴이 실행되는 것이다(그림을 볼 때 별다른 말이 없다면 메모리의 맨 위가 0번지로 가정되었음을 알아두자). 처리기 내의 범용 레지스터들은 이전 값들을 이미 제어 스택에 저장해 두었으므로 지금부터 처리기 루틴에 의해 얼마든지 사용 가능하다.

서비스 루틴의 마지막 명령어를 실행하게 되면 그림 (b)와 같이 사용자 프로그램이 다시 실행될 수 있는 환경을 만들어야 하는데, 스택 포인터의 값(T-5)으로 스택에 보관해 두었던 값들을 찾아 범용 및 PC 레지스터에 복구하고 스택 포인터 값은 빠진 만큼 다시 T로 조정된다. 이제 PC에 바뀌어 들어간

24

2.3 인터럽트(Interrupt)

값인 N+1번지의 명령어를 실행하면 자연스럽게 사용자 프로그램의 실행이 계속될 수 있는 것이다.

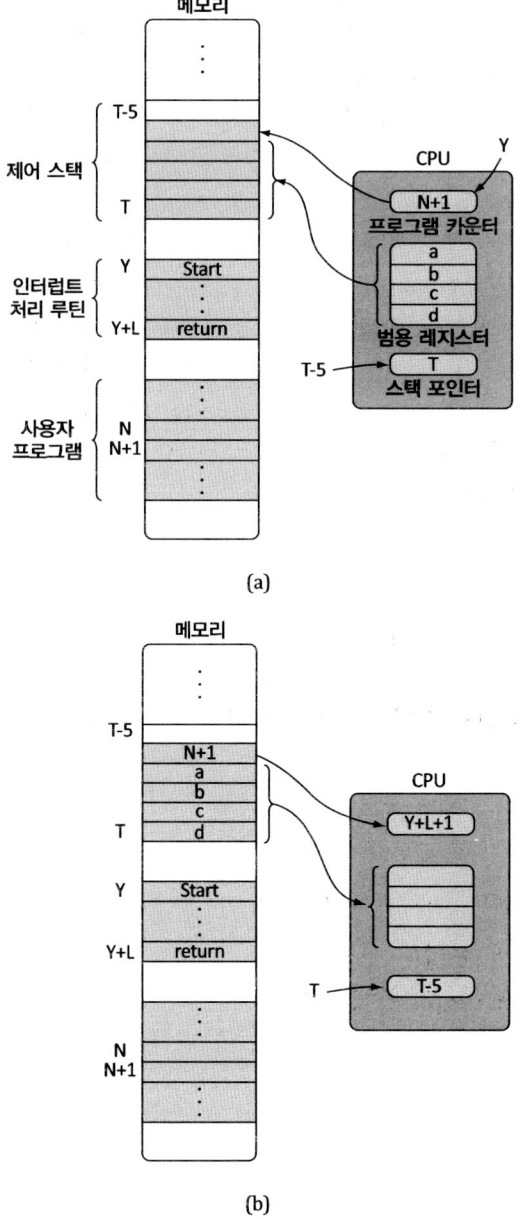

✤ 그림 2.3 인터럽트의 처리 과정

Chapter 02 들어가기 전에

문맥교환을 몰라 당황하셨어요?

책상 위에 퍼즐 판을 놓고 맞추고 있었는데 동생이 자기 것을 먼저 맞추
어 달라고 떼를 써서 시끄러워 그렇게 해 주기로 했어요. 맞추고 있던
퍼즐 판을 그대로 – 아직 맞추지 못한 조각들도 나름대로 정리해 놓은
위치대로 – 내려놓고 동생 것을 책상에 올려 다 맞추어 준 뒤 아까 하던
내 것을 다시 올려 시작했지요. 내 것을 내려놓지 않았다면 동생 것과
섞여 엉망이 될 테고, 내려놓을 때도 대충 던져 흩어지고 섞여 버린다면 나중에 아까 하던 위
치에서 이어갈 수가 없었겠지요.

어찌 보면 당연한 절차를 새삼 설명해 본 이유는 문맥교환(Context Switching)이라는 것
을 설명하기 위해서랍니다. 현재까지 하던 일에서 잠시 다른 일을 해야 할 때, 작업대가 같은
곳이어야 한다면 우리는 현재까지의 모양이나 내용을 그대로 가까운 어딘가에 보관했다가 나
중에 다시 보관되었던 상태대로 일을 이어가겠지요. 여기서 작업대가 CPU라면 그때 하고 있
던 일의 상태가 문맥이 되고 이것은 상태 정보를 포함한 처리기 레지스터들의 값들이 될 겁니
다. 다음 장에서 설명될 프로세스 상태 블록(Process Control Block)의 전부 또는 일부분을
문맥이라 보면 된답니다.

2.3.3 중첩된 인터럽트의 처리는?

중첩되는 인터럽트의 처리는 크게 보면 두 가지 방식이 있는데 하나는 순차
적 처리이다. 말하자면, 인터럽트를 처리하는 동안에 발생하는 인터럽트는 현
재 처리가 끝난 뒤 바로 처리해 주는 방식이며 차례대로 하나씩 해 준다는 의
미이다. 다른 하나는 말 그대로 중첩이 가능하도록 현재 처리 중인 인터럽트
를 잠시 접어두고 또 다른 인터럽트로 실행을 옮길 수 있도록 하는 방식이다.
인터럽트의 중요도에 따라서 우선순위가 더 높은 경우에는 중첩을, 그렇지 않
을 경우는 순차적으로 구현하는 것도 방법이다. 그림 2.4로 위 두 방식의 예를
들었다.

2.4 기억 장치의 계층적 구조(Storage Hierarchy)

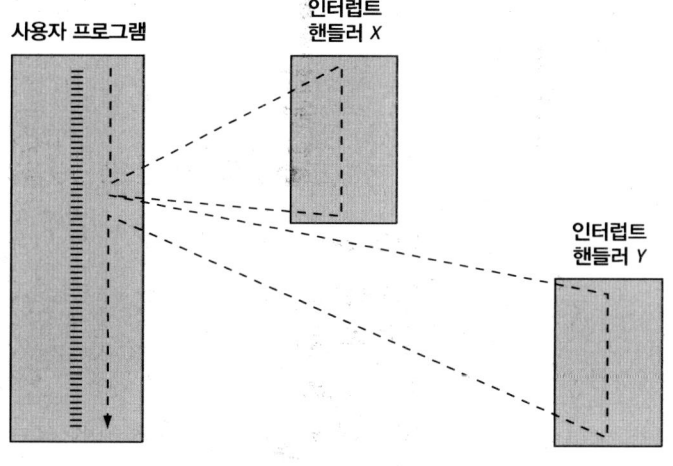

(a) 인터럽트의 순차처리

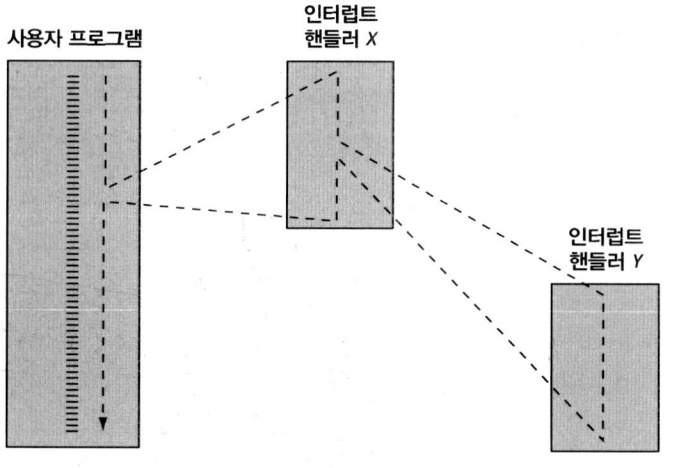

(b) 인터럽트의 중첩처리

❖ 그림 2.4 다중 인터럽트의 처리

2.4 기억 장치의 계층적 구조(Storage Hierarchy)

컴퓨터 시스템에는 다양한 종류의 저장 장치가 사용되고 있는데 이 들은 속도, 용량 그리고 가격의 차이에 의해 분류가 가능하다. 여기서 속도란 접근 시간(Access Time)을 의미하고 가격은 비트(bit)당 단가를 말하는데, 이를테면

27

Chapter 02 들어가기 전에

속도가 **빠를수록** 가격이 비싼 반면에, 용량이 클수록 가격은 싸지만 속도가 느리다는 장단점을 가진다. 방대한 양의 프로그램들과 데이터들을 저장하기 위해 용량은 커야겠고, 동시에 처리 속도를 높이기 위해서는 **빠른** 저장 장치가 요구되는 상황에서 결국은 용도에 맞게 적절히 저장 장치를 계층적으로 구성하는 타협이 필요하게 될 것이다.

그림 2.5에서 상위계층에 있을수록 속도와 가격은 올라가고 하위계층으로 내려갈수록 용량은 커지게 되는데, 확실한 것은 CPU에 의해 처리되어질 명령어나 데이터가 위에 있을수록 시스템의 성능은 좋아질 것이라는 점이다. 다시 말해 CPU에 의한 저장 장치로의 접근 횟수가 계층의 아래에 있을수록 적은 것이 더 좋다는 것이다. 계층 사이에 있는 화살표는 프로그램 또는 데이터가 이동됨을 나타내는데 평소에는 하위계층에 저장되다가 실행 시에 적당량이 상위계층과 하위계층으로 번갈아 교체되어지면서, CPU는 최대한 상위계층으로 접근하도록 만들어 처리 속도를 높이는 것이다.

중요한 점 하나. 1장에서 말했듯이 프로그램이 CPU에 의해 실행되기 위해서는 반드시 주기억 장치(주기억 장치와 메모리는 이 책을 통틀어 같은 의미로

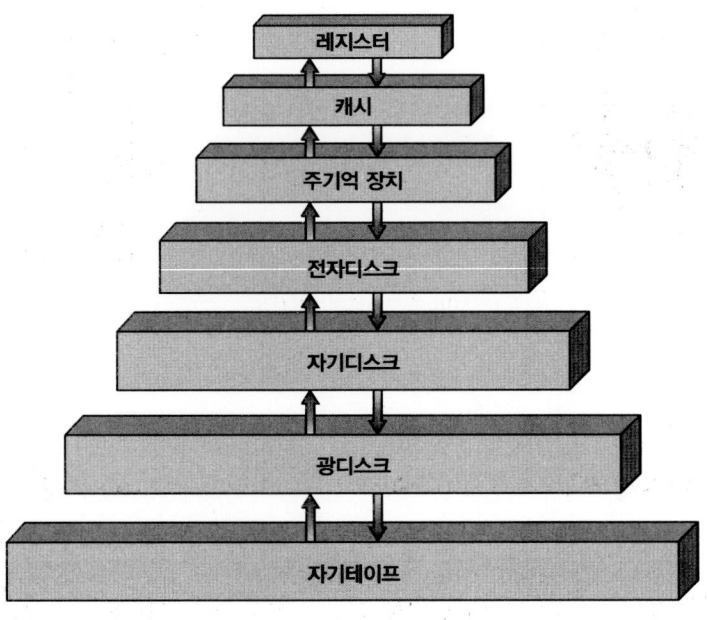

❖ 그림 2.5 기억 장치의 계층구조

28

사용될 것이다)에 있어야 한다는 점을 기억하자. 메모리에 있는 프로그램의 일부분이 다시 캐시로, 그 중에서 실행되어질 명령어는 처리기 레지스터에 적재되어 실행과정을 밟게 된다. 캐시나 레지스터는 하드웨어의 제어를 받게 되므로 논외로 하더라도, 메모리는 관리를 어떻게 하느냐에 따라 시스템의 성능을 좌우하므로 운영체제의 역할이 중요하며 이 부분은 7장부터 다룰 것이다.

계층적 구조의 설계는 계층 간에 데이터가 이동되는 데 드는 부담 – 결국 저장 장치 사이의 입출력에 드는 비용을 의미 – 을 동반하게 되지만 상위계층의 접근을 통해 얻게 되는 처리 시간의 절약이 이 부담을 충분히 보상한다면 매력적인 방법일 텐데, 이것은 어렵지 않게 이룰 수 있으므로 거의 대부분의 시스템이 계층적 구조를 가진다고 생각해도 좋다.

2.5 I/O 방식

입출력을 하기 위해 시스템은 어떤 방식을 사용할까? 우선 CPU의 개입 정도에 따라 세 가지 정도로 분류할 수 있는데, 하나씩 살펴보기에 앞서 각각의 입출력 장치에는 컨트롤러가 있고 여기에는 CPU와 입출력할 데이터를 저장하는 버퍼가 있음을 알고 있자. 만약 디스크로부터 10개의 워드를 메모리로 읽어 와야 할 입력의 경우 디스크 컨트롤러에 있는 버퍼의 크기가 한 워드 크기라면 디스크의 데이터는 워드 단위로 버퍼에 채워진 후 CPU에게 인터럽트로 알리고 CPU는 버퍼의 내용을 메모리로 옮긴 후 다음 워드의 입력을 다시 지시하게 되는 것이다. 결과적으로 이 경우 열 번의 인터럽트가 동원되어야 전체 입력이 완료될 것임을 알 수 있다. 이 경우의 예를 가지고 아래 세 가지 방식을 비교해 보자.

◥ 프로그램에 의한 입출력(Programmed I/O)

CPU는 입력을 지시한 후 한 워드가 컨트롤러의 버퍼에 입력됐는지를 계속해서 확인하도록 하는 방식이다. 입력의 확인 작업은 결국 입출력을 맡고 있는 시스템소프트웨어에 의한 것일 테니 프로그램에 의한 입출력이라 하며, 입력의 완료를 알리기 위해 인터럽트라는 수단이 필요 없는 대신 CPU가 지속적으로 완료의 여부를 확인하여야 한다. 결국 CPU는 전체 입출력이 완료될 때

Chapter 02 들어가기 전에

까지 다른 작업에 동원되지 못해 낭비될 수밖에 없다.

인터럽트에 의한 입출력 (Interrupt-driven I/O)

입력을 지시한 후 한 워드의 입력이 이루어지는 사이에 CPU는 다른 작업에 활용 – 다른 프로그램을 실행 – 되어 지며 입력의 완료 시 인터럽트를 통해 CPU에 알려지는 방식으로, 위에서 예를 든 경우가 바로 인터럽트에 의한 입출력이다. 열 번의 인터럽트 처리가 필요하지만 프로그램에 의한 입출력 때의 CPU 낭비를 없앨 수 있다는 장점이 있다.

메모리에 직접 접근하는 입출력 (Direct Memory Access, DMA)

인터럽트에 의한 입출력의 단점이라면 버퍼의 크기에 비해 입출력할 데이터가 클수록 잦은 인터럽트 처리가 요구된다는 것인데, 이 횟수를 줄이고자 한 방식이 DMA이다. DMA를 위해서는 입출력 작업을 CPU 대신 해 줄 수 있는 채널(Channel)이라는 위성 프로세서(Satellite Processor)가 필요하다. CPU는 입출력할 데이터의 시작주소와 크기 등을 채널에게 알려주고 다른 작업에 동원되어지며, 이때부터 입출력은 채널의 주도하에 이루어지게 된다. 일반적으로 시스템에서 한 번의 입출력 단위를 블록(Block)이라고 부르는데 채널은 블록 단위로 CPU에게 인터럽트를 보내 알리게 된다. 위의 예에서 한 블록의 크기를 열 개의 워드라 할 경우 전체 입출력을 위해 CPU는 한 번의 인터럽트만 처리하면 되니 인터럽트에 의한 입출력에 비해 훨씬 인터럽트의 횟수가 줄어든다는 것을 알 수 있다.

CPU와 채널의 관계에 대해...

공유 버스(Shared Bus)로 시스템을 구성할 경우 한 번에 하나의 장치만이 버스를 사용하도록 되어 있으므로 채널이 버스를 사용해 한 블록을 전송하고 있는 동안 CPU는 기다릴 수밖에 없으니까 전송이 끝나는 잠시 동안 실행이 지연되겠지만 전체적으로 볼 때 입출력에 걸리는 시간은 위 두 방식보다 훨씬 앞당겨질 수 있다.

또 한 가지, CPU는 프로그램을 실행하기 위해서, 채널은 입출력을 위해서 각자가 메모리를 접근하게 될 경우를 떠올려 보자. 시간차를 둔 접근 요구는 순서대로 해 주면 되지만 우연

30

히 똑같은 시간에 CPU와 채널이 메모리의 접근 요구를 해오면 어떻게 해야 할까? 불행하게도 메모리는 한 번에 하나의 워드만이 접근가능하기 때문에 즉, 다른 위치에 있는 워드라고 해서 동시에 접근이 불가능하기 때문에 둘 중에 누가 접근할 수 있을지를 결정해 주어야 하는데 여러분은 누구에게 접근 기회를 주고 싶은가? 일반적으로 속도가 빠른 CPU가 평소 메모리 접근 기회를 더 많이 가지기 때문에 이때만이라도 채널에게 기회를 주어 원활한 입출력이 이루어질 수 있도록 조치하는 것이 공평, 타당하다고 보고 그렇게 설계하는데, 이것을 채널이 CPU의 메모리 접근 사이클을 훔친다고 해서 Cycle Stealing이라 부른다.

항아리에 사탕을 가득 넣어놓고 대학생 형과 유치원 다니는 동생에게 같이 먹도록 했다. 그런데 항아리의 입구가 손 하나만 들어갈 정도로 좁다고 하면 시간이 지날수록 빨리 먹을 수 있는 형이 훨씬 많은 사탕을 먹게 될 것이다. 어쩌다가 우연히 형과 동생의 손이 동시에 입구에 닿는다면 누가 사탕을 집을 수 있도록 하는 것이 옳을까? 여러분의 판단을 Cycle Stealing과 비교해 보라.

위와는 다른 각도에서 입출력을 위한 하드웨어의 구성에 따라 다시 두 가지로 분류할 수 있다.

↘ 독립적인 입출력 (Isolated I/O)

입출력 장치들이 입출력 버스(I/O Bus)를 통해 CPU와 연결되어 있는 경우이며 – 메모리는 따로 메모리 버스를 통해 연결되어 있다. – 입출력은 입출력을 담당하는 명령어를 통해 실행되는데, 입출력 버스를 통해 해당 장치의 지정, 데이터, 입출력을 구분해 주는 제어(Control) 값이 전달된다. 이 방식의 단점은 입출력 명령어가 명령어 집합(Instruction Set)에 추가되므로 제어 로직이 복잡해지고, 입출력 버스를 장착하는데 추가 비용이 있다는 것이다.

↘ 메모리 주소지정 입출력 (Memory-mapped I/O)

입출력 장치들이 메모리와 함께 메모리 버스에 연결되어 있으며, 입출력을 위한 명령어를 따로 두어 사용하지 않고 메모리에 대한 명령어 이를테면, MOVE, LOAD 등을 사용하여 실제 입출력을 하게 되는 방식이다. 다시 말해 입출력 장치들은 각각 메모리의 한 번지를 할당받아 그 번지로의 MOVE, LOAD 작업은 곧 그 번지에 해당하는 장치로의 입출력이 되도록 하는 것이다. 간단하게 예를 들어 입출력 장치가 두 개 있고 주소의 크기가 3 비트라면 실제

Chapter 02 들어가기 전에

메모리는 0번지부터 5번지를 가지는 크기이고 6, 7번지는 입출력 장치를 나타내도록 하는 것인데 주소 공간만큼의 메모리를 활용할 수 없다는 단점이 있다.

이 장에서 설명된 내용들은 앞으로 공부하는데 필요할 것이라 판단한 것들이다. 깊고 자세한 설명은 생략하였으므로 혹시 더 알고 싶은 부분이 있다면 표시하였다가 수업 시간에 질문하기 바라며, 빠트린 것들이나 좀 더 구체적인 설명이 요구되는 경우가 있다면, 이 책의 다른 부분에서 설명될 것이다.

커피 한 잔하고 좀 쉬었다가 다음 장으로 넘어가자.

중요한건 필기했음 하는 바램인거죠!

프로세스와 스레드

앞에서 배운 시분할 시스템은 다중 프로그래밍을 기본으로 한다고 했었다. 즉, 여러 개의 작업들이 메모리에 있고 CPU는 이들 사이를 오가며 실행해 줌으로써 가능한 좋은 결과를 얻고자 할 것이다. 이처럼 메모리의 한 부분을 차지하는 작업, 동시에 CPU라는 자원을 분배해 주어야 하는 대상이 되는 작업들은 시스템에 의해 일거리의 단위로 서로 명확하게 구분이 돼야 하는데 이것을 프로세스라 부른다. 다시 말해 시스템의 입장에서는 일거리 하나하나가 프로세스들이 되며, 이들은 CPU를 할당받게 되는 단위이자, 자신에게 주어진 자원들의 소유자로서의 역할을 한다.

스레드라는 개념이 사용되면서 CPU를 할당받게 되는 단위에 변동이 생기는데, 스레드에 관한 설명은 이 장의 뒷부분에서 다룰 것이다.

3.1 프로세스(Process)란 무엇일까?

프로세스를 정의할 때 가장 많이 언급되는 말은 "수행 중인 프로그램(A program in execution)"이다. 이 말은 디스크와 같은 보조기억 장치에 단순히 저장되어 있는 프로그램은 프로세스가 아니라는 말과 같다. 정의에 나와 있는 "in execution"이란 말을 간과했기 때문이다. 수행 중이라는 의미는 어떤 일임을 나타내는 프로그램과 이때 필요한 값들을 저장하고 있는 처리기 레지스터, 스택 등의 데이터와 함께, 얼마 정도가 진행되었는지를 나타내는 PC 값 등으로 표현되어 커널에 등록되어 있다는 것을 모두 합친 뜻이다. 다시 말해 프로세스란 프로그램과 데이터를 기본으로 정상적인 실행을 위해 필요한 환경을 시스템으로부터 부여받은 능동적인 존재라고 보면 되겠다.

Chapter 03 프로세스와 스레드

이제부터 전에 사용했던 Job이라는 단어는 프로세스라는 단어로 대치할 것
이니 여러분도 프로세스라는 단어에 익숙해지기 바란다.

3.1.1 프로세스 제어 블록(Process Control Block, PCB)

하나의 프로세스가 만들어져 없어질 때까지 시스템에는 어떤 모습으로 존
재할까? 이것에 대한 답이 PCB이며 테이블 모양의 자료구조를 갖고 있다. 다
시 말해 프로세스 하나가 만들어진다는 것은 곧, 그 프로세스에 대한 모든 것
을 표현하는 PCB 하나가 만들어진다는 말과 같다. 운영체제가 프로세스를 관
리한다는 것은 바로 해당 PCB에 대한 다양한 – 만들고, 수정하고, 관련 리스
트로 연결하고, 지우고 하는 – 행동으로 이해하면 되며, 프로세스의 수가 많음
을 감안할 때 PCB에 대한 작업은 매우 빈번한 일이라서 PCB는 기본적으로 메
모리에 저장시킨다.

이쯤 되면 PCB에 있어야 할 것들이 어떤 것들인지 몇 개는 떠올라야 할 텐
데... 정리해 보기로 하자. 참고로 PCB에 저장되는 정보들은 운영체제마다 조
금씩 차이는 있지만 일반적으로 다음과 같은 정보들을 저장한다.

- **프로세스 번호(Process Identification Number, PID).** 프로세스의 고유
  한 정수 번호이며 다른 프로세스와의 구별을 위해 사용된다.
- **프로세스의 상태(Status).** 준비, 실행, 대기, 보류 등의 상태를 나타내며
  다음 절에서 설명한다.
- **프로세스 우선순위(Priority).** 스케줄링을 할 때 사용되는 우선순위이다.
- **프로그램 카운터 값.** 다음에 실행될 명령어의 주소 값을 가지고 있다.
- **메모리 포인터.** 프로그램과 데이터가 저장되어 있는 메모리 블록 위치와,
  공유되는 메모리 블록들에 대한 포인터를 포함하고 있다.
- **문맥 데이터.** 문맥교환 시에 CPU 레지스터 값들을 저장하는 영역이다.
- **할당받은 자원들에 대한 목록.** 개방(Open)한 파일 등 할당받은 자원들의
  정보이다.
- **계정 정보(Accounting Information).** CPU를 사용한 시간 등의 정보이다.
- **입출력 정보.** 진행 중인 입출력 요구 등의 정보이다.

3.1.2 프로세스의 상태 (Process State) 와 변화

프로세스가 만들어져 시스템에 존재하는 동안 여러 가지 사건들에 의해 일련의 상태 변화를 거치게 된다. 이러한 상태들은 시스템마다 조금씩 다르게 정의되지만, 기본적인 것만 정리해 보면 생성(Created) 상태, 준비(Ready) 상태, 실행(Running) 상태, 대기(Blocked) 상태, 보류 준비(Suspended Ready) 상태, 보류 대기(Suspended Blocked) 상태, 종료(Terminated) 상태 등이 있다. 그림 3.1은 각 상태의 상호 관계와 변화하는 경로를 보여주고 있다.

생성 상태는 사용자가 요청한 작업이 커널에 등록되고 PCB가 만들어져 프로세스가 만들어진 다음 준비나 보류 준비 상태로 되기 위해 잠시 거치는 상태이다. 운영체제는 프로세스를 생성한 후 메모리 공간을 검사하여 충분한 공간이 있으면 메모리를 할당하면서 준비 상태로 바꾸어주고, 그렇지 못할 경우 보류 준비 상태로 만든다. 이 부분은 그림 3.1의 생성 상태에서 점선과 실선을 사용해 표현하고 있는데, 시스템에 따라 점선 부분의 구현을 빼는 경우도 있으며 이때는 생성 상태로부터 일단 보류 준비 상태로 바뀌는 한 가지 변화만 있다는 의미이다.

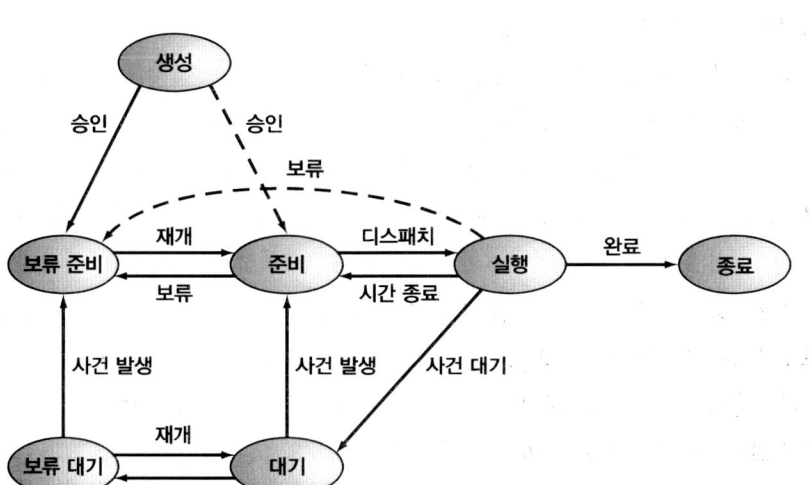

❖ 그림 3.1 프로세스의 상태 변화

Chapter 03 프로세스와 스레드

준비 상태는 CPU를 할당받기 위해 기다리고 있는 상태 즉, CPU만 주어지면 바로 실행할 준비가 되어 있는 상태이다. 다중 프로그래밍 시스템의 경우 준비 상태의 여러 프로세스들은 메모리에 적재되어 있으며 CPU를 할당받기를 기다리고 있는데 이들을 위해 큐(또는 리스트)가 사용된다. 준비 상태의 프로세스들은 순서에 따라 CPU를 할당받으면 실행 상태가 되는데 이때 순서를 정하는 것을 CPU 스케줄링이라 부른다.

실행 상태는 CPU를 할당받아 실행 중인 상태를 말하는데 이때 CPU를 할당하는 것을 디스패치(Dispatch)라고 부른다. 단일 CPU 시스템에서는 오직 한 개의 프로세스만이 CPU를 사용할 수 있기 때문에 한 프로세스만이 실행 상태에 있을 수 있다. 만일 여러 개의 CPU가 있는 시스템이라면 동시에 여러 개의 프로세스가 실행 상태에 있을 수 있고 이때를 다중처리라 부른다고 이미 배웠다. 실행 상태의 프로세스는 CPU 스케줄링 정책에 의해 CPU를 뺏길 수 있으며 이 경우 준비 상태로 바뀌게 된다. 특히, 시간 할당량(Time Quantum)이 소진되어 뺏길 때를 시간 종료(Timeout)라고 하는데 이 경우도 인터럽트가 동원되어 처리될 거라는 사실을 눈치채자. 또 다른 경우로, 실행 상태의 프로세스가 입출력이 필요하게 되어 시스템 호출을 하면 입출력 처리의 종료를 기다리면서 대기 상태로 바뀌게 되고 CPU는 바로 준비 상태의 프로세스들 중에서 하나를 선택해 실행해 줄 것이다.

대기 상태는 프로세스가 실행되다가 입출력 처리를 요청하거나, 바로 확보될 수 없는 자원을 요청하면 CPU를 양도하고 요청한 일이 완료되기를 기다리면서 대기하는 상태이다. 대기 상태의 프로세스들 역시 이들의 관리를 위해 큐(또는 리스트)가 사용된다. 요청한 일이 완료되면 다시 실행 차례를 기다리기 위해 준비 상태로 바뀌면서 준비 큐에 들어간다.

종료 상태는 프로세스가 종료될 때 아주 잠시 거치는 상태이며 이 상태의 프로세스는 할당되었던 모든 자원들이 회수되고 PCB만 커널에 남아있는 상태이다. 운영체제가 시스템에 남겨져 있는 이 프로세스의 흔적들을 최종 정리 후 PCB를 삭제하면 프로세스가 완전히 사라지게 된다.

38

3.1 프로세스(Process)란 무엇일까?

예를 들어 볼까요.

어떤 프로세스가 한 번의 시간 종료 인터럽트를 겪고 그 후 한 번의 입출력을 한 후 완료된다고 했을 때 상태가 변화하는 과정을 한번 보죠. 맨 먼저 생성 상태가 될 테고 메모리가 여유가 있다면 곧바로 준비 상태가 될 거에요. 이미 준비 상태에 있었던 프로세스들과 함께 CPU를 할당받기 위해 기다리다가 차례가 되어 실행 상태로 가서 신나게 일을 하는 도중 시간 종료가 되어 CPU를 뺏기고 다시 준비 상태가 되겠지요. 다음 차례의 CPU 할당과 함께 다시 실행 상태가 된 후 아까 하던 일을 계속하다가 입출력을 발생시키면 이번에는 대기 상태로 될 겁니다. 기다리던 입출력이 완료되면 인터럽트를 통해 이 사실이 알려져서 시스템은 이 프로세스를 준비 상태로 만들어 주게 되고 아까처럼 CPU가 주어지길 기다리겠죠. 다시 차례가 되면 실행 상태가 되어 나머지 일을 마친 후 종료 상태가 되는 거랍니다.

입출력이 끝나면 바로 일을 계속해 나갈 수 있는데 왜 대기 상태에서 실행 상태로 가도록 하지 않는 걸까요? 그렇게 되면 이미 준비 상태에 있는 프로세스들은 물론 실행 상태인 프로세스 역시 불만스럽겠죠? 버스 타려고 기다리고 있는데 딴 일하다 늦게 온 사람이 지금 타려는 사람을 밀어낸다고 상상해 보면 되겠네요. 운영체제는 프로세스의 실행을 중요도에 따라 차등을 주는 해도 동급의 경우에는 공평하게 대우하기 위해 무척 노력한답니다.

참고로 위에서 설명한 상태들에서 생성과 종료는 시작과 마지막에 잠시 있게 되는 상태라서 논외로 하고, 나머지 세 개 즉, 준비, 실행, 대기 상태들을 활성 상태(Active State)라고 불러요. 활성 상태라는 것은 실행될 프로그램과 데이터 등을 위해 메모리 공간의 일정량을 부여받았음을 의미해요. 다시 말해 다중 프로그래밍(의 개수 또는 정도)에 포함되는 프로세스들인 거죠. 메모리가 부족하거나 다른 이유에 의해 시스템은 활성 상태의 프로세스로부터 메모리를 회수할 경우가 있는데 이때를 보류(Suspension)시킨다고 불러요.

보류 상태를 설명하기 전에 메모리에 대해 생각해 보자. 밀려드는 모든 프로세스를 받아들일 만큼 메모리를 무한정 늘릴 수 없다는 것은 비용을 따져보면 이해가 되리라 믿는다. 설령 메모리 비용이 싸진 만큼 더 늘릴 수 있게 되는 여유도 갈수록 덩치가 커지는 요즘의 프로그램들을 본다면 상쇄될 것이다. 결국 한정된 메모리 공간의 여유가 없어지게 되면 시스템은 당분간 메모리를 회수해도 문제되지 않을 프로세스들을 골라 보류시켜 메모리 공간을 확보하게 된다. 메모리의 여유는 없는데 지금 생성된 프로세스가 더 중요한 것이라서 반드시 메모리를 주어야 할 경우도 떠올려보라.

39

Chapter 03 프로세스와 스레드

입출력에 비해 턱없이 **빠른** CPU의 속도를 인정한다면, 메모리를 꽉 채우고 있는 프로세스들이 전부 입출력 중이라 CPU는 쉬고 있을 경우도 가능하다. 이때 새로운 프로세스를 받아들여 CPU를 가동시키고 싶다면 먼저 메모리를 확보해야 하고 입출력 때문에 대기 중인 프로세스들 중 누군가를 보류시켜야 할 것이다. 이 외에도 보류되는 이유는 여러 가지가 있는데 필요할 경우 조금씩 설명될 것이다.

보류 상태는 프로세스가 메모리 공간을 뺏기고 디스크로 나가야 하는 걸 말한다고 했는데 이것을 스왑되어 나간다(Swapped Out)라고 하고, 나중에 다시 메모리로 들어오면 스왑되어 들어온다(Swapped In)라 부르며 두 경우를 통틀어 스와핑(Swapping)이라 부른다. 보류 상태를 둘 것인가, 둔다면 몇 개로 할 것인가는 시스템마다 다를 수 있지만 기본적으로 다음 두 가지 정도는 사용되므로 알아두는 것이 좋겠다.

보류 준비 상태는 생성된 프로세스가 바로 메모리를 받지 못할 때나, 준비 또는 실행 상태에서 메모리를 잃게 될 때를 위해 필요하다. 실행 상태의 프로세스가 CPU를 반납하면서 준비 상태로 바뀔 때 메모리 공간까지 잃어야 하는 경우라면 보류 준비 상태로 바뀌게(Suspended) 된다. 충분한 메모리 공간의 확보를 위해 준비 상태의 프로세스를 보류시킬 수밖에 없을 경우나, 높은 우선순위의 보류 대기 상태 프로세스가 준비 상태가 되면서 실행 상태의 프로세스로부터 CPU를 뺏게 되는 경우가 여기에 해당될 것이다.

보류 준비 상태의 프로세스는 메모리의 여유가 생기거나 또는, 준비 상태의 프로세스가 전혀 없을 때 (CPU를 할 일 없게 놔두지 않기 위해) 대기 상태의 프로세스를 보류 대기로 만들고 메모리 공간이 확보되면 준비 상태로 바뀌게 (Resume) 된다. 이때 위에서 말한 스와핑이 있게 되는 것이다.

보류 대기 상태는 대기 상태일 때 메모리 공간을 잃은 상태이다. 바로 위에서 준비 상태의 프로세스가 아예 없어 대기를 보류 대기로 만드는 경우를 설명하였는데, 그 당시 준비 상태의 프로세스가 있었다고 하더라도 메모리의 여유 공간을 더 확보하기 위해서 보류 대기 상태가 되기도 한다. 보류 대기의 프로세스는 특별한 경우가 아니면 입출력이나 기다리던 사건의 종료 시 보류 준비 상태가 된다.

40

3.1 프로세스(Process)란 무엇일까?

괜찮아요~ 이런 경우가 있을 줄 몰랐잖아요. ^^;;

보류 대기에서 보류 준비로 가지 않고 바로 대기 상태가 되는 경우가 필요할까요? 대기라는 것은 어차피 CPU를 준다고 해도 실행 가능한 상태도 아니고, 더구나 보류 준비에 있는 프로세스들과의 형평에도 맞지 않는데... 드물기는 하지만 이런 경우를 한번 떠올려 보지요. 실행 중인 프로세스가 종료되어 메모리의 여유가 생겼어요. 이때 대기시켰던 원인이 곧 해소 될 걸로 판단되는 프로세스가 보류 대기에 있는데 보류 상태 중인 어떤 프로세스보다 우선순위가 높은 거예요. 이 프로세스에게 메모리를 주고 대기 상태로 만드는 것이 결과적으로 더 효과적이라 판단한 것이지요. 그냥 보류 준비 중인 프로세스를 준비 상태로 만들어준다면 얼마 지나지 않아 방금 말한 프로세스 때문에 또 한 번의 스와핑을 겪어야 하는 부담을 피하자는 거죠.

좀 다른 얘기지만 이건 어떻게 할까요? 실행 중인 프로세스가 종료되어 CPU가 비게 되었어요. 그런데 보류 준비에 있는 프로세스가 준비 상태의 프로세스들 보다 우선순위가 더 높은 거예요. 우선순위를 고수하자니 스와핑을 해야 하고, 스와핑을 피하려고 하니 우선순위를 위반해야 하고... 각자 고민해 보고 선생님께 질문하도록 해요.

보류 상태의 필요는 일차적으로 메모리 공간의 확보이지만 다른 이유 때문에 필요하기도 하다. 실행되는 프로세스의 현재 결과가 바라던 것이 아닌 오류가 보일 때, 시스템에 위해를 가할 수 있는 수상한 행동을 보일 때, 주기적인 일이라서 다음 주기의 실행 때까지 메모리를 회수해도 문제되지 않을 때 등이 예가 되겠다.

처음에 프로세스를 정의하면서 수행 중인 프로그램이라고 했던 말을 기억하고 있을 것이다. 즉, 수행 중이라는 말은 실행 중이라는 것을 포함하는 뜻이므로 활성 상태는 물론 보류 상태에 있는 것까지 모두 프로세스라는 것을 알아두자.

문맥교환에 대해 확실히 정리해 보기로 해요.

2장에서 문맥교환에 대해 설명한 적이 있지요? 프로세스의 상태 변화는 인터럽트에 의해 처리된답니다. 시간 종료나 우선순위에 밀려서 실행에서 준비 상태가 되고, 입출력은 시스템 콜이라는 트랩을 통해 대기 상태가 될 것이며, 입출력의 완료 역시 인터럽트를 통해 알려져 준비 상태로

41

Chapter 03 프로세스와 스레드

되는 것이지요. 그런데 인터럽트 이전에 실행되던 프로세스가 인터럽트를 처리한 후에 계속 실행이 될 경우도 있지만 다른 프로세스로 CPU가 할당되어 버릴 수도 있어요. 대표적인 예로 시간 종료나 우선순위가 이유일 경우도 있고, 입출력을 발생시킨 경우 역시 CPU는 다른 프로세스에게 넘겨지게 되는 거죠. 반면에 실행 중 다른 프로세스의 입출력 완료를 알리기 위한 인터럽트가 도착할 경우는 인터럽트의 처리 후 좀 전에 실행되던 프로세스를 그대로 계속 실행시켜주는 경우가 대부분이에요. 문맥교환을 위해 필요한 일의 양은 인터럽트 처리 전후의 프로세스가 같으냐, 다르냐에 따라 차이가 나게 되는데 당연히 같을 때가 해줄 일이 적답니다. 같을 경우는 인터럽트 처리를 하는 동안 변경되어 버릴 가능성이 있는 최소한의 정보 – PCB의 일부분 – 만 보관되면 되지만, 다를 경우는 프로세스가 바뀜으로 인해 해주어야 할 일이 더 많게 되죠. 즉, 문맥의 저장은 물론이고, PCB에서 관련 데이터들의 변경과 함께 PCB를 적절한 상태의 큐로 옮겨야 하며, 실행될 프로세스를 고른 다음 – 스케줄링이 동원되는 것이죠. – 이 프로세스의 PCB 변경과 함께 문맥의 복원과 같은 일이 요구되는 것이랍니다. 그래서 인터럽트 처리 전후의 프로세스가 같은 경우 사용자 모드에서 인터럽트 처리를 위해 커널 모드로 바꾸고 처리가 끝나면 다시 사용자 모드로 바꾸면 된다는 의미에서 모드 스위칭(Mode Switching)이라 부르고, 인터럽트 처리 전후의 프로세스가 달라지는 후자의 경우 프로세스 스위칭이라 부르죠. 두 경우 모두 문맥교환이 있지만 후자일 때 해주어야 할 일이 기술적으로 더 요구되기 때문에 프로세스 스위칭을 문맥교환이라 하고, 모드 스위칭은 단순히 모드 스위칭이라고 부르기도 한답니다.

3.2 스레드(Thread)란?

하는 일은 서로 다르지만 관련 있는 작은 일들이 모여 하나의 프로세스가 되었다고 해 보자. 쉬운 예로, 쇼핑을 하는 인터넷 사이트를 띄웠을 때를 생각해 보라. 작은 동영상이 한쪽에서 돌아가고, 물건을 사기 위해 입력을 요구하는 부분도 있고, 가끔 배경음악이 나오기도 하는 것들이 전체적으로는 하나의 일 즉, 프로세스가 되는 것이다. 이런 작은 일들을 각각 하나의 실행 단위로 세분하여 관리한다면 앞으로 설명될 몇 가지 장점을 얻을 수 있는데, 이때 큰 틀은 프로세스로, 세분된 작은 일 하나하나는 스레드라 부른다. 이럴 경우 이 장을 처음 시작할 때 잠시 말했던 것처럼 프로세스는 부여된 자원의 소유자로서, 스레드는 스케줄링의 단위로서 존재하게 된다. 한 프로세스에 속한 각각의 스레드들은 프로세스가 가지는 자원을 – 주소 공간 역시 자원이다. – 공유

42

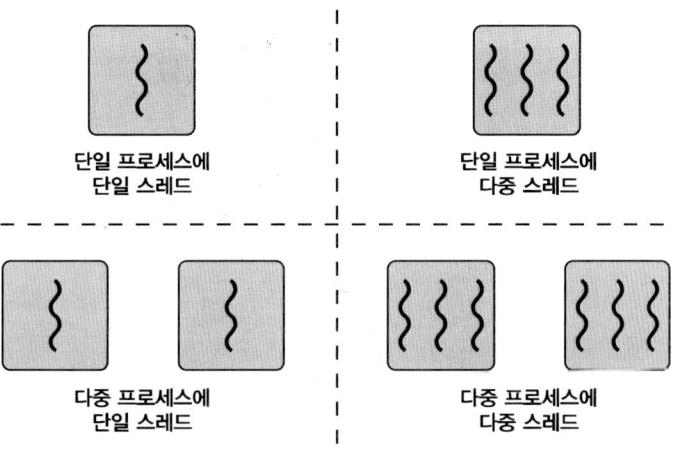

단일 프로세스에
단일 스레드

단일 프로세스에
다중 스레드

다중 프로세스에
단일 스레드

다중 프로세스에
다중 스레드

그림 3.2 프로세스와 스레드

하면서 각자는 자신의 실행 환경 즉, 프로그램 카운터로 표현되는 현재의 실행 위치와 스택, 레지스터 값들을 따로 가지게 되는 것이다.

다중 스레딩(Multi-threading)이란 하나의 프로세스를 다수의 스레드로 만들어 실행하는 것을 말하는데, 다중 스레딩을 하게 되면 하나의 프로세스 내에 다수의 실행 단위들이 존재하여 작업의 수행에 필요한 자원들을 공유하기 때문에 자원의 생성과 관리가 중복되는 것을 줄일 수 있다. 그림 3.2의 왼쪽은 스레드가 지원되지 않던 MS-DOS나 기존의 UNIX의 예이며, 오른쪽은 다중 스레딩이 지원되는 Windows NT, Solaris 또는 OS/2 등의 예이다.

3.2.1 스레드에 대해 조금 더.

다중 스레딩에서 프로세스란 보호(Protection)와 자원의 할당 단위가 된다고 하였는데 다시 말하면, 프로세스의 코드와 데이터를 수용하기 위한 가상주소 공간(Virtual Address Space)과 CPU, 다른 프로세스들의 파일들, 입출력에 사용되는 자원에 대한 보호된 액세스를 보장하기 위한 단위라는 말이다. 반면에 한 프로세스 내의 다수개의 스레드 각각은 스레드의 수행 상태 예를 들어, 실행, 준비 등과 실행 상태가 아닐 경우를 위한 스레드 문맥, 각자의 실행 스택, 자신이 속한 프로세스가 가지는 메모리와 자원에 대한 접근 권한을 가진다. 이해를 돕기 위해 그림 3.3을 보도록 하자.

Chapter 03 프로세스와 스레드

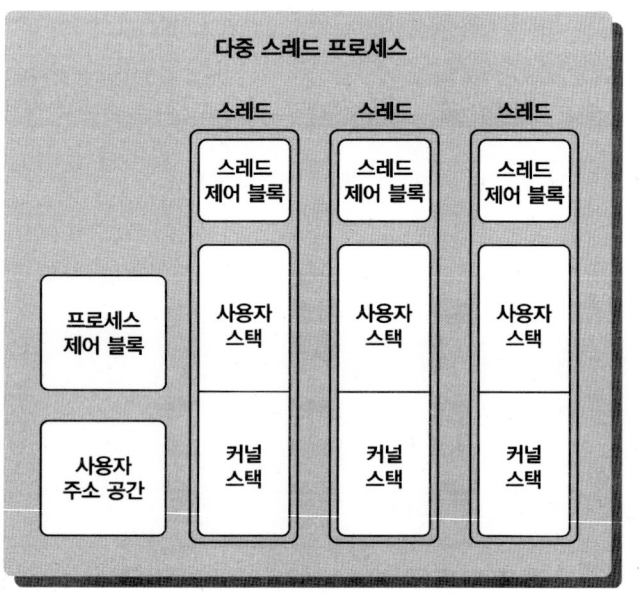

❖ 그림 3.3 단일 스레드와 다중 스레드 프로세스

그림 3.3에서 보듯 각 스레드는 자신의 제어 블록(Control Block) – 실행 중의 레지스터 값, 우선순위, 또는 스레드와 관련한 상태 정보 등을 위해 필요한 자료구조이며 프로세스의 PCB와 같은 개념으로 이해하면 된다. – 과 스택을 가진다. 동시에 프로세스의 정보인 PCB와 사용자 주소 공간은 공유함으로써 결과적으로 자신이 속한 프로세스의 상태와 자원들은 자연스럽게 공유하게 된다.

44

따라서 한 스레드에 의해 메모리의 데이터가 변경될 경우 다른 스레드들은 변경된 데이터를 사용하게 되며, 열린(Open) 파일은 다른 스레드들에게도 열린 상태로 사용 된다.

이상의 관점에서 봤을 때 스레드의 가장 큰 장점은 성능 측면에서 발견할 수 있다. 다시 말해 스레드를 만들고, 없애며, 이들 간의 스위칭에 소요되는 시간과 비용이 프로세스 단위로 이루어질 때 보다 빠르고 저렴하다는 것인데 실제로 맨 처음 예를 든 것처럼 관련된 작은 일 각각을 프로세스들로 만드는 것 보다 스레드들로 만드는 것이 더 저렴하다는 것이다. 예를 들어, 파일 서버 (File Server)가 다양한 파일처리 요청에 내해 스레드를 만들어 냄으로써, 또는 논리적으로 다른 기능들을 포함하고 있는 프로그램을 여러 개의 스레드로 구현함으로써 시간과 비용을 줄일 수 있을 것이다. 프로세스 간의 통신(Inter Process Communication) 역시 커널의 개입을 필요로 하지만, 한 프로세스 내의 스레드 간 통신은 메모리와 파일을 공유하기 때문에 커널의 개입이 필요 없으므로 이 또한 이점이 된다.

참고로 CPU의 할당 단위가 스레드라고 했으므로 CPU 스위칭을 위한 스레드 단위의 자료는 유지되어야 하며, 여전히 프로세스 단위로 행해지는 보류, 종료 등은 해당 프로세스에 속하는 전체 스레드에 동일한 영향을 미친다.

3.2.2 스레드의 상태와 동기화(Synchronization)

프로세스와 마찬가지로 스레드 역시 실행, 준비, 대기와 같은 상태를 가지며, 다만 보류는 프로세스 레벨의 개념이므로 스레드에서는 필요 없는 상태이다. 이미 말했듯이 대기는 레지스터 값, 프로그램 카운터, 스택 포인터 등의 보관이 요구되며, 스레드의 종료는 해당 스레드의 레지스터 값들과 스택을 없애게 된다.

한 프로세스내의 스레드들은 그 프로세스의 주소 공간과 자원들을 공유한다는 사실은 특정 스레드가 변경시킨 내용이 다른 스레드에 바로 영향을 미친다는 것을 말한다. 따라서 오류를 야기할 수 있는 상호 간의 간섭이나 데이터의 파괴 등을 방지하기 위한 스레드 실행의 동기화가 요구되는데, 이 문제는 프로세스 간의 동기화에서 발생하는 문제 및 해결책과 동일하고 5장에서 자세히 다룰 것이다.

Chapter 03 프로세스와 스레드

3.2.3 스레드의 종류

그림 3.4를 보면서 사용자 레벨과 커널 레벨 스레드를 이해해 보자.

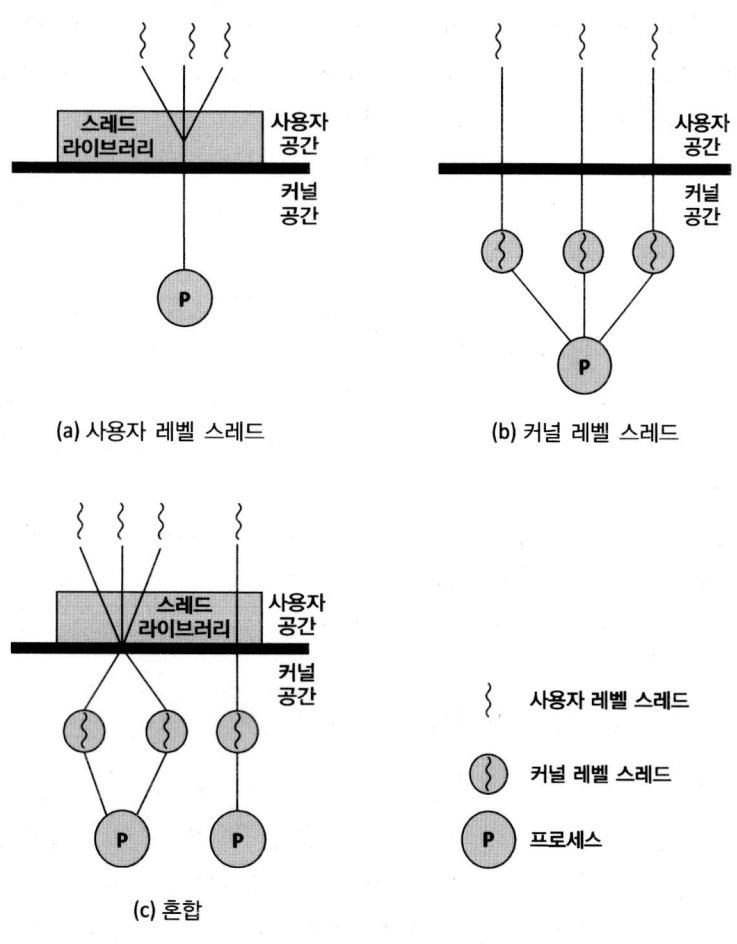

❖ 그림 3.4 사용자 레벨과 커널 레벨 스레드

◣ 사용자 레벨 스레드(User Level Thread)

스레드 라이브러리(Library)에 의해 관리되며, 스레드와 관련된 모든 행위
(Activity)는 사용자 공간에서 이루어지므로 커널은 스레드의 존재를 알지 못

3.2 스레드(Thread)란?

한다. 다시 말해, 커널은 특정 프로세스에 속한 스레드들 각자가 일으키는 행위를 그 스레드가 속한 프로세스의 행위로 인식한다는 것이다. 스레드 라이브러리는 스레드의 생성, 소멸을 위한 코드와, 스레드 간의 메시지나 데이터의 전달, 스레드의 스케줄링, 스레드 문맥의 보관, 재 저장 등을 담당한다.

특정 스레드의 실행에서 대기는 자신이 소속된 프로세스의 대기를 초래하며, - 커널에게는 스레드가 속한 프로세스만이 보임을 상기해 보라. - 당시 실행 중이었던 스레드는 지금은 실제로 실행 중이 아니지만 스레드 라이브러리에 의해 실행으로 계속 간주되고 있다가(실행 중이었다는 것을 표시해두었다가) 나중에 CPU가 다시 이 프로세스에게 할당되었을 때 계속 실행해 나갈 수 있도록 해 준다.

또 다른 예로 스레드의 실행 중 해당 프로세스의 시간 초과가 될 경우 커널은 프로세스의 스위칭을 수행하며, 당시 실행 중이던 스레드는 역시 (스레드 라이브러리에 의해) 실행 상태로 유지되다가 해당 프로세스가 CPU를 다시 받게 되면 다시 실행된다. 당연히, 스레드의 스위칭 도중 프로세스 스위칭이 일어나도 CPU를 다시 받았을 때 스레드의 스위칭이 계속 진행되도록 조치된다. 그림 3.4를 보면 스레드 라이브러리의 메모리에서의 위치가 사용자 공간임을 알 수 있는데, 이는 커널이 스레드를 알 수 없다는 것을 보여준다.

사용자 레벨 스레드는 스레드 스위칭에 커널의 개입이 필요 없으며, 이것은 곧 유저에서 커널 모드로, 다시 커널에서 유저 모드로의 두 번의 모드 스위칭이 필요 없음을 말한다. 또한 스레드 간의 스위칭 시 운영체제가 정한 스케줄링에 따를 필요가 없고 - 스레드 간의 스위칭은 라이브러리에 있는 스위칭 프로그램에 의해 결정되므로 - 응용 별로 독자적인 스케줄링을 사용할 수 있으며 어떤 운영체제에서도 운영이 가능하다.

사용자 레벨 스레드의 단점으로는 특정 스레드의 대기가 자신이 소속된 프로세스 내의 모든 스레드들의 대기를 초래하며, CPU가 프로세스 단위로 할당되기 때문에 다중처리의 환경이 주어진다 해도 스레드 단위의 다중처리가 되지 못한다는 점이다. 즉, 커널이 스레드를 보지 못하기 때문에 같은 프로세스에 속한 여러 스레드들이 서로 다른 CPU를 할당받아 동시에 실행될 수가 없는 것이다.

Chapter 03 프로세스와 스레드

▣ 커널 레벨 스레드(Kernel Level Thread)

모든 스레드의 관리를 커널이 하는 경우를 말한다. 스케줄링은 커널에 의해 스레드 단위로 이루어지므로 사용자 레벨 스레드 때의 단점을 극복할 수 있다. 부연하면, 다중처리의 환경일 경우 한 프로세스 내의 다수 스레드는 각각 처리기를 할당 받아 병렬(Parallel) 실행이 가능하며, 한 스레드의 대기 시 같은 프로세스에 속한 다른 스레드로 스위칭이 가능하다. 반면에, 같은 프로세스에 속한 스레드 간의 스위칭에도 커널의 개입이 필요하므로 모드 스위칭이 요구된다.

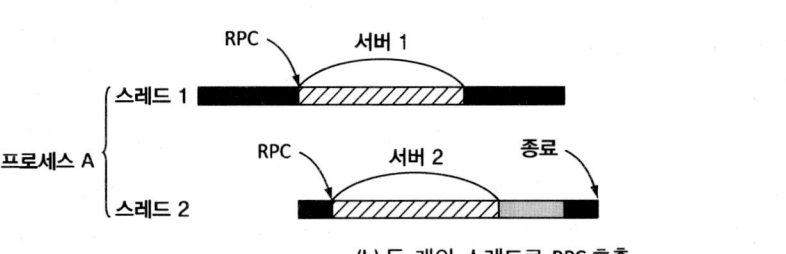

❖ 그림 3.5 스레드를 이용한 원격 프로시저 호출

스레드는 이런 장점도 있으니 여기 보시오. ^^*

커널 레벨 스레드라 해도 다중처리가 아닌 환경이라면 스레드들의 병렬 처리에 의한 시간 단축은 기대하기 힘들어 보이지 않소? 어차피 하나밖에 없는 CPU를 가동해 한 프로세스 내의 여러 개 스레드를 차례차례 실행시킨다면 스레드 레벨과는 상관없이 그냥 스레드를 만들지 않고 프로세스를 실행했을 때와 시간적인 차이가 없을 거라는 생각이 드니 말이오. 그런데 그림 3.5의 경우를 한번 보시오. CPU가 하나 있는 단일 처리기 환경에서 먼저

48

3.2 스레드(Thread)란?

다른 서버에 있는 프로시저를 호출하고 그 다음 또 다른 서버에 있는 프로시저를 호출하는 즉, 두 번의 순차적인 원격 프로시저 호출(Remote Procedure Call, RPC)을 수행하는 일을 (a)는 스레드 없이 그냥 프로세스로, (b)는 각각의 호출을 두 개의 스레드가 하나씩 하게 한 경우요. 물론 두 개의 스레드는 한 프로세스에 속한 거고.

(a)는 서버로부터 RPC의 결과를 받을 때까지 기다리는 구간이 빗금으로 표시되어 있고 이 시간이 종료 시간을 꽤 늦추게 하는 걸 알 수 있소. (b)는 첫 번째 호출을 한 스레드에게 맡기고 대기가 될 때 바로 다른 스레드를 실행시켜 두 번째 호출을 하게 하는 경우인데, 두 개의 스레드가 대기 중인 시간대가 중복된 만큼 전체 일의 종료 시간이 앞당겨지는 게 보일 거요. 즉, 단일처리 시스템의 경우에도 스레드를 만드는 것이 프로세스를 만드는 것 보다 시간과 비용 면에서 이롭다는 것 외에 응용에 따라 전체 실행 시간도 단축할 수 있다는 장점이 있다는 거요. 수고했고... 잠시 산책 좀 하고 오시오!

CPU 스케줄링

이미 배운 다중 프로그래밍과 시분할이라는 말을 떠올려 보자. 메모리에 여러 개의 프로세스를 올려놓고(다중 프로그래밍), CPU의 가동 시간을 적절히 나누어(시분할) 각각의 프로세스에게 분배하여 실행되도록 한다는 뜻임을 기억할 것이다. 그렇다면 현재 실행 중인 프로세스로부터 다른 프로세스로 CPU를 넘겨주어야 할 때, 기다리고 있는 여러 프로세스 중에 누구를 선택해야 할지에 대한 방식이나 기준이 있어야 할 텐데 이때 필요한 것이 스케줄링 기법이다.

일반적으로 여러 프로세스들이 번갈아 사용해야 하는 자원이 있을 경우, 주어진 시점에서 어떤 프로세스가 이 자원을 사용할 수 있도록 해 줄 것인가를 결정하는 것을 스케줄링(Scheduling)이라 부른다. 따라서 그 자원이 CPU일 경우 엄격히 말하자면 CPU 스케줄링이라 부르는 것이 맞지만 대부분 스케줄링이라는 말이 CPU 스케줄링을 의미하므로 이 장에서는 그냥 스케줄링이라 부르기로 하겠다. 그리고 특별히 언급이 없는 한 CPU가 하나있는 단일처리 시스템에서의 스케줄링에 대해 다룰 것인데, 다중처리 시스템의 경우에도 같은 개념의 확장과 변형이므로 여기서 이해한 부분들이 기초가 될 것이다.

4.1 스케줄링 (Scheduling) 의 단계

프로세스 스케줄링은 수행 단계에 따라 장기(Long-term), 중기(Medium-term), 단기(Short-term) 스케줄링의 세 가지로 나뉘는데, 이것은 스케줄링이 요구되는 시점을 기준으로 구분한다고 보면 된다.

Chapter 04 CPU 스케줄링

　장기 스케줄링에서는 어느 작업을 커널에 등록시켜 프로세스로 만들어 줄 것인가를 결정하는 것으로 작업 스케줄링(Job Scheduling)이라고도 한다. 일괄처리 시스템의 경우 새로 작업이 들어오면 먼저 디스크에 놓아둔 채 일괄처리 큐에서 대기하도록 한 후 장기 스케줄러를 거쳐 프로세스가 되도록 하며, 시분할의 경우는 사용자의 접속 시도를 허용할지 말지를 결정하는 단계라고 볼 수 있다. 결과적으로 이 단계는 요청된 일을 프로세스로 만들어 시스템에 알려진 일거리로 추가하느냐를 결정하는 것으로서 다중 프로그래밍의 정도(Multiprogramming Degree)를 조절하는 역할을 한다. 장기 스케줄러는 수행 횟수가 적으며 대부분 FIFO 방식 – 좀 있다 설명할 것이다. – 을 사용하나 좀 더 복잡한 스케줄링을 동원하는 경우도 있는데, 이를테면 계산 위주의 프로세스와 입출력 위주의 프로세스 수를 적절히 맞추기 위해 프로세스의 성격을 반영하는 우선순위 방식을 사용할 수도 있다.

　중기 스케줄링에서는 보류 상태의 프로세스들 중에서 어느 프로세스에게 메모리를 할당해 줄 것인가를 결정한다. 앞에서 배운 스와핑으로 설명하면 스왑아웃된 프로세스들 중 어떤 프로세스를 다시 스왑인(또는 Resume) 할 것인가를 결정하는 것으로서 장기와 단기의 중간 단계에 해당한다고 보면 된다.

　단기 스케줄링은 준비 상태에 있는 프로세스들 중에서 어느 프로세스에게 CPU를 할당할지를 결정하는 것이며, 프로세스 스케줄러 또는 디스패처(Dispatcher)라 불리는 것에 의해 수행된다. 일반적으로 부르는 프로세스 스케줄링이 대부분 단기 스케줄링을 말하며 이 장에서 앞으로 다뤄질 여러 이야기들도 단기 스케줄링에 대한 것임을 기억해 두자. 단기 스케줄링은 이미 설명한 대로 입출력 또는 시간 종료 인터럽트나 시스템 콜 등과 같은 다양한 이유에 의해 가동되는데, 그 횟수도 매우 잦으므로 한번 실행에 드는 시간을 최대한 줄이는 것이 중요하다. 이미 배운 프로세스 상태 그림에서 스케줄링의 단계를 같이 표현한 그림이 그림 4.1에 있으므로 잠시 보고 넘어가자.

52

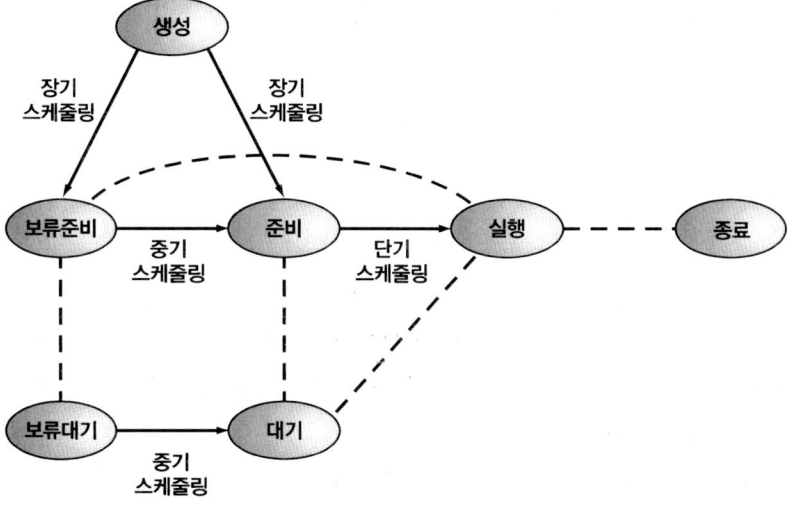

❖ 그림 4.1 스케줄링과 프로세스 상태

4.2 스케줄링의 목적과 기준

결론부터 말하면 CPU를 할당받을 프로세스를 잘 골라 실행시켜줌으로써 전체적으로 시스템의 성능을 높이자는 것이 스케줄링의 목적임은 당연하다. 그렇다면 무엇을 보고 시스템의 성능이 좋다고 할 것인가? 다시 말해 어떤 것들이 성능을 평가하는 잣대로 사용되는가 하는 것인데 여기에는 크게 두 가지 관점이 있다.

먼저, 사용자의 관점에서 보면 응답 시간(Response Time)이 대표적인 지표가 될 텐데, 응답 시간이란 프로세스의 요청에 대해 시스템이 최초로 출력을 내주기 시작할 때까지 걸린 시간을 말하며 이것은 사용자의 입장에서 가장 직접적으로 시스템의 성능을 느낄 수 있는 지표임은 분명하다. 일괄처리의 경우에는 요청으로부터 결과를 돌려받는 데까지 걸린 시간 즉, 반환 시간(Turn-around Time)이 중요 지표가 될 것이며, 그 외에도 요청한 일이 얼마 후쯤에는 완료될 수 있을 것이라는 예측가능성(Predictability) 등도 지표로 활용될 수 있다.

다음으로 시스템의 관점에서 보면, 스케줄링을 통해 CPU가 얼마나 잘 활용

Chapter 04 CPU 스케줄링

됐는가를 나타낼 수 있는 처리량(Throughput)과 활용도(Utilization) 등이 있다. 처리량이란 단위 시간에 완료되어진 프로세스의 개수 – 공장으로 비유하면 단위 시간에 만들어져 나오는 제품의 수 – 로 측정되며, 활용도는 주어진 시간 동안 특정 자원이 실제로 가동된 시간의 비율로 계산한 지표이다.

대화형(Interactive) 시스템의 경우에는 응답 시간이, 일괄처리 시스템에서는 처리량이 가장 중요한 지표로 인식되는데, 이것은 처리량을 높이기 위해 개별 사용자의 응답 시간이 길어질 수도 있으므로 – 실제로 위에서 설명된 지표들은 서로 상충되는 것들도 있어서 모든 것을 만족하는 것은 불가능하다. – 시스템을 사용하는 환경과 목적에 맞는 지표에 치중해서 스케줄링을 해주어야 한다는 것을 의미한다.

이 외에도 여러 가지 지표들이 있는데, 가능한 한 CPU 사용 시간을 공평하게 나누어 주어야 한다는 공평성(Fairness)이 권장되며, 특정 프로세스가 장기간 CPU를 받지 못하게 되는 경우는 최대한 피하고, 시스템에 있는 여러 자원들은 가급적 균형 있게 사용되도록 해야 한다는 것 등이 있다.

성능 지표는 어떤 경우에 어떤 것들이 상충될까요?

프로세스들에게 빠른 응답 시간을 주기 위해 스케줄링을 자주 한다면 – CPU 스위칭을 자주 한다면 – 그때마다 문맥교환이 필요하고 이것은 CPU 시간의 상당 부분이 문맥교환에 사용된다는 것이지요. 이것은 결국 사용자 프로세스를 실행해 줄 시간이 줄어들어 전체적으로는 처리량이 감소하게 되는 거지요. 반대로, 주어진 기간 동안에 많은 프로세스를 처리하여 처리량을 높이려고 수행 시간이 짧은 프로세스들을 주로 처리한다면 수행 시간이 긴 프로세스는 처리가 늦어져 응답 시간이 길어질 수밖에 없겠지요.

이제 위에서 말한 목적에 맞는 스케줄링 정책을 만들 때 고려해야 할 기준들에 대해 알아보자. 먼저 스케줄링의 대상이 되는 프로세스의 성격이 있는데, CPU를 사용하는 연산이 입출력에 비해 상대적으로 많으면 연산 위주(CPU-bound 또는 Computation-bound) 프로세스라 하고, 반대의 경우를 입출력 위주(I/O-bound) 프로세스라 부른다. 대부분의 시스템에서는 두 종류의 프로

54

세스가 섞여 있으므로 목적에 따라 어떤 종류의 프로세스를 더 우대할지를 생각해야 한다. 시스템이 사용될 환경에 따라 응답 시간을 우선으로 할지, 처리량을 우선할지도 고려해야 하는데 이것은 위에서 설명하였다. 특정 프로세스에게 우선적으로 빠른 응답 시간을 보장해야 하는 경우가 있다면 이를 가능케하는 기능이 있어야 하며, 프로세스의 크고 작음에 따라 – 여기서 크기는 완료 때까지 요구되는 CPU 실행 시간을 말한다. – 어떤 것을 우선적으로 처리할지의 기준을 가지고 있어야 한다. 이 외에도 시스템의 환경에 따라 더 있겠으나 모두 열거하지는 않는 대신 앞으로 설명될 스케줄링 정책들을 보면서 각자가 느껴보기 바란다.

4.3 스케줄링 기법들

스케줄링이 언제 가동되어야 하는지 정리해 보면 다음과 같다.

❶ 프로세스가 실행 상태에서 대기 상태로 전환될 때. 대표적인 예가 입출력 요청이다.
❷ 프로세스가 실행 상태에서 준비 상태로 전환될 때. 시간 종료와 같은 인터럽트가 발생할 때가 좋은 예이다.
❸ 프로세스가 대기 상태에서 준비 상태로 전환될 때. 입출력의 종료가 예가 되겠다.
❹ 프로세스가 수행을 마치고 종료될 때.

스케줄링 기법들은 비선점(Nonpreemptive)과 선점(Preemptive) 스케줄링으로 분류할 수 있는데, 비선점 스케줄링은 한 프로세스가 CPU를 할당받았을 때 CPU를 스스로 반납할 때까지 계속 사용하도록 허용하는 방법이며, 선점 스케줄링은 CPU를 할당받아 실행 중인 프로세스로부터 CPU를 선점 – 빼앗는다는 의미 – 하여 다른 프로세스에 할당할 수 있는 방식이다. 예를 들어, 현재 CPU를 할당받아 실행 중인 프로세스보다 우선순위가 높은 프로세스가 도착하면 현재 프로세스의 실행을 중단하고 우선순위가 높은 프로세스에게 CPU를 할당하는 방법이 여기에 속하는데 이것은 실행 중인 프로세스의 의지와 상관없이 CPU를 뺏길 수 있음을 의미한다.

Chapter 04 CPU 스케줄링

위의 ❶번과 ❹번의 경우는 실행 중인 프로세스에 의해 CPU가 반납된 것이며 이 경우에만 스케줄링을 하게 되면 비선점 방식이 되고, ❷번과 ❸번의 경우에도 적용되는 스케줄링을 선점 방식이라 부른다. 이제부터 설명될 스케줄링 기법들을 잘 이해하여 기억해 두도록 하자.

◪ FCFS(First Come First Service) 스케줄링

FCFS 스케줄링 – 책에 따라서는 같은 의미로 FIFO(First in First out) 스케줄링이라고도 부른다. – 은 준비 큐에 먼저 도착한 프로세스에게 먼저 CPU를 할당해 주며, CPU를 할당받은 프로세스는 스스로 CPU를 반납할 때까지 CPU를 독점하여 사용하는 비선점 방식이다. 그림 4.2에서처럼 P1, P2, P3, P4의 순서로 프로세스들이 준비 상태에 도착하였을 때 이 프로세스들이 완료되는 순서도 P1, P2, P3, P4가 된다.

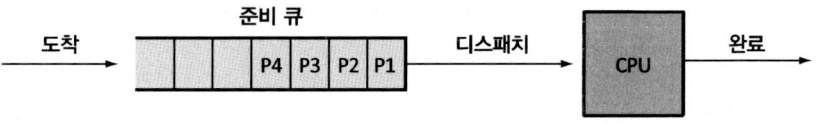

✤ 그림 4.2 FCFS 스케줄링

FCFS 기법은 프로세스가 CPU를 독점하여 사용하기 때문에 아주 긴 프로세스가 실행 될 경우 뒤에 있는 프로세스들은 오래 기다려야 하므로 대화식 시스템에 적합하지 않으며, 평균 응답 시간이 길어지는 단점이 있다. 반면에 준비 상태 프로세스들의 개수와 크기를 짐작할 수 있다면 각각의 프로세스들이 언제쯤이면 실행될 수 있을지를 예측할 수 있고, 도착 순서만이 실행 순서를 결정짓는다는 관점에서 공평하다고 말할 수 있다. FCFS 기법은 가장 단순한 형태로서 실제 시스템에서 바로 사용되기는 힘들지만 다른 스케줄링 기법의 보조 장치로서 예를 들어, 우선순위가 동일할 경우의 차선책으로서 활용이 가능하다.

FCFS에서의 응답 시간을 살펴보기 위해 프로세스들의 CPU 요구량이 다음 표와 같다고 하자. CPU 요구량은 이 프로세스의 완료를 위해 요구되는 CPU 시간의 양을 말하는데, 보통 시간의 관점에서 본 프로세스의 크기(Size)로 부르기도 한다.

56

프로세스	도착 시간	CPU 요구량(초)
P1	0	100
P2	0	10
P3	0	10
P4	0	10

프로세스들이 거의 동시에 P1, P2, P3, P4의 순서로 도착했다고 하면, FCFS 스케줄링에 의한 간트(Gantt) 차트는 다음과 같으며, 이때 프로세스들의 평균 응답 시간은 115조가 될 것이다. 참고로 이 장에서는 응답시간을 프로세스가 끝나는 시간 즉, 완료시간으로 간주한다.

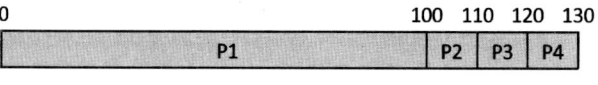

$$평균\ 응답\ 시간 = \frac{(100+110+120+130)}{4} = 115$$

만약 프로세스들이 P2, P3, P4, P1의 순서로 거의 동시에 도착했다면, 간트 차트의 모양이 다음처럼 될 것이고, 이때는 프로세스들의 평균 응답 시간이 47.5가 되는 것을 알 수 있다.

```
0   10  20  30                          130
P2 | P3 | P4 |           P1
```

$$평균\ 응답\ 시간 = \frac{(10+20+30+130)}{4} = 47.5$$

평균 응답 시간이 짧다고 해서 모든 프로세스의 응답 시간이 짧아진다는 것은 아니지만 보편적으로 그럴 확률을 높일 수 있기 때문에 평균 응답 시간을 줄이기 위한 노력은 필요하며 이 점은 다음에 설명될 기법과 함께 보고 느껴 보기 바란다.

◢ SPN(Shortest Process Next) 스케줄링

책에 따라서는 이 스케줄링의 이름을 SJF(Shortest Job First) 스케줄링이라 부르기도 하는데, 준비 큐에서 기다리고 있는 프로세스 중에서 가장 짧은

Chapter 04 CPU 스케줄링

- CPU 요구량이 가장 적은 - 것을 먼저 실행시켜 주는 비선점 방식이다. 이 기법을 사용하면 평균 응답 시간을 최소화할 수 있으나 실행 시간이 긴 프로세스가 CPU를 할당받지 못하고 계속해서 대기하는 무한 대기 현상이 발생할 수 있다. 짧은 실행 시간을 가진 프로세스들이 계속해서 도착할 가능성은 얼마든지 있음을 떠올려 보면 쉽게 이해되리라 믿는다.

실행해 주어야 할 프로세스 수가 충분하다고 하면, 이 기법은 처리량에 관한 한 매우 훌륭한 성능을 보이며, FCFS와 비교했을 때 전체적으로 빠른 응답 시간을 기대할 수 있으나, 긴 프로세스일수록 그 편차가 커져 예측가능성은 오히려 떨어질 것이다.

이 기법의 단점으로 지적된 긴 프로세스의 무한대기 가능성을 낮추는 방법으로는 기다린 시간만큼 우선순위를 높여 - 흔히 이런 방법을 에이징(Aging)이라 부른다. - 실행가능성을 높여주는 것이 있는데 좀 있다 보게 될 HRRN 기법이 좋은 예가 될 것이다. 또 다른 단점으로는 각 프로세스들의 크기 - 실행 시간의 길고 짧음으로 표현한 - 를 실행 전에는 정확히 알 수 없음에도 불구하고 그 크기를 가지고 스케줄을 해야 한다는 것이다. 이 문제의 해결책으로 프로세스의 크기를 실행 전에 추정해 보는 지수 평균(Exponential Averaging) 방법을 동원할 수 있는데, 비슷한 환경에서 반복적으로 실행되어지는 프로세스들에 대해서는 적용할 만하다. 다시 말해, 이전에 실행되었을 때의 크기와 그때의 추정 크기로 지금 실행되어질 크기를 짐작하자는 것인데 더 자세히 알고 싶다면 수업 시간에 여쭤보도록 -.-;;

간단한 예를 들어, SPN이 어떤 결과를 보이는지 알아보자. 비선점 방식임을 유념하고 간트 차트를 그려보면 아래와 같을 것이다.

프로세스	도착 시간	CPU 요구량(초)
P1	0	10
P2	0.5	5
P3	1	2

```
0              10      12      17
┌──────────────┬───────┬───────┐
│      P1       │  P3   │  P2   │
└──────────────┴───────┴───────┘
```

P1에 CPU가 주어진 다음 0.5초와 1초 후 P2, P3가 도착하지만 비선점이므로 CPU를 뺏기지 않고 P1의 실행을 마친 후, 둘 중에 더 짧은 P3를 실행한 다음 P2를 실행해 줄 것이다. 응답 시간을 보면, P1은 10, P2는 17에서 도착 시간 0.5를 뺀 16.5, P3는 12에서 역시 도착 시간 1을 빼 11이 되므로 평균 응답 시간은 다음과 같다. 같은 상황을 FCFS로 했을 때의 13.5와 비교해 보라.

$$평균\ 응답\ 시간 = \frac{(10+16.5+11)}{3} = 12.5$$

▶ SRT(Shortest Remaining Time) 스케줄링

SRT 스케줄링은 SPN을 선점 방식으로 운영하는 것으로 이해하면 된다. 새로 도착하는 프로세스의 실행 시간 크기는 완료까지 남은 시간과 같으며, CPU를 할당받아 실행된 양만큼 완료까지 남은 시간은 줄어들게 될 것이다. SRT는 준비 큐에서 완료까지 남은 CPU 요구량이 가장 짧은 것을 먼저 실행시켜 주는 방식이며, 실행 도중 남은 실행 시간이 더 적은 프로세스가 준비 큐에 들어올 경우 현재 실행 중인 것을 중단하고 새 프로세스에게 CPU를 할당하는 선점 방식이다.

SRT 역시 SPN 방식의 단점과 함께 완료까지 남은 실행 시간의 계산, 실행 시간이 짧은 프로세스가 자주 도착할 경우의 잦은 선점으로 인한 문맥교환의 부담이 있다. 이런 단점이 보완된다면 SRT 기법을 효과적으로 사용할 수 있을 것이며, 참고로 4.2절에서 설명한 반환 시간을 놓고 따져보면 SRT가 SPN보다 우수함을 알 수 있을 것이다.

SPN 스케줄링에서 든 예를 SRT 기법으로 했을 때와 비교해 보자.

0	0.5	1	3	7.5	17
P1	P2	P3	P2	P1	

P1이 실행된 후 0.5초가 지난 시점에서 P1의 남은 시간은 9.5가 되며 이때 도착한 P2의 남은 시간은 CPU 요구량과 같은 5이므로 P2로 선점될 것이다. 마찬가지로 1초 후의 상황에서도 P2의 남은 시간은 4.5이며 P3는 2이므로 다시 P3로 선점 된 후 P3의 실행이 끝나면 P2, P1의 차례로 실행이 완료된다. 각 프로세스의 응답 시간은 P1이 17, P2와 P3가 각각 7, 2가 되므로 평균 응답 시간은 8.67이 되므로 SPN보다 우수함을 알 수 있다.

Chapter 04 CPU 스케줄링

위의 예에서 수치상으로 SRT의 평균 응답 시간이 SPN보다 더 좋은 것으로
나왔으나 여기에는 우리가 간과한 것이 있다. 이미 지적한대로 SRT는 남은 시
간의 계산과 함께 SPN보다 더 많은 문맥교환이 요구되어 실제로는 평균 응답
시간이 좀 더 길어질 것임을 예상할 수 있다. 그렇다면 SPN을 수정하여 평균
응답 시간을 더 줄일 수 있는 방법은 없을까? 만약 가까운 미래에 도착하게 될
프로세스의 정보를 알 수 있다면 다시 말해, 위 SPN의 예에서 1초만 기다리면
5와 2의 크기를 가진 프로세스가 도착한다는 것을 알 수 있다면 처음에 P1으
로 CPU를 바로 할당하는 대신 1초 동안 기다렸다가 SPN을 적용하면 어떤 결
과가 나올까?

0	1	3	8	18
CPU idle	P3	P2	P1	

응답 시간이 P1은 18, P2는 8에서 도착 시간을 뺀 7.5, 마찬가지로 P3는 2
가 되어 평균 응답 시간은 9.17이 나오게 될 것이다. 가까운 미래(Future)를
알(Knowledge) 수 있다면, 처음 1초 동안 CPU를 쉬게 하는 것이 오히려 더
우수한 결과를 가질 수도 있음을 보여주는 이 기법을 이름 그대로 Future-
knowledge 스케줄링이라 한다.

SRT에서 잦은 문맥교환이 고민인데...

문맥교환을 좀 덜할 수 있는 방법은 없을까?

첫 번째 장면 : 직전의 스케줄링에서 남은 시간이 제일 짧았던 내가
CPU를 받았다. 이제 나는 조금만 있으면 완료될 것이다. 그런데... 나보
다 더 짧은 녀석이 도착한 것이다.

두 번째 장면 : 나의 남은 시간은 꽤 길다. 그런데 나보다 짧은 녀석
이 없어 CPU를 받았다. 얼마 지나지 않아 한 녀석이 도착했는데... 아! 이 녀석도 길지만 나
보다는 짧다.

SRT의 원래 기준으로는 두 경우 모두 문맥교환을 해야 하지만 이게 부담스러우니... 참!
이럴 때는 SRT 스케줄링을 위한 임계 값(Threshold Value)을 정해 두고 두 프로세스의
남은 시간 차이가 임계 값을 넘지 않을 경우에는 선점되지 않도록 하라. 딱딱!

⟩ HRRN (Highest Response Ratio Next) 스케줄링

HRRN 스케줄링은 SPN과 SRT 방식의 약점인 수행 시간이 긴 프로세스의 무한 대기 현상을 방지하기 위한 기법이다. 이 기법은 준비 큐에 있는 프로세스들 중에서 응답률(Response Ratio)이 가장 높은 프로세스에게 높은 우선순위를 주며, 비선점식 방식이다. 응답률이란 프로세스의 크기 즉, CPU 요구량에 대한 대기 시간의 비율로서 다음과 같이 계산된다.

$$응답률 = \frac{(대기시간 + CPU \ 요구량)}{CPU \ 요구량}$$

이 기법을 사용하면 프로세스가 기다리는 시간이 길어질수록 우선순위가 높아지므로 – 대기 시간을 Aging해서 우선순위에 반영한다는 뜻 – 수행 시간이 긴 프로세스도 머지않아 CPU를 할당받을 수 있게 된다. 또한, 분모를 보면 알 수 있듯이 큰 프로세스일수록 우선순위가 낮으므로 평균 응답 시간의 단축도 꾀하고 있음을 알 수 있다. 실행되지 못하고 기다리는 동안 대기 시간은 계속 증가할 것이므로 스케줄링을 할 때마다 준비 큐의 모든 프로세스들에 대해 응답률을 계산하여 CPU를 줄 프로세스를 선정하고, 선택된 프로세스는 자발적으로 CPU를 내놓지 않는 한 실행을 계속할 수 있다.

⟩ 라운드 로빈 (Round-Robin) 스케줄링

라운드 로빈은 FCFS 스케줄링을 기반으로 하여 CPU를 할당하되, 각 프로세스는 한 번에 쓸 수 있는 CPU 시간 크기 즉, 시간 할당량(Time Quantum)이 지나면 시간 종료 인터럽트에 의해 CPU를 뺏기게 되는 선점 방식이다. CPU를 반환한 프로세스는 다시 준비 큐의 끝에 들어가게 되고, 준비 큐의 맨 앞에 있는 프로세스가 CPU를 할당받게 된다. 그림 4.3에서 입출력 완료 큐가 따로 없고 따라서 ②번의 경로도 없는 경우 즉, 입출력을 마친 프로세스들은 ①번 경로를 따라 바로 준비 큐로 들어가도록 해주면 기본적인 라운드 로빈 구현이 된다.

Chapter 04 CPU 스케줄링

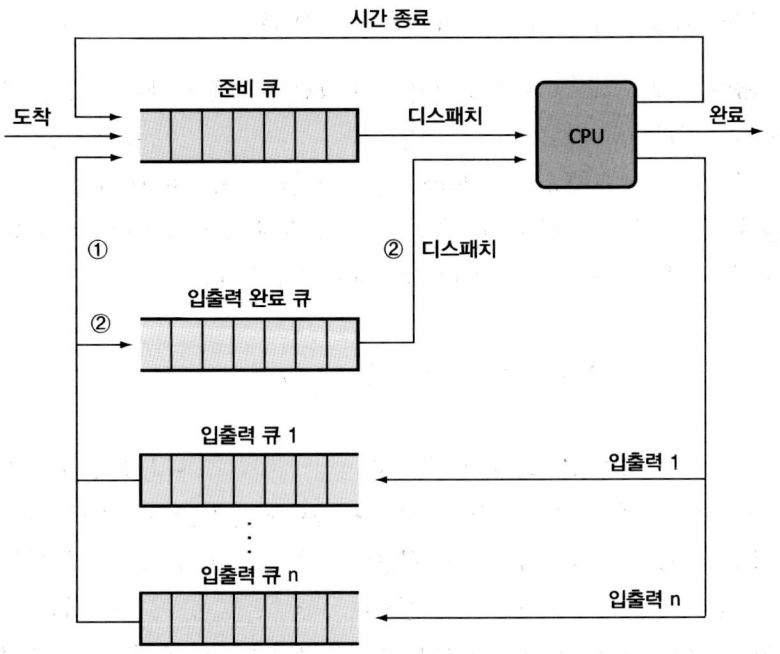

✦ 그림 4.3 라운드 로빈 스케줄링

거의 동시에 도착한 프로세스들의 크기가 다음과 같다고 하고, 시간 할당량을 10밀리 초라고 가정하면 라운드 로빈의 결과 아래와 같은 간트 차트가 그려질 것이다.

프로세스	CPU 요구량 (ms)
P1	30
P2	8
P3	15
P4	10

```
0      10     18      28      38      48  53     63
| P1  |  P2  |  P3   |  P4   |  P1  | P3 |  P1  |
```

62

각 프로세스의 응답 시간을 보면, P1은 시간 0에 도착하여 시간 63에 끝났으므로 응답 시간은 63이다. P2 역시 시간 0에 도착하여 시간 18에 끝났으므로 응답 시간은 18이 되며, 마찬가지로 P3는 53, P4는 38이 된다. 따라서 평균 응답 시간은 다음과 같이 계산된다.

$$평균\ 응답\ 시간 = \frac{(63+18+53+38)}{4} = 43$$

이 기법은 FCFS 기법에서처럼 한 프로세스가 CPU를 독점하는 단점을 방지할 수 있으나 CPU의 선점에 따른 문맥교환의 오버헤드를 감수해야 한다. 이러한 오버헤드에도 불구하고 이 기법은 대화식 시스템이나 시분할 시스템에 적합한 방식으로 알려져 있다. 라운드 로빈 기법은 시간 할당량의 크기에 따라 시스템의 성능이 크게 달라질 수 있는데, 시간 할당량이 매우 크면 FCFS 스케줄링 방식과 같아지게 되며, 시간 할당량이 작을수록 문맥교환이 자주 발생하므로 문맥교환의 오버헤드가 커진다. 일반적으로 시간 할당량의 크기는 10에서 100밀리 초 정도가 적당하다.

라운드 로빈을 가만히 쳐다보면 연산 위주의 프로세스가 입출력 위주의 프로세스보다 CPU 사용에 있어 더 우대받고 있음을 알게 된다. 다시 말해, 연산 위주는 주어진 시간 할당량을 모두 소진하고 큐의 맨 뒤로 돌아가는데 반해 입출력 위주는 대부분 시간 할당량을 남긴 채 입출력을 발생시킨 다음 입출력이 완료되면 당시 남겨진 시간 할당량 부분을 보상받지 못한 채 큐의 맨 뒤로 들어감을 알 수 있다. 이 문제를 보완하기 위해서는 입출력을 마친 프로세스가 들어가는 준비 큐를 따로 하나 두고 우선순위는 더 높게 하되, 이 큐에서 CPU를 받을 때는 이전 입출력을 발생했을 때 쓰지 못하고 남긴 시간 할당량만큼만 주도록 하는 방법이 있다. 물론 시간 할당량을 다 사용한 프로세스는 시간 종료 인터럽트와 함께 원래의 준비 큐로 들어가도록 하므로 우선순위가 다른 준비 큐가 두 개 있는 경우라고 보면 되며, 이 기법을 가상(Virtual) 라운드 로빈이라 부른다. 그림 4.3과 같이 입출력 완료 큐가 따로 있고, ②번 경로를 사용하게 되면 가상 라운드 로빈 방식의 구현이며, ②번 경로 없이 ①번만 사용하면 일반 라운드 로빈이다.

Chapter 04 CPU 스케줄링

우선순위에 대해 알려 줄 테니 여기 보시오.

CPU를 주기 위해 여러 프로세스 중 하나를 고르기 위해서는 선택의 기준이 필요하오. 위에서 설명된 FCFS는 도착 순서가, SPN은 크기가 기준이 되는데 이때는 별도로 부여된 우선순위 즉, 구체적인 값으로 매겨진 우선순위는 아니지만 내부적으로 기준이 되는 우선순위(Implicit Priority)인 셈이오. 그렇지 않을 경우, 여러 가지를 고려하여 계산된 값을 프로세스가 생성될 때 부여하고 – PCB에 우선순위를 기록해둔다는 건 기억하고 있을 것이오. – 이 값을 기준으로 스케줄링을 하는 방식을 모두 우선순위 스케줄링이라 부르고 속성상 대부분 선점 방식을 취하게 되오. 프로세스가 생성될 때 부여된 우선순위가 완료 때까지 변하지 않는 값이 되도록 하면 정적(Static), 시스템에 있는 동안 조정되도록 하면 동적(Dynamic) 우선순위라 부르오. 하나 덧붙이면, 실행을 빨리할 목적으로 비용을 지불하고 우선순위를 높이도록 할 수도 있는데 이것을 구매(Purchased) 우선순위라고 부르기도 하오.

다단계 큐(Multi-level Queue) 스케줄링

다단계 큐는 위에서 설명한 정적 우선순위를 사용하는 스케줄링을 구현할 때 가장 적합한 자료구조라 보면 된다. 같은 우선순위 값을 가지는 프로세스들을 위해 큐가 필요함과 동시에 서로 다른 우선순위의 프로세스들을 구별하고 관리하기 위해 우선순위의 개수만큼 큐가 필요하게 되는 것이다. 프로세스들은 자신의 우선순위 값에 해당하는 큐에 들어가게 되며, 우선순위가 낮은 하위 단계 큐의 작업은 실행 중이더라도 상위 단계 큐에 프로세스가 도착하면 CPU를 뺏기는 선점 방식이다. 정적 우선순위이므로 큐들 간에 프로세스의 이동이 불가능함은 당연하다.

다단계 피드백 큐(Multi-level Feedback Queue, MFQ) 스케줄링

프로세스들의 CPU 요구량을 몰라도 짧은 프로세스들에게 유리하면서 입출력 프로세스를 우대할 수 있는 스케줄링 기법은 없을까에 대한 해답이 다단계 피드백 큐 스케줄링이다. 완료까지 남은 시간은 몰라도 지금까지 실행된 시간을 잘 활용하면 SPN이나 SRT와 비슷한 효과 즉, 짧은 프로세스에게 유리하도록 해 줄 수 있으며, 입출력 프로세스를 우대함으로써 CPU를 포함한 전체 자원들의 활용도를 높여 – 짧은 연산 후 입출력을 발생하면 CPU는 다른 프로세스에게 주어지고 이때부터 입출력 작업과 CPU 연산이 병행하여 진행될 것이므로 - 시스템의 성능을 높일 수 있는 기법으로 알아 두자.

MFQ는 동적 우선순위를 기반으로 하는 선점 방식으로 운영된다. 여러 단계(우선순위 개수만큼)의 큐가 있으며 각 단계마다 서로 다른 CPU 시간 할당량을 가지도록 하는데, 우선순위가 높은 단계의 큐일수록 시간 할당량은 작도록 한다. 새로운 프로세스는 최상위 단계의 준비 큐에 들어간 후 FCFS의 순서로 CPU를 할당받아 실행되다가 그 큐의 시간 할당량이 끝나면 한 단계 아래의 준비 큐에 들어감으로써 결과적으로 우선순위가 한 단계 낮아지게 된다. 각 단계에서도 그 단계 큐의 시간 할당량을 다 사용할 때까지 계속 실행된다면 다음 단계의 큐로 들어가게 되며, 마지막 단계에서는 더 내려갈 단계가 없으므로 라운드 로빈 방식으로 실행될 것이다. 어느 단계든 시간 할당량이 끝나기 전에 입출력(또는 사건 대기 등)으로 CPU를 내놓게 되면 다시 준비 상태가 되었을 때 한 단계 위의 큐에 들어가도록 함으로써 우선순위를 높여준다.

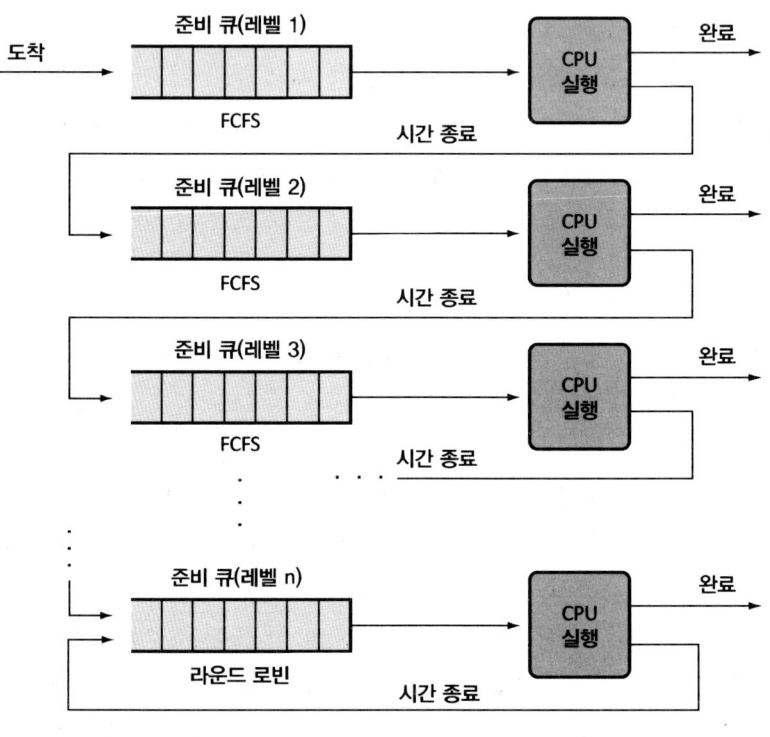

✤ 그림 4.4 다단계 피드백 스케줄링

Chapter 04 CPU 스케줄링

중간 단계의 맨 앞에 있는 프로세스는 상위 단계의 큐들이 비어 있는 경우에만 CPU를 받을 수 있고, 할당된 CPU는 시간 종료 인터럽트에 의해 선점되어지나 입출력이 발생되지 않는 한 그 큐의 시간 할당량까지 쓸 수 있다. 부연하면, 중간 단계의 큐에서 일단 CPU를 받은 프로세스는 실행 중 상위 단계의 프로세스에 의해 선점되지 않고 부여받은 시간 할당량까지는 보장된다.

MFQ 방식은 상대적으로 짧은 프로세스들이 하위 큐까지 내려가지 않도록 함으로써 비교적 높은 우선순위를 유지할 수 있도록 해주며, 입출력은 우선순위의 상향조정으로 이어져 입출력 위주 프로세스들이 선호됨을 알 수 있다. 다시 말해, 프로세스의 성격(Behavior)에 맞도록 우선순위를 조정해 줌으로써 적응성이 있는(Adaptive) 스케줄링이 가능한 것이다. 어떤 프로세스가 전반부는 연산 위주로 진행되다가 후반부에 입출력 위주로 성격이 바뀌는 경우 어떻게 큐의 단계를 이동하게 될지 각자 상상해 보라.

MFQ 기법은 여러 가지 변형된 모양이 있는데 예를 들어, 각 단계에서 시간 할당량을 다 쓸 경우 그 단계의 큐에서 몇 번의 순환 후 다음 단계로 떨어뜨리거나, 입출력의 완료 시 단계의 상승 폭을 더 크게 주는 것 등이 있다. 우선순위가 낮을수록 시간 할당량을 더 줌으로써 매우 큰 프로세스의 무한 대기를 가급적 방지하려고 하였으나 여전히 그 가능성은 남아있게 되는데, 이것은 Aging 기법을 활용하여 현재 큐에서 대기한 시간이 일정 시간을 넘기면 상위 큐로 이동시켜줌으로써 해결하는 방법도 가능할 것이다.

◢ Fair-share 스케줄링

지금까지 본 기법들의 공통점은 스케줄링의 대상이 되는 모든 프로세스들을 하나의 그룹으로 취급한 것이다. 즉, 특정 프로세스에게 과도한 CPU 시간을 사용하도록 하면 나머지 프로세스들 모두가 그만큼 줄어든 CPU 시간을 나눠야 하는 불이익을 감수해야 한다. 만약 프로세스들의 특성이나 중요도에 따라 몇 개의 그룹으로 나누고, 각각의 그룹에 (서로 다르게) 할애된 일정량의 CPU 시간은 그 그룹에만 영향을 미치도록 하면 어떨까?

한 가지 쉬운 예를 들어보자. 전체 프로세스가 A부터 F까지 여섯 개가 있고, A와 B를 1그룹, C와 D를 2그룹, E와 F를 3그룹으로 나눈 다음, 1그룹에는 CPU 시간의 50% 그리고 2와 3그룹에는 각각 25%를 할애하고 싶다. 시분할을 기본으로 ACBEADBF의 순서대로 스케줄을 할 경우, 1그룹은 CPU 시간의 50%를 그리고 나머지 그룹은 각각 25%를 사용하게 될 것이므로 의도대로 됨을 알 수 있다. 만약 A에게 더 많은 CPU 시간을 주어야 할 경우에는 ACAEADBF와 같은 예의 순서로 스케줄을 함으로써, A가 B보다 더 사용한 CPU 시간은 B의 CPU 시간 축소를 초래하되 타 그룹의 프로세스들은 영향 받지 않게 하는 것이다.

정리해 보면, (스케줄링 기법을 뭘 사용하든) 그룹별로 일정량의 CPU 시간을 할애했을 때, 특정 그룹에 속한 프로세스의 과도한 CPU 사용은 그 그룹 내의 다른 프로세스들에게만 불이익을 줄 뿐, 다른 그룹으로까지 파급되지 않도록 하겠다는 것이 Fair-share 스케줄링이다.

4.4 실시간 (Realtime) 스케줄링

실시간(Realtime) 시스템이란 실행될 모든 프로세스들이 정해진 시간 내에 완료되어야 하는 시스템이다. 실시간 시스템에는 경성 실시간(Hard Real-time) 시스템과 연성 실시간(Soft Realtime) 시스템이 있다. 경성 실시간 시스템은 작업이 마감시한(Deadline) 내에 완료되지 않으면 (시스템이 중지되는 등의) 치명적인 결과를 초래하는 시스템을 말하며, 연성 실시간 시스템은 작업이 마감시한 내에 종료되지 않으면 데이터의 손실 등 피해가 발생하지만 시스템은 계속해서 운영 가능한 시스템을 말한다. 다른 각도에서 설명하면, 경성이란 마감시한을 넘긴 후 완료되는 일은 아무 가치가 없는 반면, 연성은 마감시한을 넘긴 후부터는 완료의 가치가 점점 떨어지게 되는 것을 말하며 일반적으로 실시간이라는 말은 경성을 일컫는다.

실시간 시스템에서의 스케줄링은 모든 프로세스들이 정해진 마감시한 내에 완료되도록 해야 하는 것이 관건인데, 정적과 동적 방법으로 나눌 수 있다. 정적인 방법은 프로세스들의 특징과 개수를 알 수 있는 경우에 유용한 반면, 동적인 방법은 프로세스의 생성 시간이나 특성을 알 수 없는 경우에 사용된다. 실시간으로 운영되는 환경은 대부분 특수하므로 실행되어야 할 일들의 성격 – 이를테면, 크기나 발생주기 등과 같은 – 이나 개수를 사전에 알 수 있는 경우가 많다.

Chapter 04 CPU 스케줄링

↘ RM(Rate Monotonic) 알고리즘

RM 알고리즘은 대표적인 정적 스케줄링 방식으로서, 크기와 개수가 알려진 프로세스들이 각자 주기적으로 발생되는 환경에서 사용된다. 프로세스들은 서로 독립적이고 주기적으로 수행되는 환경에서 각 프로세스의 마감시한은 각자의 주기와 같다고 가정하고 주기가 짧을수록 높은 우선순위를 받게 된다. RM 기법은 낮은 우선순위의 프로세스가 더 높은 우선순위의 프로세스가 도착할 경우 CPU를 뺏기게 되는 선점 방식이며, 정적 환경에서 최적의 기법으로 알려져 있다.

n 개로 구성된 프로세스 집합이 있을 때, 이 프로세스들에 의한 CPU 사용률(U)은 아래와 같고, 이 값이 맨 오른쪽 식의 값 – 넓게는 1로 할 때도 있다. – 보다 작으면 (즉 아래 식이 만족되면) RM 기법으로 모든 프로세스의 마감시한을 맞출 수 있는 스케줄링이 가능하다는 것이 알려져 있다. 이 식에서 P는 주기이며, D는 마감시한 (D ≤ P), C는 크기 즉, 수행 시간 (C ≤ D)을 나타낸다.

$$U = U_1 + U_2 + ... + U_n = \frac{C_1}{P_1} + \frac{C_2}{P_2} + ... + \frac{C_n}{P_n} \leq n(2^{1/n} - 1)$$

RM 기법은 스케줄링 비용이 적게 드는 대신, 새로운 프로세스가 추가되는 환경에 바로 적응하지 못하고 이 프로세스를 추가하여 전체 스케줄링을 다시해야 하는 단점이 있다. 그림 4.5의 예를 보면서 쉽게 이해해 보자. 두 개의 태스크 T1과 T2의 주기와 크기가 주어져 있으니 가능한 스케줄이 있다는 것을 알 수 있고, 주기가 짧은 T1을 먼저 실행시킨 (a)는 성공한 경우이다. (b)처럼 T2를 먼저 실행시키면, T1은 반밖에 실행되지 못한 상황에서 다음 주기가 다시 시작되므로 실패하게 된다.

↘ EDF(Earliest Deadline First) 알고리즘

EDF 알고리즘은 프로세스의 마감시한이 가까울수록 우선순위를 높게 부여하는 선점 방식의 동적 스케줄링이다. 여기서 동적이란 새로운 프로세스가 도착할 때 바로 대응할 수 있다는 것을 의미한다. EDF 기법은 우선순위에 의해 실행 중 CPU를 뺏길 수 있으며, 한 프로세스의 실행이 완료될 경우에는 마감시한이 가장 가까운 (임박한) 것을 찾아 스케줄한다. 모든 프로세스가 주기적

68

4.4 실시간(Realtime) 스케줄링

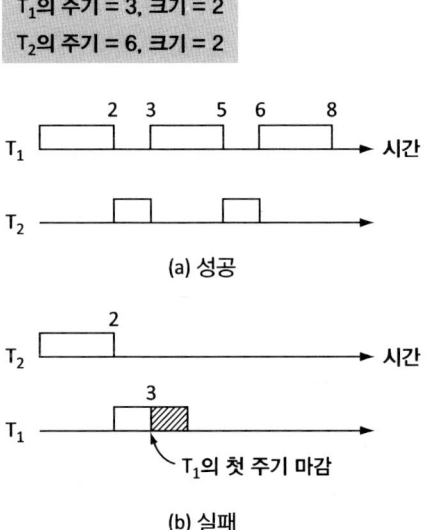

❖ 그림 4.5 RM 스케줄링

일 필요는 없으며 주기가 있을 경우에는 마감시한을 주기로, 그렇지 않을 경우는 마감시한이 알려져야 한다.

　n 개의 프로세스가 있을 때 다음과 같은 조건이 성립한다면, EDF 기법으로 가능한 스케줄이 존재함을 의미한다.

$$\frac{C_1}{P_1}+\frac{C_2}{P_2}+...+\frac{C_n}{P_n}\leq 1$$

　EDF 기법은 새로운 프로세스의 동적인 수용이 허용되나, 그럴 때마다 가능한 스케줄을 찾기 위한 계산을 해야 하는 부담이 있다. 그림 4.6에서 시간 4에 도착한 P2는 마감시한이 P1보다 빠르므로 선점하게 되지만 시간 5에 도착하는 P3는 마감시한이 더 늦기 때문에 P2를 선점하지 못한다는 것을 알 수 있고, 모두 마감시한 내에 완료되는 성공한 스케줄의 예가 되겠다. 참고로 이 예는 주기가 있는 것이 아닌 일회성이라는 점을 떠올려야 한다.

　RM이나 EDF 모두 프로세스들이 상호 독립적이라는 가정을 하고 있기 때문에 공유(Shared) 데이터를 통한 프로세스 간의 통신이 있는 경우 – 협력(Cooperative) 프로세스 관계라 부르며 다음 장에서 배울 것이다. – 에는 적용

69

Chapter 04 CPU 스케줄링

할 수 없다. 이런 경우를 위한 기법으로 PIP, PCP 등이 설명되어야 하나 이 책에서는 생략하겠다.

프로세스	도착 시간	CPU 요구량(크기)	마감 시간
P1	0	8	25
P2	4	3	10
P3	5	10	20

```
        P2 도착   P3 도착
          ↓      ↓
      | P1 | P2 | P2 |    P3    | P1 |
      0    4    5   7          17   21
```

❖ 그림 4.6 EDF 스케줄링

4.5 윈도에서의 스케줄링

윈도는 스레드 단위로 CPU를 할당하는 우선순위에 의한 선점 스케줄링 방식이다. 두 개의 클래스(Class)로 구분하여 우선순위 16부터 31은 실시간 클래스를 위해, 0부터 15는 일반 클래스를 위해 배정한다. 실시간 클래스에 속하는 16개의 큐는 정적 우선순위로 운영되므로 다단계 큐로, 일반 클래스의 16개 큐는 동적 우선순위를 위해 위에서 배운 MFQ로 구현된다고 보면 된다.

실시간 클래스의 다단계 큐 각각은 라운드 로빈 방식으로 스케줄링 되고 현재 실행 중인 스레드보다 우선순위가 높은 스레드가 준비 상태가 되면 CPU가 선점된다. 일반 클래스에 속하는 스레드는 초기에 부여받은 우선순위가 스레드의 실행 동안에 변할 수 있으며 스레드의 기저 우선순위의 하한보다 낮아지지 않으며 15보다 커지지 않는다. 스레드의 최초 우선순위는 자신의 기저(Base) 우선순위와 자신이 속하고 있는 프로세스의 기저 우선순위에 의해 결정되는데, 프로세스는 0부터 15 사이의 프로세스 기저 우선순위를 가지며 스레드의 기저 우선순위는 프로세스의 기저 우선순위에 대해 상대적인 값을 가진다. 예를 들어, 프로세스의 기저 우선순위가 4이고 스레드의 기저 우선순위

70

가 −1이라면 스레드의 최초 우선순위는 3이 되는 식이다. 참고로 이런 숫자를 외우느라 시간을 낭비하지 말도록.

대표적인 우선순위의 변동은 짐작한대로 시간 종료 인터럽트의 경우 하향으로, 입출력 완료의 경우는 상향으로 해줌으로써 입출력위주 프로세스가 우대받는 결과를 보인다. 윈도라는 운영체제가 사용자와의 일대일 대화가 대부분임을 감안하면 키보드 입력, 마우스 클릭, 모니터 화면으로의 출력 등에 높은 우선순위를 주어 **빠른** 응답으로 사용자에게 만족감을 주고 그래서 많이 팔고 싶은 것은... 빌 게이츠의 입장에서 당연하다는.

병행 프로세스와 동기화

이 장에서 우리가 배우고 이해해야 할 내용을 위해서는 우선 병행(Concurrent)이라는 것의 의미를 제대로 알아야 하겠다. 병행이란 말 그대로 같이 존재하고 있다는 뜻이며, 이것은 이미 배운 다중 프로그래밍에서 설명한 것처럼 메모리에 다수의 프로세스가 같이 존재한다는 것과 같은 의미이다. 이런 프로세스들이 어떤 순서로 실행될 것인가 하는 일차적 문제는 스케줄링에서 담당하겠지만 실제 실행 과정에서 프로세스 간의 관계로부터 발생하는 좀 더 복잡한 문제는 세심한 관리를 요구하게 되며, 이것이 프로세스 관리의 핵심이라고 보아도 될 것이다.

한 개의 CPU가 있는 단일처리 시스템에서는 병행 프로세스 중 한 개만이 실제로 실행되지만 CPU의 처리 시간을 효과적으로 나눔으로써 겉으로는 병행 프로세스들이 동시에 처리되는 것처럼 보인다고 한 것을 기억할 것이다. 반면에, 다중처리 시스템의 경우는 여러 개의 프로세스가 동시에 병렬(Parallel)로 실행될 수 있으므로 병행과 병렬은 다른 뜻임을 기억하자. 다시 말해 프로세스들의 병행성은 처리기의 수와 상관없으나, 병렬처리가 성공하기 위해서는 기본적으로 병행성이 전제되어야 한다는 관계라고 보면 되겠다. 이 말은 프로그램이 실행되기 위해서는 메모리에 있어야한다는 사실을 떠올려보면 이해가 될 것이다. 참고로 말하면, 단일처리의 경우를 논리적 병행성(Logical Concurrency)이, 다중처리의 경우를 물리적 병행성(Physical Concurrency)이 있다고 말하는데 두 경우 모두 프로세스가 병행하기 때문에 생기는 문제는 같으므로 해결책 역시 같을 것이란 점을 알아두자.

병행 프로세스들이 서로 간에 비동기적(Asynchronous)이라는 말은 다른 프로세스들이 어떤 상태에 있는지, 어떤 자원을 가지고 있는지, 어디까지 실행됐는지 등에 대해 모른 채 실행되고 있음을 의미한다. 정리를 하자면, 공유하는 자원이나 데이터가 있는 병행 프로세스들이 각자 비동기적으로 실행되는 것을 제대로 관리하지 못한 채 방치할 경우 어떤 문제가 생기며, 이 문제를 어떻게 해결할 수 있을지를 설명하는 것이 이 장의 목적이다. 처음에는 까다롭게 느껴질지 모르지만 쉬운 예부터 차례로 접하다 보면 충분히 이해할 수 있는 문제이므로 차분히 접근하길 바라며, 여기서 다루는 내용은 프로세스 관리에서 중요한 부분이므로 놓치지 말기를 바란다.

5.1 병행 프로세스 (Concurrent Processes)

"사람들이 옹기종기 모여 사는 작은 산골 마을이 있었는데 땔감을 팔고 생필품을 사기 위해서는 아랫마을에 가야 했다. 오가는 길 중간에 혼자 간신히 지나갈 수 있는 낡은 나무다리가 있었는데 숲이 우거져 다리 위에 사람이 있어도 잘 보이지 않았다. 두 사람이 동시에 올라가면 다리가 부서질 것을 대비해 장치를 하였는데, 양쪽 끝에 팻말을 두고 줄을 연결한 다음 팻말이 내려가 있으면 다리에 사람이 없다고 판단하고 줄을 당겨 팻말을 올린 뒤 다리를 건넌 후 다시 줄을 당겨 팻말을 내려놓기로 약속하였다. 다리를 건너기 위해 온 사람은 팻말이 올라가 있을 경우 다리 위에 있는 사람이 다 건넌 다음 팻말을 내려줄 때까지 기다려야함은 당연하며 이 약속을 잘 지킨 덕분에 모두 행복하게 살았다고 한다."

재미는 별로 없었으나 위 얘기에서 여러분은 무엇을 느꼈는가? 산골마을에서 함께 살고 있는 사람들은 병행 프로세스이며, 누가 언제 다리를 건널 것인지에 대해서는 서로 모르므로 비동기적인 관계이다. 다리는 사람들에게 공유된 자원으로서 누구나 사용할 수 있지만 한 번에 한 사람씩 건너야 한다는 약속을 지키지 않으면 부서지게 되고 더 이상 아랫마을로 왕래하기는 불가능할 것이다. 물론 다리를 건너지 않을 사람은 팻말에 대해 지켜야 할 약속을 신경 쓰지 않아도 되므로 다른 사람이 뭘 하든 상관없이 자기 일을 하면 된다. 결국 병행 프로세스들의 비동기적 실행은 서로 공유된 자원이 없는 한 아무 문제없이 독립적으로 진행되지만, 공유된 자원이 있을 경우 이 자원의 접근에는 위와 같이 일정한 룰(rule)을 따라야 한다는 것이다. 알고 보면, 공유된 자원이나 데이터에 대해 병행 프로세스들이 따라야 하는 룰이란 "한 번에 한 프로세스만이 접근

5.1 병행 프로세스(Concurrent Processes)

하도록 하고, 해당 자원에 대해 의도했던 실행을 완료하도록 보장 한다"는 것을 의미한다.

〈병팔이의 무모한 도전〉 어리석은 생각은 하지 않길 바래~

통장에 만원이 있는 병팔이가 이만 원을 만들기 위해 궁리를 하였다. 자신은 통장과 도장을 챙기고 동생에게는 카드를 주고서 같이 은행을 갔다. 물론 동생에게는 "형이 돈을 인출하는 순간 너는 현금지급기에서 동시에 만원을 인출해"라고 말해두고. 나름내로는 자신이 돈을 인출한 후 잔고가 0으로 처리되기 전에 동생이 인출을 시도하면 아직 잔고가 남아 있는 상황으로 인식한 기계가 운 좋게 만원을 주지 않을까라고 생각한 것이다. 만약 병팔이의 뜻대로 된다면 은행들은 모두 문을 닫아야겠지만 실제로 그런 일은 생길 리가 없다.

병팔이와 동생의 인출 시도는 두 개의 병행 프로세스이며, 계좌는 공유 데이터이므로 은행은 누구를 먼저 처리해주든 만원을 주고 잔고를 0으로 만드는 작업을 완료한 후 다음 작업을 처리하도록 함으로써 잔고의 오류를 방지하는 것이다. 여기서도 잔고에 대해 "한 번에 한 프로세스가, 잔고를 0으로 만드는 때까지는 다른 프로세스가 잔고에 접근하지 못하도록"하는 단순하지만 엄격한 룰을 지키고 있음을 병팔이도 알았다면 동생을 귀찮게 하지 않았을 것이다.

위의 예들에서 여러분은 병행 프로세스의 비동기적 실행과 공유 자원의 관계에 대해 확실하지는 않아도 조금은 이해가 되었으리라 보고, 이제 좀 더 구체적인 예를 하나 더 들어보자. 메모리에 있는 변수 count는 현재 값이 10이며, 프로세스 A는 이 값을 하나 증가시키는 일을, 프로세스 B는 하나 감소시키는 일을 한다고 하자. 두 프로세스가 한 번씩 실행되었을 때의 결과 값은 누가 먼저 실행되든 여전히 10이어야 할 것이다. A의 경우 먼저 메모리에서 count 값을 읽어 처리기 레지스터로 넣은 다음 1을 더하고 난 후, 처리기 레지스터에 들어 있는 결과 값 11을 메모리의 count 변수에 저장함으로써 실행을 완료한다. 여기서 중요한 점은 결과 값 11이 저장되기 전까지는 메모리의 count 값이 10인 것을 명심하자. B 역시 1을 뺀다는 것 외에는 A와 동일한 절차를 밟게 될 것이다. 정상적으로 실행됨을 가정하고 A가 먼저 실행되었을 경우 count는 11이 된 후 B에 의해 다시 10이 될 것이며, 반대로 B가 먼저 실행되었다면 9가 된 후 A에 의해 10이 될 것이므로 두 경우 모두 정확한 결과를

75

Chapter 05 병행 프로세스와 동기화

낳는다는 것을 알 수 있다.

이번에는 공유 변수 count에 대해 A와 B가 아무 제약 없이 실행되도록 했을 경우를 떠올려 보자. 먼저 A가 count 값을 11로 증가시킨 후 저장하기 전에 (스케줄링에서 배운 시간 종료나 우선순위 등과 같은 이유에 의해) CPU의 사용권이 B에게 넘겨진 후, B의 count에 대한 접근이 허용되면 B는 1을 빼기 위해 먼저 메모리에 있는 count 값을 읽어오게 될 텐데 이때의 값은 여전히 10일 것이다. B에 의해 9가 저장된 후 다시 A가 실행되면 이전에 CPU를 뺏긴 시점부터 시작할 것이고 결과적으로 처리기 레지스터에 있는 값 11을 저장하게 되어 count의 최종 값은 11이 될 것이며, 반대로 A와 B의 순서를 바꾸면 9가 저장될 것이다. 다중처리 시스템의 경우에는 두 프로세스가 동시에 실행될 수 있으므로 둘 다 10을 읽고 각자의 실행 결과를 저장하게 될 것이고, 결국 count의 최종 값은 조금이라도 늦게 저장하는 프로세스의 결과 값과 같이 11 또는 9가 될 것이다. 즉, 한 프로세스의 공유 변수 count에 대한 조작 도중 다른 프로세스에게도 count에 대한 조작이 허용되면 부정확한 결과 값을 초래하게 된다. 다시 말해, 단일처리 시스템의 경우 정확한 결과 값을 위해서는 A의 count에 대한 조작 도중 CPU가 B로 넘겨지더라도 B의 count에 대한 조작은 허용되어서는 안 된다는 점이다. 왜냐하면, A가 CPU를 뺏겨 현재 실행 중이지는 않지만 count에 대한 조작 중이었으므로.

이상의 예들로부터 병행 프로세스들의 공유 데이터에 대한 접근이 제대로 처리되지 않았을 때 어떤 문제가 발생하는지, 정확한 실행을 보장하기 위해서는 어떤 룰을 지켜야 하는지를 알았으므로 이제 이 문제의 해결을 위해 필요한 것들을 다음 절부터 알아보자.

5.2 상호배제 (Mutual Exclusion)

프로세스들이 공유 데이터에 대해 서로 접근을 시도하는 상황을 경쟁 상태 (Race Condition)라 하며, 이러한 경쟁관계에 있는 프로세스들로 인해 상호배제, 교착 상태(Deadlock), 기아(Starvation)와 같은 문제가 발생하게 된다. 교착 상태와 기아 문제는 다음 장에서 자세하게 다룰 것이므로 상호배제에 대해 살펴보자.

5.2 상호배제(Mutual Exclusion)

두 개 이상의 프로세스가 동시에 사용할 수 없는 자원 – 이런 자원을 임계자원(Critical Resource)이라 부른다. – 에 대해 접근하고 실행하는 프로그램 내의 코드 부분을 임계영역(Critical Section)이라 한다. 위의 세 번째 예에서 A와 B는 자신의 실행 프로그램 내에서 count 변수를 조작하는 코드 부분이 임계영역이 되며, 결국 상호배제란 한 번에 하나의 프로세스만이 임계영역에 들어가야 함 – 임계영역을 실행해야 함 – 을 의미한다. 임계영역의 성공적인 실행을 위해서는 맨 먼저 상호배제가 지켜져야 하며, 임계영역에 있지 않는 프로세스가 다른 프로세스의 임계영역 진입을 막아서도 안 되고, 비어 있는 (아무도 실행하고 있지 않는) 임계영역에 대한 진입은 바로 허용하되, 특정 프로세스의 진입 시도가 계속 무산되어 기아를 겪지 않도록 해야 한다.

임계영역에 들어가고자 하는 프로세스는 먼저 임계영역 내 다른 프로세스가 있는지를 확인한 후 있다면 기다리고, 없다면 들어가면서 자신이 나올 때까지 다른 프로세스가 들어오지 못하도록 해야 한다. 임계영역을 벗어날 때는 자신이 나오는 사실을 알려 다른 프로세스가 들어올 수 있도록 해야 할 것이다. 위의 산골마을의 예에서 다리에 도착한 사람은 팻말이 내려가 있을 때 다리 위에 아무도 없음을 알고 줄을 당겨 팻말을 올리고 건너간 후, 다리에서 내려올 때는 다시 줄을 당겨 팻말을 내려놓음으로써 다른 사람이 다리를 건널 수 있도록 하는 것과 비교해 보라. 이처럼 임계영역을 진입할 때와 나올 때 꼭 해야 하는 일들을 어떻게 잘 구현해서 프로그램 내의 임계영역 앞뒤에 적절하게 코딩해 주느냐가 상호배제의 성공 여부를 결정짓게 될 것이므로, 다음 절에서는 먼저 소프트웨어적인 접근 방법부터 차례로 살펴볼 것이다. 참고로, 운영체제가 다양한 경우마다 구체적인 모든 내역을 파악하여 알아서 상호배제를 해 주기가 어려우므로 공유 자원에 대한 상호배제의 의무는 일반적으로 그 내용을 잘 아는 프로그래머에게 주어져 있는 대신, 운영체제는 사용자의 상호배제 구현을 지원하기 위한 구조로 모니터(Monitor)와 같은 프로그래밍 언어 수준의 도구를 제공하고 있음도 알아두자.

Chapter 05 병행 프로세스와 동기화

5.3 상호배제를 위한 소프트웨어 기법들

소프트웨어 기법들은 병행하는 프로세스들에게 상호배제를 책임지도록 한 것이라 보면 된다. 즉, 바로 위에서 설명한 대로 운영체제의 지원 없이 프로세스들 간에 자신의 프로그램에서 임계영역 앞뒤로 적절한 코딩을 해줌으로써 상호배제를 해결하는 방식이다. 이런 방식은 잠시 뒤 보면 알겠지만 CPU를 낭비할 수 있고, 프로그래머의 실수로 인한 오류도 생길 수 있지만 상호배제의 해결 원리를 이해하는데 도움이 될 것이다.

앞으로의 프로그램들을 이해하기 위해서는 parbegin/parend (혹은 책들에 따라 cobegin/coend로 사용하기도 한다) 구조를 알아야하므로 먼저 그림 5.1에서 이 구조의 기본적인 모습을 보자. 그림에서 제일 첫 부분과 마지막 부분에서 parbegin 및 parend로 표현된 두 개의 키워드들을 볼 수 있고 그 키워드들 사이에 statement_1, statement_2 등과 같은 n 개의 문장들이 들어있다. 이러한 표현은 parbegin과 parend 사이에 존재하는 n 개의 문장들이 동시에 수행될 수 있음을 뜻한다. 구체적으로 말해, 단일처리기 시스템의 경우라면 각 문장의 수행 순서를 임의로 진행해도 좋다는 뜻으로, 다중처리기의 경우에는 각 문장을 병렬로 실행하겠다는 뜻으로 이해하면 되고 따라서 이 구조에서 n 개의 문장들의 나열 순서는 아무 의미가 없다.

먼저, 두 프로세스 사이의 상호배제를 시도한 알고리즘을 미완성인 실패작부터 시작해서 제대로 완성된 순으로 알아봄으로써 병행 프로그램의 이해력을 높이고 코딩을 할 때 저지르기 쉬운 실수들을 미리 접해볼 수 있을 것이다. 중요한 점 한 가지. 병행 프로세스 간의 실행 속도와 임계영역을 들어가고자 하는 횟수의 차이는 얼마든지 날 수 있음을 알아두자.

```
1:  parbegin
2:     statement_1;
3:     statement_2;
4:     · · · ·
5:     statement_n;
6:  parend
```

❖ 그림 5.1 parbegin/parend 구조

5.3.1 몇 가지 미완성 시도들

먼저 첫 번째 시도를 살펴보자. 병행하는 두 프로세스는 P0와 P1이며, 각각이 하는 일(컴퓨터에서 일이란 프로그램으로 표현된다는 것은 상식이다)은 그림 5.2와 같다.

두 프로세스 사이의 전역(Global) 변수 turn이 0으로 초기화되어 있으며, P0와 P1의 실행 방식은 위에서 말한 parbegin/parend의 구조에 따른다. 이제 P0에 대해 더 자세하게 알아보자. 첫 번째 while문의 검사는 언제나 true이므로 do 이하의 실행은 항상 가능하며, 이것은 필요하다면 P0의 실행을 얼마든지 반복해도 좋다는 의미이다. 그 다음의 점들은 상호배제와는 상관없는 P0 고유의 일들을 표현한 부분이다. 그 다음 turn의 값이 1인지를 검사하는 while문이 임계영역을 진입하기 위해 필요한 코드 부분인데, 여기서 앞서 강조했던 "임계영역을 진입할 때와 나올 때 꼭 해야 하는 일들을 어떻게 잘 구현

```
P0:
While (true) do
    •
    •
While (turn = 1); /* do nothing */
<critical section>;
turn := 1;
    •
    •
endwhile;
```

```
P1:
While (true) do
    •
    •
While (turn = 0); /* do nothing */
<critical section>;
turn := 0;
    •
    •
endwhile;
```

```
Begin /* main */
    int turn = 0;
    parbegin
        P0;
        P1;
    parend
End
```

❖ 그림 5.2 두 프로세스 사이의 상호배제를 위한 첫 번째 시도

Chapter 05 병행 프로세스와 동기화

해서 프로그램 내의 임계영역 앞뒤에 적절하게 코딩해 주느냐가 상호배제의 성공 여부를 결정짓게 될 것"이라는 말이 떠오를 것이다. turn의 값이 1이면 while 문 내의 명령문들을 실행하게 될 텐데 while 문 끝에 세미콜론(;)이 있으므로 여기가 while문의 끝이고, 따라서 다시 이 while문의 처음으로 되돌아가 실행을 반복하게 됨으로써 while문 다음에 있는 〈critical section〉 부분을 들어갈 수 없게 되어있다. 물론 turn의 값이 0이라면 while문을 벗어나 그 다음에 있는 〈critical section〉 부분 즉, 임계영역을 들어갈 수 있게 되는 것이다. 단일처리 시스템의 경우 P0가 임계영역에 있는 동안 CPU를 뺏겨 P1이 실행되더라도 turn 값이 0이므로 두 번째 while문에서 맴돌기만 할 뿐 임계영역의 진입은 불가능하고, 결국 언젠가는 P0에게 CPU 사용권이 돌아오게 되어 P0의 임계영역 실행이 완료될 수 있을 것이다. 다중처리 시스템에서도 P0가 임계영역에서 실행 중인 동안은 turn 값이 0이어서 P1이 동시에 실행되더라도 while문에서 벗어날 수 없으므로 자신의 임계영역에 들어갈 수 없도록 되어있다. 임계영역에 대한 실행을 완료한 P0는 turn 값을 1로 만들어줌으로써 P1이 임계영역을 들어갈 수 있도록 풀어주는 것이다. 5.1절의 세 번째 예에서 프로세스 A를 P0로, B를 P1으로 생각하고 P0와 P1의 〈critical section〉 부분을 각각 count = count + 1;과 count = count − 1;로 대치해보면 이해하는데 도움이 될 것 같다.

첫 번째 시도를 본 여러분의 생각은 어떤가? 임계영역에 대한 상호배제가 지켜지고 있으므로 괜찮은 알고리즘이라고 생각할 수도 있겠다. 하지만 조금만 더 따져보면 몇 가지 허점을 발견할 수 있을 것이다. 우선, turn의 초기 값이 0으로 되어 있으므로 임계영역의 첫 번째 진입은 P0만이 할 수 있다. 물론 초기 값을 1로 바꾸면 P1이 되겠지만, 문제는 두 프로세스에서 임계영역의 첫 번째 진입이 고정되어 있다는 사실이고 이것은 임계영역이 비어있을 경우 진입을 원하는 프로세스를 방해해서는 안 된다는 원칙에 위배된다. 다시 말해, P1이 진작부터 임계영역을 들어가야 하는 경우일 때에도 불구하고 P0가 먼저 한번 들어갔다 나올 때까지 (임계영역이 비어 있음에도 불구하고) 기다릴 수밖에 없는 상황이 연출되는 것이다. 또 다른 문제는 임계영역의 진입이 turn 값을 바꾸어줌으로써 가능하므로 P0와 P1은 정확하게 한 번씩 번갈아가며 진입이 가능하고 누구든 연속해서 두 번 이상 진입할 수 없다. 프로세스 각자의

80

5.3 상호배제를 위한 소프트웨어 기법들

진입을 원하는 횟수는 얼마든지 다를 수 있으므로 상대적으로 많은 횟수의 진입이 요구되는 프로세스는 그 횟수만큼 상대 프로세스가 임계영역을 진입해 주어야 한다는 것인데, 이것은 상대 프로세스가 먼저 종료될 경우에 자신도 더 이상 임계영역을 들어갈 수 없다는 문제를 야기한다. 게다가 상대적으로 실행 속도가 느린 프로세스의 속도에 의존적일 수밖에 없는 문제가 발생한다.

첫 번째가 상호배제를 가볍게 생각하고 시도된 알고리즘이었음을 인정하고, 이제 두 번째 시도를 살펴보자. 그림 5.3은 두 번째 시도로서 첫 번째와는 다르게 제대로 된 프로그램의 모양으로 작성해 본 것이다.

flag 두 개를 사용한 이번 시도는 정상적으로 진행될 경우 첫 번째와는 달리 임계영역의 최초 진입에 제한이 없어졌으며, 상대적으로 많은 횟수의 진입이나 상대 프로세스가 먼저 종료되어도 진입이 가능하다. 하지만, P0가 flag[1]을 검사한 후 while문을 벗어난 다음 flag[0]를 true로 만들기 전에 P1에게 CPU가 넘어간다면, P1 역시 while문을 벗어나 임계영역을 들어가게 되고 실행 도중 다시 CPU가 P0에게 넘어갔을 때 P0는 이전에 중단되었던 작업인 flag[0]를 true로 만드는 것부터 실행한 후 임계영역으로 진입하게 된다. 결과적으로 임계영역에 둘 다 있게 되는 것이므로 상호배제가 지켜지지 못함을 알 수 있다. 다중처리의 경우라면, 동시에 while문을 검사한 후 둘 다 각자의 flag를 true로 만든 다음 임계영역으로 같이 진입할 수 있기 때문에 상호배제가 지켜지지 않게 되므로 두 번째 시도 역시 실패하고 말았다.

두 번째 시도의 문제는 각자의 flag를 true로 만드는 작업이 while문 다음에 있었기 때문이었다는 것에 착안하여, 이번에는 이 작업을 while문 앞으로 옮겨본 것이 세 번째 시도이다. 그림 5.3에서 P0와 P1 각각의 while문과 flag를 true로 만드는 문을 바꾸어주면 되므로 따로 알고리즘을 보여주지 않아도 될 거라 믿는다. 그렇다면 세 번째 시도의 문제는 무엇일까? 이번에는 P0가 flag[0]를 true로 만든 다음 CPU는 P1에게, P1은 flag[1]을 true로 한 다음 while문에서 맴돌다 다시 CPU는 P0에게, P0 역시 while문에서 맴돌게 되는 현상이 발생할 수 있고 두 프로세스 모두 임계영역을 들어갈 수 없게 될 것이다.

Chapter 05 병행 프로세스와 동기화

```
boolean flag[0], flag[1];
void P0( )
{
  While (true)
  {  •
       •
     While (flag[1]); /* do nothing */
     flag[0] = true;
     <critical section>;
     flag[0] = false;
       •
       •
  }
}
void P1( )
{
  While (true)
  {  •
       •
     While (flag[0]); /* do nothing */
     flag[1] = true;
     <critical section>;
     flag[1] = false;
       •
       •
  }
}
void main()
{
  flag[0] = false;
  flag[1] = false;
  parbegin
    P0;
    P1;
  parend
}
```

❖ 그림 5.3 두 프로세스 사이의 상호배제를 위한 두 번째 시도

5.3 상호배제를 위한 소프트웨어 기법들

여기서는 프로그램을 싣지 않았지만, 운영체제 전공서적에서 가끔 소개되는 네 번째 시도 알고리즘은 두 프로세스의 속도가 교묘히 맞물렸을 때 둘 다 임계영역에 진입하지 못하는 현상 – 이런 현상을 라이브락(Livelock)이라 부른다. – 을 보인다. 하지만 이 경우는 속도의 차이가 조금이라도 어긋나는 시점이 오면 하나가 임계영역으로 진입할 수 있는 반면, 위 세 번째 시도에서 발생한 현상은 둘 다 끝까지 임계영역의 진입이 불가능하다는 것이다.

5.3.2 성공적인 기법들

앞선 시도들의 경험을 바탕으로 flag와 turn 변수를 적절히 사용하여 두 프로세스 사이의 상호배제를 제대로 구현한 것으로 Dekker의 알고리즘이 있다. Dekker의 알고리즘은 이해하기가 어렵고 정확성을 증명하기가 까다롭다고 말하는데, 간결하게 만들어진 Peterson의 알고리즘이 이 단점을 해결하였고 그림 5.4에서 볼 수 있으므로 각자 분석해 보도록 하자. 전역변수 flag[0]와 flag[1]은 초기 값이 false이며, turn은 0 또는 1 값을 갖는 상황에서 P0의 프로그램을 보였는데, P1은 P0에서 0은 1로 1은 0으로 바꾸면 되므로 생략하였다. 참고로 앞으로 등장하는 알고리즘에서 〈remainder〉 부분은 임계영역이 아닌 해당 프로세스 고유의 남은 일이라는 뜻이므로 큰 의미를 두지 않아도

```
void P0( )
{
  While (true)
  {
    flag[0] = true;
    turn = 1;
    While (flag[1] && turn == 1); /* do nothing */
    <critical section>;
    flag[0] = false;
    <remainder>;
  }
}
```

❖ 그림 5.4 Peterson의 알고리즘

83

Chapter 05 병행 프로세스와 동기화

되겠다. 약간 까다롭긴 해도 조금만 집중하면 이제 이 정도 알고리즘은 이해할 수 있다는 자신감을 가지도록.

5.3.3 n 프로세스 간의 상호배제를 위한 소프트웨어 기법들

Dekker나 Peterson이 소개한 알고리즘들은 두 프로세스 사이의 상호배제를 해결한 것이라 하였는데, 실제로는 그보다 많은 다수의 프로세스들 사이에서의 상호배제가 요구될 가능성이 높다. n 개의 프로세스들을 대상으로 하는 상호배제 기법으로는 Dijkstra의 알고리즘이 있는데 앞 장에서 설명했던 무한 대기가 발생할 수 있으며, Knuth의 알고리즘은 지연 시간이 커지는 단점이 있는 반면, Eisenberg와 Mcguire의 알고리즘은 유한 시간 내에 임계영역으로의 진입이 보장된다. 베이커리(Bakery) 알고리즘으로 알려져 있는 Lamport의 알고리즘은 원래 분산 시스템용으로 소개되었으나 n 개의 프로세스들을 대상으로 하는 상호배제 기법으로도 유용하다. 그림 5.5는 베이커리 알고리즘인데 상호배제가 요구되는 n 개의 프로세스에서 임의의 프로세스 i를 위한 프로그램이다.

모든 number 값과 choosing 값은 0과 false로 초기화되어 있고, 임계영역

```
do {
  choosing[i] = true;
  number[i] = max(number[0], number[1],...,number[n - 1])+1;
  choosing[i] = false;
  for (j = 0; j < n; j++)
  {
    while (choosing[j]);
    while ((number[j]!= 0) && ((number[j],j) < (number[i],i)));
  }
  <critical section>;
  number[i] = 0;
  <remainder>;
} while (1);
```

❖ 그림 5.5 Lamport의 베이커리 알고리즘

의 진입을 원하는 프로세스 i는 먼저 number 값이 주어지는데 다른 프로세스들이 이미 받은 값보다 더 큰 값을 받게 된다. for문 안에서 첫 번째 while문은 번호 값을 받는 중인 프로세스가 있다면 그 값도 비교해야 하기 때문에 기다리는 것이며, 두 번째 while문에서 자신의 값이 가장 작을 때 임계영역의 진입이 허가되는 것이다. 임계영역을 벗어난 후 자신의 값을 0으로 해줌으로써 차례를 기다리는 다른 프로세스들에게 임계영역의 진입 기회를 주게 되는데, 번호 값에 의해 차례가 정해지므로 특정 프로세스의 무한 대기는 걱정하지 않아도 된다.

지금까지 설명한 소프트웨어 기법들은 운영체제의 특별한 지원 없이, 프로세스 간 협력을 통해 상호배제를 실현하는 것이므로 실행 시의 부하가 크며, 실수로 인한 오류의 가능성도 높다는 단점을 지닌다. 프로그램에서 보았듯이 임계영역의 중복 진입을 막기 위해 while문을 계속 맴돌게 하는데, 이것은 CPU를 가동은 하였으나 유용한 곳에 사용하지 못하고 – 이런 이유 때문에 바쁜 대기(Busy Wait) 또는 스핀락(Spinlock)이라 부른다. – 낭비하는 결과를 초래한다.

상호배제를 모르면 말을 하지 마세요.

다른 프로세스들과 공유하고 있는 데이터에 대해, 각 프로세스의 프로그램 안에서 공유 데이터에 대한 접근, 조작 부분을 임계영역이라 하며, 임계영역을 실행할 때는 상호배제가 지켜져야 한다는 말인데요. 상호배제란 알고 보면 무척 쉬운 말이지요. 즉, 임계영역에 대한 실행은 "한 번에 한 프로세스만 하도록" 하겠다는 말인데 이것을 "차례대로"란 뜻의 전공용어로 동기화(Synchronization)한다고 해요.

상호배제를 어떻게 잘 해 볼 것인가를 위해 몇 개의 프로그램을 분석해 보았는데, 세 번째 시도까지 비교적 자세하게 설명했던 이유는 여러분들이 그런 프로그램들을 작성하고 분석하는 능력을 쌓기를 바란 것이랍니다. 바람대로 되고 있다면, 앞으로 등장할 다른 기법들도 어차피 큰 흐름은 같으므로 위에서처럼 자세하게 설명하지 않아도 이해하는데 별 어려움이 없을 거라고 생각해요.

Chapter 05 병행 프로세스와 동기화

5.4 상호배제를 위한 하드웨어 기법들

5.4.1 인터럽트 금지를 사용한 기법

단일처리 시스템의 경우는 병행 프로세스들이 실제로는 CPU를 번갈아 사용하는 것이므로 한 프로세스가 임계영역에서 실행 중일 때 CPU를 뺏기지 않도록 하면 간단하게 상호배제를 지켜줄 수 있을 것이다. 다시 말해, 시간 종료나 우선순위 등에 의해 CPU를 뺏길 수 있는 인터럽트를 임계영역의 실행을 완료할 때까지 발생하지 않도록 하면 된다. 그림 5.6과 같이 아주 간단하게 상호배제를 구현할 수 있지만, 임계영역의 처리 동안 모든 종류의 인터럽트를 금지시킴으로써 시스템의 효율적인 운영을 방해하기 쉽다. 또한, 인터럽트 금지는 처리기 단위이므로 다중처리 시스템에서 다른 처리기에서 실행되는 프로세스로부터의 접근 가능성은 여전히 존재하기 때문에 사용하기 힘든 방법이다.

이제 다른 기법을 알아보자. 기본적으로 하드웨어 자체가 특정 메모리 주소에 대한 접근을 한 번에 하나의 요청으로 제한하고 있다는 것은 잘 알려진 사실이다. 메모리의 같은 위치에 대한 읽기와 쓰기, 또는 읽기와 검사와 같은 일을 한 명령어 사이클 동안 – 한 번의 접근에 – 처리해주는 명령어가 있다면, 이런 종류의 기계명령어는, 다른 접근 요청이 차단된 가운데, 원자적(Atomic)으로, 실행 동안 끊기지 않고(Indivisible) 완료될 수 있다.

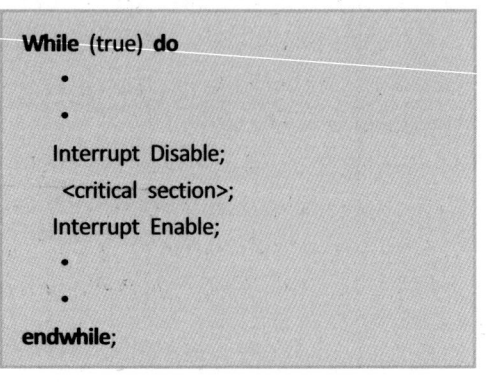

```
While (true) do
    •
    •
    Interrupt Disable;
    <critical section>;
    Interrupt Enable;
    •
    •
endwhile;
```

❖ 그림 5.6 인터럽트 금지를 사용한 상호배제

5.4.2 하드웨어 명령어를 사용한 기법

위에서 말한 기계명령어로 잘 알려져 있는 testandset과 exchange 명령어가 어떤 일을 하는지를 그림 5.7에서 알 수 있는데, 이해를 돕기 위해 함수 또는 프로시저의 형식으로 표현되어 있으나 실제로는 기계명령어로서 원자적으로 실행 도중 끊김 없이 완료되는 연산임을 기억하자. 참고로, 책들에 따라 exchange 명령어를 swap이라 부르기도 한다.

```
boolean testandset(boolean &target)
  {
  boolean rv = target;
  target = true;
  return rv;
  }
```

```
void exchange (boolean &r, boolean &m)
  {
  boolean temp = r;
  r = m;
  m = temp;
  }
```

❖ 그림 5.7 testandset과 exchange 명령어

testandset에서는 전역변수 lock으로부터 넘겨받은 파라미터 target의 값을 rv에 넣고 target의 값을 true로 만든 후, rv의 값을 넘겨준다. exchange는 넘겨받은 두 개의 파라미터 값을 맞바꾸는 일을 해줌을 알 수 있다. 그림 5.8에서 이런 명령어를 사용한 상호배제 알고리즘을 볼 수 있는데, 사용된 lock은 전역변수이며 key는 각 프로세스의 지역(Local) 변수임을 알아채고 분석해 보자.

(a)에서 lock의 초기 값이 false이므로 최초 진입 프로세스가 testandset을 실행하게 되면 target 값이 false가 되어 rv로 넘겨져, while문은 false가 되

Chapter 05 병행 프로세스와 동기화

고 결과적으로 임계영역의 진입이 가능해진다. 임계영역을 실행 중인 프로세스가 있다면 lock의 값이 true이므로 진입을 시도하는 다른 프로세스들이 while문에서 맴돌게 됨으로써 상호배제를 보장하게 된다. exchange를 사용하는 (b) 알고리즘은 각자가 해보도록 하자.

```
const int n=...; /* 프로세스 개수 */
boolean lock;
void P(int i);
{
  while (true)
  {
    while (testandset(lock));
    <critical section>;
    lock:=false;
    <remainder>;
  }
}
void main()
{
  lock:=false;
  parbegin
    P(1), P(2),...,P(n);
  parend;
}
                    (a)
```

```
const int n=...; /* 프로세스 개수 */
boolean lock;
void P(int i);
{
  while (true)
  {
    key = true;
    while (key = true) do exchange(key, lock);
    <critical section>;
    lock := false;
    <remainder>;
  }
}
void main()
{
  lock:=false;
  parbegin
    P(1), P(2),...,P(n);
  parend;
}
                    (b)
```

❖ 그림 5.8 testandset과 exchange를 사용한 상호배제

기계명령어를 활용하면 간단하고, 다중처리 시스템에서도 쉽게 쓸 수 있으며, 한 프로그램 내에서 서로 다른 변수를 사용하여 여러 개의 임계영역도 지원할 수 있는 장점이 있다. 하지만 여전히 바쁜 대기를 한다는 점과, 차례가 정해지지 않으므로 어떤 프로세스는 기아를 겪을 수도 있고, 임계영역 실행 중 높은 우선순위를 가지는 프로세스에게 CPU를 뺏길 경우 교착 상태에 빠질 우려도 있다.

88

5.5 세마포어 (Semaphore)

Dijkstra가 1965년에 제안한 개념인 세마포어는 세 개의 특수한 명령들만 접근할 수 있게 허용되는 보호된 변수로서, 앞서 다루었던 것들보다 더 높은 수준에서 상호배제 명령을 구현할 수 있게 한다. 더 높은 수준이란 프로그래밍 언어와 운영체제 수준에서 병행성을 위해 제공되는 기법이란 뜻이다.

세마포어는 그 변수가 가질 수 있는 값의 범위에 따라 종류가 구분된다. 만일 어떤 세마포어가 0 아니면 1의 이진 값만을 가진다면, 그 세마포어를 이진 (Binary) 세마포어라 하며, 세마포어의 값이 음이 아닌 모든 정수가 될 수 있으면, 계수(Counting) 혹은 정수(Integer) 세마포어라 한다. 세마포어를 위한 특수한 명령들은 비분리(Indivisible) 명령들로서, 세마포어 값을 초기화하는 명령, P 명령, V 명령이 있다. 책들에 따라 초기화 명령을 따로 두지 않고 Semaphore 변수로 선언한 다음 초기 값을 부여하는 방식을 쓰기도 하고, P와 V 명령은 각각 wait와 signal 또는 down과 up이라는 이름으로 사용하기도 한다. P와 V 명령은 세마포어인 S만을 매개변수로 하며 -S에 대한 접근은 P와 V 명령을 통해서만 허용되어진다는 의미 - 그 정의는 아래와 같다.

P(S): **if** (S > 0) **then** S = S - 1;
           else S > 0 조건이 만족될 때까지 큐에서 대기;
V(S): **if** (큐에서 대기 중인 프로세스들이 존재)
           then 그 중의 한 프로세스를 준비 또는 실행 상태로 만듦;
           else S = S + 1;

여기서 P 명령은 S 값이 0보다 크면 단순히 S 값을 1 감소시키는 작업을 하지만, 그렇지 않으면 S 값이 0보다 크게 되기를 기다리게 된다. 그리고 V 명령에서는 S가 0보다 크게 되기를 기다리는 프로세스 하나를 계속 진행하게 하고, 만약 그러한 프로세스가 존재하지 않는다면 단순히 S의 값을 1을 증가시키는 작업만 한다. 세마포어에 대한 명령들은 각각 분리되지 않고 수행될 수 있도록 구현해야 하며, 같은 세마포어에 대해서 동시에 실행되지 못한다.

Chapter 05 병행 프로세스와 동기화

큐와 관련된 부분은 운영체제가 해 줄 일이므로 이 내용을 빼고 더 간단하게 표현하면 다음처럼 되며, 이 정도에서 P와 V 명령을 소개한 책들도 더러 있다. 어쨌든 세마포어 값이 0 이하일 때는 기다릴 수밖에 없는데, 위처럼 운영체제가 개입해야 하는 대기 상태나 또는 아래처럼 바쁜 대기로 구현할 수 있을 것이다.

```
P(S) {
        while (S ≤ 0);  /* busy-wait */
        S --;
        }
V(S) {
        S ++;
        }
```

재미있는 이야기 하나. 왜 세마포어를 처음 말한 Dijkstra는 P와 V로 이름을 붙였을까? Dijkstra의 나라인 네덜란드에서 깃발을 내리다(Down)의 동사는 P로 시작하고, 올리다(Up)의 동사는 V로 시작한단다. 도로공사 중인 현장에서 깃발을 사용해 차량통행을 제어하는 경우를 떠올려보면 짐작되리라 믿는다.

그림 5.9는 세마포어를 이용한 상호배제 알고리즘으로, 세마포어 변수 S가 1로 초기화되어 있으므로 최초로 시도하는 프로세스는 S를 0으로 바꾸고 임계영역에 진입하게 될 것이다. 이 후 진입을 시도하는 프로세스들은 S가 0이므로 대기 상태가 된다. 임계영역을 나오는 프로세스에 의해 S는 1이 되고 이때 대기 상태의 프로세스들 중 하나가 실행 가능한 상태가 되어 임계영역의 진입이 가능해지는 것이다. P와 V 명령의 정의에 따라 한 번에 하나의 프로세스만이 임계영역에 들어갈 수 있음을 알 수 있을 것이다.

90

5.5 세마포어 (Semaphore)

```
const int n= /* 프로세스의 수 */;
semaphore s = 1;
void p(int i)
{
   while (true)
   {
     P(s);
     <critical section>;
     V(s);
     <remainder>;
   }
}
void main()
{
   parbegin
     p(1), p(2),...,p(n);
   parend
}
```

❖ 그림 5.9   세마포어를 사용한 상호배제

이런 세마포어는 이진... 아니죠! 정수... 맞습니다!

프린터가 10개 있는 실습실에서, 비어있는 프린터가 있다면 누구나 출력 작업을 할 수 있도록 해놓고 싶다고 해요. 이때 프린터는 공유자원으로서 풀(Pool)로 관리되고 있다고 하며, 최대 10명이 동시에 작업을 할 수 있겠지요. 출력 작업을 임계영역으로 설정하고, 임계영역의 진입을 세마포어를 사용해 10명까지 허용하는 알고리즘으로 실습실을 관리할 수 있답니다. 그림 5.9에서 S를 10으로 초기화하고 <critical section>부분을 비어 있는 프린터에서 "출력 작업"을 실행하는 것으로 해 놓으면 간단하게 해결되지요. 이럴 경우 S 값이 10보다 작은 양수 값일 때는 작업이 가능한 프린터 대수 – 또는 임계영역의 진입이 허용되는 프로세스 수 – 를 나타내게 되는데 이렇게 사용되는 S를 정수 세마포어라고 하고 공유 자원의 풀 관리에 꽤 유용하답니다.

91

Chapter 05 병행 프로세스와 동기화

세마포어를 활용하면 상호배제뿐만 아니라 프로세스 간의 동기화도 쉽게 구현할 수 있다. 여기서 동기화의 의미는 "서로를 의식하고 실행의 보조를 맞추다"는 뜻으로서 간단한 예를 들어 보자. P0는 실행 도중 P1이 건네주는 데이터를 받아야 계속 실행이 가능한 경우, 둘 사이에 sync라는 이진 세마포어를(초기 값은 0으로) 설정하고 P0는 데이터의 수신 확인을 P(sync)로, P1은 데이터를 만든 후 P0에게 보내면서 V(sync)를 실행하면 될 것이다. P0는 P(sync)를 실행하는 시점에서 아직 데이터가 수신되지 않았다면 – 아직 sync 값이 0이라면 – 대기하게 되겠지만, 그 전에 P1이 데이터를 만들어 보내고 V(sync)를 하였다면 대기 없이 계속 실행을 해 나갈 수 있을 것이다. 즉, 프로세스 간의 진행이 상호 의존적인 관계라서 동기화가 요구될 때 세마포어가 유용하다는 것을 알 수 있다.

5.6 생산자-소비자 문제 (Producer-consumer Problem)

병행 프로세스의 상호배제와 동기화를 다룰 때 소개되는 잘 알려진 고전적인 문제들이 몇 가지 있는데, 나열해 보면 생산자-소비자, 읽기와 쓰기 (Reader-writer), 식사하는 철학자(Dinning Philosopher), 흡연가(Cigarette Smoker), 이발소(Barber Shop) 문제 등이다. 이 절에서는 생산자-소비자 문제를 중심으로 설명하되, 나중에 식사하는 철학자 문제를 다룰 것인데, 이 두 가지를 배운 후에는 나머지 문제들 역시 별 어려움 없이 이해할 수 있으므로 궁금하면 다른 책들을 참조하기 바란다.

생산자-소비자 문제에서 생산자는 데이터를 만들어 버퍼에 저장하고(채워 나가고), 소비자는 버퍼에 있는 데이터를 꺼내 소비하는(비우는) 프로세스를 말한다. 이들 사이에서 버퍼는 공유 자원이므로 버퍼에 대한 접근 즉, 저장하고 꺼내는 일들이 상호배제 되어야 한다. 버퍼가 비어 있을 때는 소비자가, 버퍼가 꽉 차있을 때는 (더 이상 저장할 공간이 없으므로) 생산자가 기다려야 하는 동기화도 자연스럽게 포함되어 있다. 버퍼의 크기는 저장 공간이 하나인 것부터 무한개까지 설정할 수 있는데, 여기서는 n 개의 공간을 가지는 유한 크기의 원형(Circular) 버퍼를 가정한 알고리즘을 보도록 하자. 참고로, 버퍼를 선형(Linear)으로 할 경우에는 채우고 비워 나가는 작업이 버퍼의 끝에

92

5.6 생산자-소비자 문제(Producer-consumer Problem)

```
생산자:
while (true)
{
    create data V;
    while ((in+1) % n == out);
    buffer[in] = V; /* append data */
    in = (in+1) % n;
}
```

```
소비자:
while (true)
{
    while (in == out);
    W = buffer[out]; /* take data */
    out = (out+1) % n;
    consume data W;
}
```

❖ 그림 5.10 원형 유한 버퍼에 대한 생산자-소비자 관계

다다랐을 때 문제가 생기므로 알고리즘의 효율성을 고려하여 원형으로 설정해 두는 것이 좋다는 점을 알아두자.

생산자와 소비자가 하는 일을 표현해 보면 그림 5.10과 같을 것이다. 여기서 in과 out은 버퍼에서 채워 넣을 위치와 꺼낼 위치를 나타내며 초기 값은 각각 0이고, 버퍼가 차있거나 비어 있을 경우 중간의 while문을 맴돌게 될 것이다.

같은 환경을 이번에는 세마포어를 사용하여 구현해 보자. 그림 5.11의 알고리즘에서 버퍼에 대한 접근을 상호배제하기 위해 (이진)세마포어 변수 s를 사용하고, 채우거나 꺼낼 수 있는 공간이 있는지를 확인하기 위해 (정수)세마포어 e와 f를 사용하였다. 즉, 알고리즘의 운영 도중 e와 f 값은 버퍼에서 빈 공간의 수와 채워져 있는 공간의 수를 나타낸다.

공간의 개수를 제한하지 않은 무한버퍼를 가정한 알고리즘이 필요하다면 그림 5.11에서 e에 대한 선언과 명령어 부분만을 빼버리면 된다. 여러 개의 세마포어를 사용할 때 주의할 점은 프로그램에서 이들을 사용하는 명령어의 위

Chapter 05 병행 프로세스와 동기화

```
semaphore s = 1;
semaphore f = 0;
semaphore e = n; /* buffer size */
void producer()
{
  while (true)
  {
    produce data V;
    P(e);
    P(s);
    append data V;
    V(s);
    V(f);
  }
}
void consumer()
{
  while (true)
  {
    P(f);
    P(s);
    take data W;
    V(s);
    V(e);
    consume data W;
  }
}
void main()
{
  parbegin
    producer(), consumer();
  parend
}
```

❖ 그림 5.11 원형 유한 버퍼에서 세마포어를 사용한 생산자-소비자 알고리즘

94

치를 세심하게 따져야 한다는 것이다. 예를 들어, 무한 버퍼용 알고리즘의 경우 소비자 프로그램 부분에서 P(f)와 P(s)의 순서를 바꾸게 되면 P(s)를 통과해 버퍼에 대한 배타적 접근 권리를 가진 소비자가 버퍼가 비어 있음을 발견하게 될 경우 P(f)에서 대기 상태가 될 수 있을 것이다. 이렇게 되면 버퍼를 채워줄 생산자는 P(s)에서 역시 대기하게 되어 교착 상태를 만들게 되므로 알고리즘은 실패하게 된다.

세마포어를 사용하는 기법은 운영체제 수준에서 임계영역으로의 진입을 기다리는 프로세스들을 대기 상태로 전환시킴으로써 – 이 방식을 block and wakeup이라 부른다. – 바쁜 대기를 할 때의 CPU 낭비를 없앨 수 있다. 물론 이 방식이 항상 좋다고는 할 수 없는데, 3장에서 배운 것처럼 실행 중인 프로세스를 대기 상태로 만드는 일에 드는 비용도 생각해봐야 하며, 더구나 임계영역이 매우 짧게 끝나는 경우는 바쁜 대기에 비해 프로세스의 반응이 즉각적이지 못하기 때문이다. 제대로 구현된 세마포어는 사용하기 쉽고 응용 범위가 넓지만, 대기 중인 프로세스들에 대한 다음 차례의 임계영역 진입을 위한 선택 기준이 없기 때문에 – 누가 얼마나 기다렸는지에 대한 고려는 하지 않기 때문에 – 특정 프로세스들의 기아를 유발할 수 있다.

5.7 Eventcount와 Sequencer를 사용한 기법

Eventcount와 Sequencer 역시 특별한 명령들에 의해서만 접근이 가능한 정수형 변수들이며 초기 값은 0으로 시작하고 그 값이 감소하지 않는다. ticket(s) 명령은 비분리로 실행되며 sequencer 변수인 s 값을 반환해 주고 ticket(s) 명령이 실행될 때마다 s 값은 1 증가한다. Eventcount 변수인 E에 대한 명령은 현재의 E 값을 반환해 주는 read(E), 1 증가시키는 advance(E) 그리고 E가 v 값보다 작으면 기다리도록 하는 await(E,v) 명령들이 있는데, 이 세 명령은 비분리로 실행되지 않아도 좋다.

이 기법은 임계영역의 진입을 시도하는 프로세스들에게 순번 표를 부여함으로써 기다린 순서대로 처리되게 하여 기아를 방지할 수 있다. 실생활에서 이런 방식을 응용하고 있는 좋은 예가 은행이다. 도착해서 제일 먼저 하는 일이 번호표를 뽑는 것인데 이것이 ticket(s)로, 내 차례를 위해 작은 전광판에 적힌

Chapter 05 병행 프로세스와 동기화

```
생산자 i:
var pord : integer;
while (true) {
    create data V;
    pord = ticket(p);
    await(in, pord);
    await(out, pord-n+1);
    buffer[pord % n] = V;
    advance(in);
}
```

```
소비자 j:
var cord : integer;
while (true) {
    cord = ticket(c);
    await(out, cord);
    await(in, cord+1);
    W = buffer[cord % n];
    advance(out);
    consume data W;
}
```

❖ 그림 5.12 Eventcount와 Sequencer를 사용한 생산자–소비자 알고리즘

숫자를 보는 것이 read(E), 한 명이 서비스될 때마다 창구 직원에 의해 그 숫자가 증가되는 advance(E) 그리고 그 값이 내 번호표의 값이 될 때까지 기다리는 await(E,v)가 잘 지켜져 고객 서비스가 이루어지는 것을 경험해 보았을 것이다. 이제 유한 버퍼에 대한 생산자-소비자 문제를 Eventcount와 Sequencer를 사용하여 해결한 알고리즘을 그림 5.12에서 볼 텐데 세마포어를 사용했을 때와 비교해 보기 바란다. 참고로 이번에는 생산자와 소비자가 여러 명 있는 환경도 수용하기 위해 p와 c를 각각 생산자와 소비자를 위한 sequencer 변수로 선언하고, in과 out을 eventcount 변수로, 버퍼는 array[0..n-1]의 크기로 하였다.

생산자와 소비자들이 각각 자신이 받은 번호 값의 순서대로 실행되도록 하기 위해 첫 번째 await문이 사용되었으며, 앞선 실행자가 advance문으로 in/out 값을 증가시켜 주면 다음 실행자 순으로 진행될 것이다. 두 번째 await문으로 생산자의 경우 버퍼가 전부 찼을 때, 소비자의 경우 모두 비어 있을 때 기다리게 하는데 이것 역시 상대방이 비우거나 채우는 작업을 한 후 in/out 값을 증가시켜 주면 기다림에서 벗어나게 된다. 살펴보면 pord와 cord는 현재까지 생산자와 소비자 그룹에 각각 부여된 번호의 최종 값이고, in과 out은 각각 지금까지 만들어져 저장되고 소비된 데이터의 개수를 나타내고 있음을 알 수 있다.

병행 프로세스 간의 상호배제와 동기화를 위해 지금까지 살펴본 기법들은 나름대로 각자의 특징이 있으나, 공통적으로 가지는 문제점이 있다. 이를테

96

면, P와 V 명령을 순서를 바꿔 사용하거나 advance 명령을 제대로 해주지 않았을 경우에는 심각한 오류가 생기게 된다. 결국 어떤 도구든 그것을 사용하여 프로그램 내에 적절히 구사하는 책임이 사용자에게 있고, 그 사용자는 언제나 실수를 할 가능성이 있다는 것이 문제가 된다. 그렇다면 상호배제와 관련된 일들을 시스템이 떠맡고 사용자의 실수 가능성을 가급적 줄임으로써 오류를 최소화하는 방식은 없을까?

5.8 모니터 (Monitor)

모니터란 공유 데이터들과 이 들에 대한 임계영역들을 관리하는 소프트웨어 구성체이다. 다시 말해, 모니터는 프로그래밍 언어 수준에서 제공되는 – Java 에서도 제공되는 구조임을 참고하자 – 모듈로서 공유 데이터를 위한 변수들과 초기화 루틴, 임계영역을 코딩한 프로시저들로 이루어진 일종의 함(box)으로 이해하면 된다. 모니터 내의 변수들은 프로시저들을 통해서만 접근이 가능하므로, 프로세스들은 모니터의 프로시저를 호출, 실행하여 모니터 안으로 진입한 후 원하는 공유 데이터에 대한 접근을 하게 된다. 중요한 점은 언제나 모니터의 진입을 한 프로세스로 제한함으로써 즉, 한 번에 하나 이하의 프로세스만이 모니터 내에 있게 함으로써 상호배제를 자연스럽게 실현한다는 것이다.

먼저 모니터 운영 방식을 간단히 살펴본 후, 구체적인 예로서 앞서 본 생산자-소비자 문제를 해결하는 모니터를 보게 되면 별로 어렵지 않다는 것을 느낄 것이다. 모니터로의 진입은 프로시저의 호출로 가능하고, 한 프로세스만이 들어갈 수 있으므로 이미 한 프로세스가 들어가 있을 때를 대비해 호출될 프로시저 개수만큼의 대기 큐가 있어야 할 것이다. 또한, 모니터내의 프로세스가 실행 중 특정 조건 때문에 대기해야 할 경우, 바로 모니터를 양보해서 밖의 다른 프로세스가 들어올 수 있도록 하기위해 자신은 모니터를 벗어나 해당 조건의 큐에서 기다리는 것이 타당할 것이다. 이러한 조건 큐 역시 모니터에서 요구되는 조건의 개수만큼 있어야 한다. 해당 조건을 만족하게 해주는 프로세스는 그 조건을 기다리던 프로세스의 모니터 진입을 위해 잠시 모니터를 비켜주게 되는데, 이 용도로 사용되는 큐를 신호자 대기 큐(Waiting Signaler Queue)라 한다. 물론 신호자 프로세스는 잠시 후 모니터가 비어질 때 다시 진

Chapter 05 병행 프로세스와 동기화

입하여 나머지 작업을 실행할 수 있도록 조치될 것이다.

모니터에서는 조건변수(Condition Variable)를 선언하고, 조건의 대기를 위해 cwait()를, 대기에서 깨어나기 위해 csignal()을 제공한다. 조건변수는 모니터에서만 선언하고 사용하는 것으로 cwait()와 csignal()에 의해서만 접근된다. cwait(c)는 이 연산을 호출한 프로세스를 조건 c의 큐에 대기시키고 다른 프로세스의 모니터 진입을 가능하게 한다. csignal(c)는 cwait(c)에 의해 대기되었던 프로세스를 재개시키고 자신은 신호자 대기 큐로 비켜준다. 만일 cwait(c)로 대기 중인 프로세스가 많다면 그 중에 하나를 고를 것이고, 없다면 단순히 다음 문의 실행을 계속하면 된다.

그림 5.13은 생산자-소비자 문제를 모니터로 해결한 프로그램이고, 그림 5.14는 이때의 모니터 구조를 보인 것이다. 그림 5.14에서 계란 모양의 모니터 내부에는 그림 5.13의 모든 내용 즉, 공유 버퍼, 내부변수, 조건변수 등과 두 개의 프로시저 그리고 초기화 부분들이 들어가 있다고 보면 된다.

```
monitor boundedbuffer;
char buffer [n];
int nextin, nextout, count;
cond notfull, notempty;  /* condition variables */
void append(char x)
{
  if (count == n)  /* buffer full? */
    cwait(notfull);
  buffer[nextin] = x;
  nextin = (nextin + 1) % n;
  count++;
  csignal(notempty); /* process wakeup in notempty queue */
}
void take(char x)
{
  if (count == 0)  /* buffer empty? */
```

❖ 그림 5.13 유한 버퍼에서 모니터를 사용한 생산자-소비자 알고리즘 (계속)

5.8 모니터(Monitor)

```
    cwait(notempty);
  x = buffer[nextout];
  nextout = (nextout + 1) % n;
  count--;
  csignal(notfull); /* process wakeup in notfull queue */
}
{  /* monitor body */
  nextin = 0; nextout = 0; count = 0; /* initialization */
}
```

```
void producer()
{
  char x;
  while (true)
  {
    create data x;
    append(x);
  }
}
void consumer()
{
  char x;
  while (true)
  {
    take(x);
    consume data x;
  }
}
void main()
{
  parbegin
    producer(), consumer();
  parend
}
```

❖ 그림 5.13 유한 버퍼에서 모니터를 사용한 생산자−소비자 알고리즘

Chapter 05 병행 프로세스와 동기화

생산자는 데이터를 만든 후 append(x)를 호출하여 모니터의 진입을 요청한다. 내부에 이미 프로세스가 있다면 append 진입 큐에서 기다리게 될 것이며, 아닐 경우 append 프로시저 내의 if문을 실행하게 될 것이다. 버퍼가 차있다면 cwait(notfull)에 의해 notfull 조건 큐로 이동하게 될 것 - 모니터를 비우게 될 것 - 이며, 아닐 경우 데이터를 저장한 후 notempty 조건 큐에서 기다리는 프로세스를 재개시켜 모니터로 진입하게 하고 자신은 신호자 대기 큐로 이동한다. 물론 notempty 조건 큐에 아무도 없다면 다음 명령으로 실행을 옮기는데 여기서는 더 이상 실행할 것이 없으므로 append의 호출이 끝나고 모니터를 벗어나게 된다. 소비자도 유사한 방식으로 진행되므로 프로그램을 이해하는데 별 어려움이 없을 것이다.

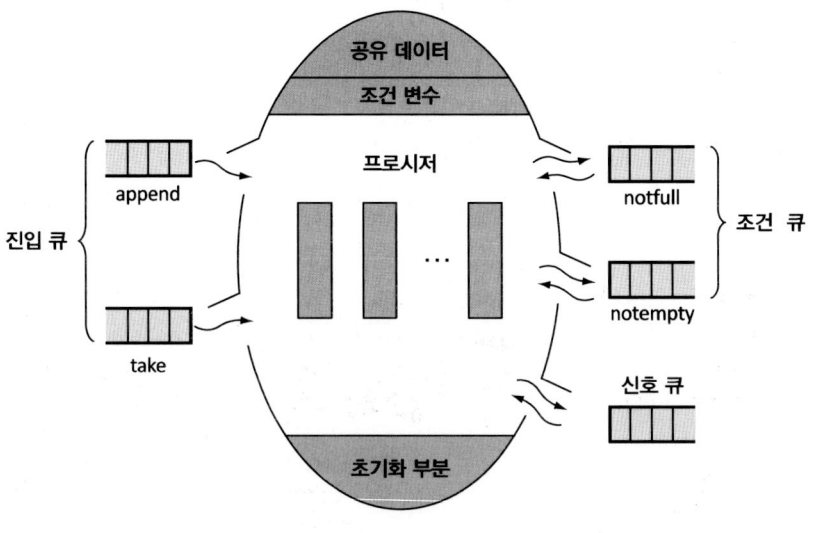

❖ 그림 5.14 Bounded buffer의 모니터

크게 보면 생산자는 버퍼가 찼을 때, 소비자는 비었을 때 각각 조건 큐로 대기하게 되며, 데이터를 채우거나 비운 후에는 해당 조건 큐에 대기 중인 프로세스를 재개시켜 주는 방식으로 짜여 있음을 알 수 있다. 모니터가 비었을 때 진입 큐와 신호자 대기 큐에 있는 프로세스 중 누구에게 모니터 진입의 우선권을 주는 것이 타당할지 생각해 보기 바란다.

참고로, 원형 버퍼를 관리하는 모니터는 많은 분야에서 응용되는데, 그 중

100

에서 대표적인 것이 스풀링(Spooling)을 위한 스풀러(Spooler) 및 디스풀러 (De-spooler) 프로세스 간의 관계를 예로 들 수 있다. 스풀러 프로세스는 디스크와 같은 보조기억 장치에 빠른 속도로 출력을 하는 일반적인 프로세스이고, 디스풀러 프로세스는 디스크에 임시로 출력된 내용을 실제로 프린터로 출력하는 시스템 프로세스이다. 상대적으로 속도가 느린 프린터와 직접적으로 관련된 작업을 하는 디스풀러 프로세스는 스풀러 프로세스에 비해서 처리 속도가 느리기 마련인데, 이러한 두 프로세스 간의 속도 차이를 완화해주기 위해 원형 버퍼를 사용할 수 있을 것이며 이때 스풀러 프로세스는 생산자, 디스풀러 프로세스는 소비자 프로세스가 된다.

덧붙여, 병행 프로세스의 제어를 위해 제공되는 고수준의 구조는 모니터 외에도 path expression이나 critical region, conditional critical region 등이 있다는 정도로만 알아두자.

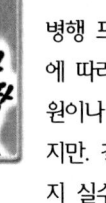

상호배제와 동기화를 시스템이 알아서 다 해줄 수 없을까요?

병행 프로세스 간의 사적인 상호배제와 동기화 문제는 그때그때의 응용에 따라 생기므로 시스템이 모두 해결해 줄 수는 없다. 물론 시스템 자원이나 변수는 알려져 있는 것들이므로 운영체제에 의해 관리가 가능하지만. 결국 참여하는 프로세스들의 통제 하에 해결되어야 하는데 얼마든지 실수 할 가능성이 있기 때문에 시스템은 이 실수를 최대한 줄일 수 있는 도구를 제공하는 것이다. 모니터가 한 차원 높은 구조라 불리는 것은 그만큼 실수를 줄일 수 있게 시스템에서 제공되는 언어 수준의 구조이기 때문이다.

생산자-소비자 문제를 예로 들어 보자. 상호배제는 모니터의 진입을 한 번에 한 프로세스로 제한함으로써 자연스럽게 해결되므로, 모니터만 제대로 구성되고 나면 사용자는 프로그램의 적당한 위치에 모니터의 프로시저를 호출하여 사용하기만 하면 된다. 동기화 관련 부분이 모두 모니터 내부에 표현되어 있으므로 이것이 제대로 실행되는지 확인하고 오류를 발견하기도 쉽고, 따라서 모니터가 제대로 작동되면 이것을 사용하는 병행 프로세스들 역시 오류 없이 실행된다. 세마포어를 사용할 경우 공유 자원에 접근하는 모든 프로세스들 중 하나라도 프로그램이 잘못되면 오류를 일으키는 것과 비교해 보자.

고민해결(?). 시스템이 제공하는 구조를 잘 이해하고 활용하여 병행 프로세스 문제를 적극적으로 해결하라 팍팍!

Chapter 05 병행 프로세스와 동기화

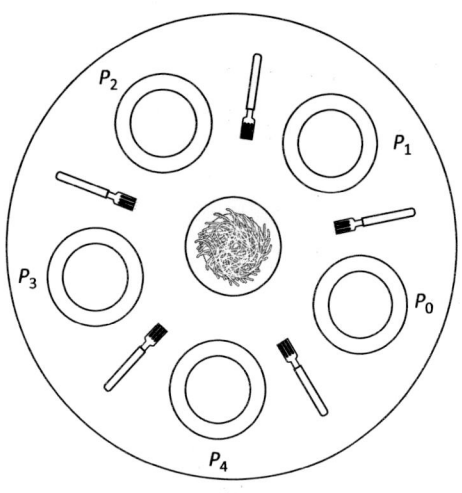

❖ 그림 5.15 식사하는 철학자들

마지막으로 식사하는 철학자 문제를 알아보자. 이 문제는 상호배제나 동기화 그리고 기아와 교착 상태를 설명할 때 자주 등장하는 예이므로 잘 알아두는 것이 좋다.

그림 5.15와 같이 5명의 철학자가 앉아있고, 식탁에는 5접시의 스파게티와 5개의 포크가 놓여 있다. 철학자들은 비동기적으로 먹거나 생각하는 일을 반복하는데, 스파게티를 먹기 위해서는 자신의 오른쪽과 왼쪽에 있는 포크 두 개가 있어야 한다. 결국 포크가 공유 자원이 되며 철학자들의 정상적인 식사를 보장하는 것이 이 문제의 핵심이다.

먼저, 포크에 대한 상호배제를 위해 세마포어를 사용하고, 각 철학자는 다음과 같이 행동하도록 해 보자.

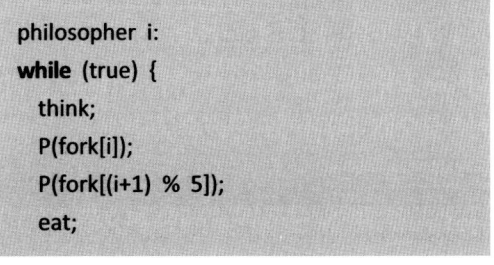

```
philosopher i:
while (true) {
   think;
   P(fork[i]);
   P(fork[(i+1) % 5]);
   eat;
```

5.8 모니터 (Monitor)

```
    V(fork[i]);
    V(fork[(i+1) % 5]);
}
```

모든 철학자가 동시에 자신의 왼쪽 포크를 집고 난 후, 오른쪽 포크를 집지 못해 먹지 못하는 이른바 교착 상태에 빠지는 경우가 발생할 수 있다. 이 문제의 해결을 위해 이번엔 다음과 같이 고쳐보자.

```
philosopher i:
while (true) {
    think;
    P (fork[i] and fork[(i+1) % 5]);
    eat;
    V (fork[i] and fork[(i+1) % 5]);
}
```

즉, 한 번에 포크 두 개를 모두 집도록 하여 교착 상태가 생기지 않도록 하겠다는 의도이다. 이 경우 두 개를 모두 집은 철학자는 식사가 가능하나, 하나도 못 집은 철학자는 굶게 될 텐데 동작이 매우 빠른 철학자 때문에 오랜 시간 굶게 되는 즉, 기아를 겪게 되는 철학자가 생길 수 있다. 기우이겠지만, 이 장면에서 포크를 5개 더 제공하거나, 포크 하나로 먹는 방법을 가르치면 된다는 생각은 접어두기 바란다.

식탁에 한 번에 4명만 앉도록 하거나, 또는 홀수 번호의 철학자는 왼쪽 포크부터 집고 난 다음 오른쪽 포크를 집도록 하고, 짝수 번호의 철학자는 반대 순서로 집게 하면 교착 상태나 기아 없이 식사가 가능하다. 교착 상태를 일으키는 위의 첫 번째 예를 모니터를 이용해 구현하면 교착 상태를 방지할 수 있는데, 그 이유는 한 명의 철학자만이 모니터 내에 있을 수 있으므로 왼쪽 포크를 집는 동안 다른 철학자가 오른쪽 포크를 집어갈 가능성을 배제할 수 있기 때문이다. 자세한 프로그램들은 각자가 찾아보는 것을 오늘 숙제로 하면 어떨까?

103

Chapter 05 병행 프로세스와 동기화

병행 프로세스와 연관된 기법들과 알고리즘들은 무척 많아서 모두 열거하기가 곤란하지만 지금껏 배운 정도만 이해하면 충분하므로, 그 외의 나머지는 천천히 필요할 때 알아봐도 괜찮으니 서두를 필요 없다. 한 가지 충고! 복습이 배운 내용을 이해하는데 가장 좋은 습관임은 해 본 사람은 알 것이다.

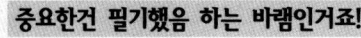

중요한건 필기했음 하는 바램인거죠!

교착 상태 (Deadlock)

방학 때 병팔이와 동생은 각자 강아지를 한 마리씩 키우기로 하고 우선 강아지 집을 만들기로 하였다. 창고에 있는 여러 가지 크기의 합판과 망치, 톱을 준비하고 나서 병팔이는 적당한 합판들로 망치를 가지고 지붕부터 만들기 시작했다. 동생은 망치를 이미 형이 쓰고 있어 톱을 가지고 합판들을 적당한 크기로 자르기 시작했다. 여기서 몇 가지 가정을 해보자. 이 형제는 양보라는 미덕은 모르며 융통성 또한 아예 없어서 하기로 했던 일을 중간에 상황에 따라 변경하지도 않는다. 물론 톱과 망치는 하나씩밖에 없다. 약간의 작업 후 병팔이는 톱이 필요해졌다. 그러나 동생은 사용 중인 톱을 줄 리가 없다. 톱으로 해야 할 일만 생각하며 동생이 다 쓴 후 주기만을 기다리던 병팔이에게 이번에는 동생이 망치가 필요하니 달라고 하지 않는가! 병팔이 역시 망치는 계속 써야 하므로 줄 생각이 전혀 없다. 물론 둘 다 다른 방법이나 순서로 일을 해 볼 생각은 꿈에도 하지 않는다. 자! 지금부터 어떻게 될까? 둘 다 가지고 있는 것은 내놓지 않고 상대방이 가진 것을 달라고 하면서 더 이상 일을 하지 못한 채 시간만 하염없이 흘러갈 것이다. 보다 못한 아버지가 등장하여 한 녀석이 가진 것을 뺏어 다른 녀석에게 주어 사태 해결을 하기 전까진...

컴퓨터 시스템에서도 위와 같은 일은 발생할 수 있다. 자원이(톱과 망치의 예) 한정적인 상황에서 두 개 이상의 프로세스(병팔이와 동생의 예)가 각자 먼저 확보한 자원을 가진 채 상대방의 자원을 필요로 할 경우, 외부로부터의 조치(아버지의 예)가 없는 한 이들은 아무 일도 못하고 계속 기다려야 할 것이다. 이러한 상황을 컴퓨터 시스템에서는 교착 상태(Deadlock)라 한다.

이 장에서는 먼저 교착 상태와 관련하여 자원에 대한 개념을 정리하고 교착 상태를 일으킬 수 있는 네 가지 조건을 설명한 뒤 다양한 교착 상태의 해결책들을 보여줄 것이다. 뭐, 특별히 어려울 것이 없으니 부담 없이 읽어 내려가면 되겠다.

Chapter 06 교착 상태(Deadlock)

6.1 교착 상태에 대해 조금 더!

신호등이 고장 난 교차로에서 다른 차들 신경 쓰지 않고 서로 가겠다고 밀려 든 차들을 상상해 보자. 그림 6.1과 같은 지경에 이른다면 이것이 곧 컴퓨터가 아닌 실생활에서 경험하게 되는 교통 교착 상태인 것이다. 이 상황 역시 교통경찰이 해결해 주기 전까지는 대책이 없다. 컴퓨터 시스템의 경우에 접목시켜 본다면 차들은 프로세스, 도로는 자원의 경우에 해당하고 교통경찰의 역할이 운영체제가 할 일이 될 것이다.

그렇다면 교착 상태가 발생되는 근본 원인은 무엇일까? 시스템이 가지고 있는 한정적인 자원보다 사용하고자 하는 프로세스들의 요청이 더 많기 때문이다. 위의 병팔이의 경우에도 톱과 망치가 두 개씩 있다면 아무 문제가 없고, 도로 역시 한쪽을 고가도로로 만들어 놓으면 발생되지 않을 문제임을 알 수 있다. 하지만 톱과 망치를 두 개씩 준비해 놓는 집이 몇이나 될까? 다시 말해, 거의 사용되지 못할 것이 뻔한데도 필요 이상의 비용을 들여 많은 자원을 구비해 놓는 시스템이 과연 가격 대비 효과 면에서 권장할 일인가? 최소의 비용으로 최

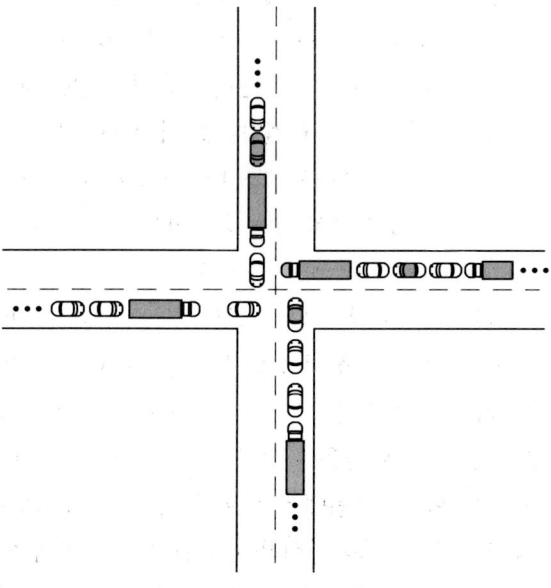

❖ 그림 6.1 교통 교착 상태

대의 효과를 노리는 경제적 논리는 시스템에서도 당연히 적용되며 여러분은 앞으로 다룰 운영체제의 많은 분야에서 이 점을 느끼게 될 것이다.

교착 상태란 둘 이상의 프로세스가 각자가 가지고 있던 자원을 보유한 채로 외부적 조치가 없는 한 영원히 그 상태에서 기다리고 있는 상황을 말한다. 따라서 교착 상태의 첫 번째 문제점은 해당 프로세스들이 더 이상 실행되지 못하여 사용자들에게 응답해 주지 못한다는 점이며, 둘째는 보유된 자원들이 교착 상태에서 벗어나기 전까지는 전혀 활용되지 못한다는 점이다. 이것은 결국 시스템의 성능 저하로 – 경우에 따라서는 현저하게 – 나타날 수밖에 없다.

교착상태와 무한대기가 구별이 안돼서 많이 놀라셨죠?

교착 상태와 매우 유사한 현상을 보이는 또 다른 경우가 있는데요. 이것을 무한 대기(Indefinite Postponement)라고 하지요. 운영체제가 많은 프로세스들의 다양한 요청을 처리해 주다가 보면 몇몇 프로세스가 매우 오랜 시간 동안 서비스를 받지 못하는 경우가 발생할 수도 있어요. 운영체제 역시 프로그램이기 때문에 정해 놓은 규칙에 의해 처리해 주다가 보면, 자칫 이 규칙과는 인연(?)이 없는 – 이 규칙에 의하면 오랜 기간 서비스를 받을 수 없는 – 프로세스들도 생기게 될 가능성이 있고 이들의 사용자들은 마치 자신들이 교착 상태에 빠진 것과 유사한 기분을 느끼게 되겠지요. 이런 현상은 운영체제상의 처리 규칙이 한쪽으로 치우쳐(Biased) 있기 때문에 생기는 거구요. – 운영체제 역시 사람이 만든 거라 모든 경우에 완벽할 수는 없답니다. – 4장에서 배운 프로세스 스케줄링에서 이런 내용에 대해 다룬 적이 있지요. 어쨌든 무한 대기가 교착 상태와 다른 점은 오랜 시간 후에라도 무한 대기로부터 벗어나 – 외부적 조치가 없어도 – 서비스를 받을 수 있다는 것이지요.

6.1.1 자원이란?

교착 상태를 일으키는 원인이 자원(Resource)이란 면에서 또한, 운영체제의 중요한 임무 중의 하나가 자원의 관리라는 점에서, 시스템이 보유하고 있는 자원들에 대한 분류와 이해는 필요하다.

여러분이 가장 많이 듣는 하드웨어와 소프트웨어라는 관점에서 자원을 분류해 보면 눈으로 보고 만질 수 있는 모든 자원들은 하드웨어 자원에 속한다.

Chapter 06 교착 상태(Deadlock)

당연히 하드디스크, 테이프 드라이브, 메모리 등은 하드웨어 자원이다. 반면에 데이터나 메시지 등은 소프트웨어 자원에 속하는 것들이다. 이 정도는 쉬운 얘기니까 그냥 넘어가고 지금부터의 분류는 귀담아 보자.

먼저 선점 가능성에 따라 두 가지로 나뉘는데, CPU나 메모리와 같은 자원처럼 한 프로세스에 의해 사용 도중 선점(Preemption)되어 다른 프로세스에게 할당(Allocation)해 주었다가 이 후 다시 원래의 프로세스에게 돌려주어도 되는 자원들을 선점 가능(Preemptible, 운영체제에 의해 사용 도중 뺏길 수 있는) 자원이라고 하고, 이러한 선점이 불가능한 자원 즉, 선점이 될 경우 자원을 뺏긴 프로세스는 정상적인 진행을 포기해야 하는 불이익을 받게 되는 경우의 자원을 선점 불가능(Nonpreemptible) 자원이라고 한다. 물론 시스템은 이러한 상황을 원치 않으므로 선점 불가능 자원은 사용 도중 뺏을 수 없도록 하고 있다. 예를 들어, 다수의 사용자에게 공유되어 사용 중인 프린터에서 한 사용자가 프린트를 하는 도중에 다른 사용자에게 선점되도록 한다면 프린터 용지에는 여러 사용자의 데이터가 섞여 버릴 수 있고 이것은 누구도 원치 않는 결과가 될 것이다. 이 외에도 테이프 드라이브 같은 것이 선점 불가능 자원에 속한다. 선점이 가능토록 자원을 활용하는 이유는 다중 프로그래밍의 성공을 위해서이며, 선점 불가능 자원은 시스템의 정상적인 진행을 위해 정해진다는 점을 이해하자.

다음으로 자원이 사용되어지는 방식에 따라 나눌 수 있는데, 한 프로세스에게 할당된 자원을 동시에 다른 프로세스가 할당받아 같이 사용할 수 있는지의 여부에 따라 공유 가능(Sharable) 자원과 배타적 사용(Exclusive Use) 자원으로 분류된다. 배타적 사용 자원으로 CPU, 메모리, 테이프, 버퍼(Buffer), 키보드와 모니터 등이 있으며, 공유 가능 자원으로는 공유 가능한 프로그램(시스템 프로그램이나 유틸리티 프로그램 등)과 공유 데이터 등이 있다.

또 다른 관점에서 자원의 속성에 따른 분류를 해보면, 먼저 할당된 자원이 사용 후 반납(Release)되었을 때 자원 자체는 계속 존재하여 또 다른 프로세스에게 할당이 가능하다면 그 자원은 순차적 재사용 가능(Serially Reusable) 자원이라 하는데 이러한 자원은 시스템에서 프로세스들이 아무리 사용해도 없어지지 않고 영구히 존재하는 자원으로 CPU, 메모리, 테이프, 하드디스크, 버퍼, 프로그램 등이 있다. 반대로 사용 후 사라지는 자원은 소모성(Consumable) 자

110

원에 해당하고 일시적으로 생성되었다가 사용된 후 없어지는 시그널(Signal)이나 메시지 등이 여기에 해당된다.

이외에도 몇 가지 분류를 더 할 수 있는데 여기서는 생략하기로 하고 앞으로 설명될 내용에서는 배타적 사용 및 순차적 재사용 가능 자원을 대상으로 하는 교착 상태의 발생과 해결책에 대해 다룰 것이다.

6.1.2 프로세스는?

여러분은 이미 3장에서 프로세스와 관련된 설명을 들었으므로 여기서는 자원과 관련하여 프로세스들이 취할 수 있는 행동에 대해 설명하겠다. 교착 상태란 결국 자원과 이들에 대한 프로세스의 행동에 따라 결정되므로...

실행 중인 프로세스가 자원에 대해 취할 수 있는 행동은 두 가지가 있다. 첫 번째로, 필요한 자원에 대한 요청(Request)을 할 수가 있는데 이때 요청된 자원의 상태에 따라 다시 두 가지의 경우가 발생한다. 요청된 자원이 사용 가능(Available)하다면 – 시스템이 보유하고 있으며, 현재 아무도 사용하고 있지 않은 상태의 자원 – 이 자원을 할당받아 사용하면 될 것이다. 만약 이 자원이 다른 프로세스에 의해 사용 중이라면 반납되어질 때까지 대기 상태로 기다려야 할 것이다. 대기 상태의 프로세스는 자력으로 그 상태에서 벗어날 수 없으며 따라서 자원의 요청이나 반납과 같은 행동은 더 이상 할 수 없다는 점을 기억하자. 두 번째는 사용이 끝난 자원의 반납을 할 수 있다. 물론 자원에 대한 요청과 반납은 실행 중인 프로세스가 시스템 서비스를 호출(System Call)함으로써 운영체제에 의해 이루어지며, 반납된 자원으로 그 자원 때문에 대기 중인 프로세스를 깨우는 것도 운영체제이다.

다른 프로세스가 가졌기 때문에 현재 사용이 불가능한 자원을 요청한 후 대기 상태가 되는 프로세스들이 점점 늘어나 서로 엮임으로써 마지막에는 이들 모두 대기 상태가 되어버리는 현상에 대해 한번 떠올려 보라.

6.1.3 교착 상태의 원인은?

컴퓨터 시스템에서 교착 상태를 발생시키는 근본적인 원인은 아래에 적어놓은 것처럼 4가지가 있다. 이러한 4가지의 조건들이 모두 갖춰질 때 교착 상

Chapter 06 교착 상태(Deadlock)

태가 발생하게 되며, 만약 이 중 하나라도 부정할 수 있다면 – 한 가지 조건이라도 생기지 않도록 할 수 있다면 – 교착 상태는 절대로 발생하지 않는다는 사실을 꼭 알아두자.

- **자원의 배타적인 사용.** 위 6.1.1절에서 자원의 분류를 설명할 때 배타적 사용 자원이라는 것이 있었다는 것을 기억할 것이다. 교착 상태의 발생이 시스템이 보유한 한정적인 자원에 대한 프로세스들의 사용 경쟁 때문이라고 했을 때, 만약 자원이 한정적이라도 모두 공유가 가능한 – 여러 프로세스들이 동시에 사용 가능한 – 자원이라면 교착 상태는 발생할 수 없다. 다시 말하면 시스템이 보유한 자원 중 배타적 사용이 요구되는 자원 때문에 교착 상태가 발생하는 원인이 되는 것이다. 책에 따라 이런 것을 상호배제 조건(Mutual Exclusion Condition)이라고도 한다.

- **자원의 부분 할당(Partial Allocation).** 여러분은 프로세스들이 실행 과정에서 필요한 자원을 확보하고 계속 실행을 해 나가는 도중, 추가로 필요한 자원을 요청했다가 대기 상태가 되면서 교착 상태로 한 걸음 다가서게 된다는 사실을 눈치챘을 것이다. 바꿔 말해 각각의 프로세스는 자신의 실행 전체 과정에서 필요한 자원을 필요할 때마다 일부분씩 확보, 실행해 나가다가 어느 시점에 할당이 불가능한 자원 때문에 이미 확보한 자원들을 소유한 채 대기 상태가 되어 버리는 과정을 겪으면서 교착 상태에 빠질 가능성을 높이는 것이다. 보유와 대기(Hold & Wait) 조건이라 부르기도 한다.

- **자원의 선점 불가능성.** 자원의 종류에는 선점이 불가능한 것도 있음을 배웠다. 선점이 불가능한 자원을 억지로 선점이 되도록 하면 어떨까? 선점의 권한이 주어진 프로세스들은 자원 때문에 대기할 필요가 없으므로 교착 상태라는 것은 없앨 수 있다. 하지만 자신의 자원을 선점당한 프로세스들은 정상적인 실행을 포기해야 한다. 왜냐하면 선점을 당한다는 말은 그 자원을 가지고 해왔던 지금까지의 일을 잃게 된다는 뜻인데 이것은 좀 있다 자세히 설명할 것이다. 결국 자원의 선점 불가능성을 고수할 경우 교착 상태의 원인이 되는 것을 알 수 있다. 이것은 비선점(No Preemption) 조건이라고도 한다.

112

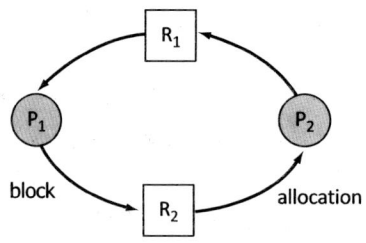

❖ 그림 6.2 두 프로세스의 교착 상태

- **자원에 대한 환형 대기(Circular-Wait).** 프로세스들이 자신의 자원은 보유한 채로 서로 상대방의 자원을 요청하고 결과적으로 대기 상태가 되어버리는 일련의 과정에서 교착 상태가 발생 가능하다고 하였다. 그림 6.2는 두 프로세스 사이에 발생한 교착 상태의 예이다. 동그라미는 프로세스를, 네모는 자원을 나타내며 자원으로부터 프로세스로 향하는 화살표는 할당되었다는 의미로, 프로세스로부터 자원으로 향하는 것은 그 자원으로 인해 대기 상태임을 나타낸다. 그림에서 화살표의 방향을 따라가면 출발점으로 되돌아오는 경로가 있음을 – 즉, 그래프(Graph) 이론에서 일컫는 사이클(Cycle)이 있음을 – 알 수 있으며 이를 환형 대기라 부른다. 교착 상태와 관련하여 필요한 그래프는 조금 후 다시 설명할 것이다.

6.2 교착 상태의 해결

교착 상태의 해결을 위한 기법들은 4가지로 분류할 수 있는데 첫째가 예방(Prevention) 기법이고 두 번째는 회피(Avoidance) 기법이며 세 번째가 탐지(Detection), 마지막으로 복구(Recovery) 기법이다. 예방은 교착 상태를 아예 발생되지 않도록 하겠다는 것이며, 회피 역시 프로세스들이 교착 상태를 피해가도록 하는 방법이다. 반면에, 탐지는 교착 상태가 발생되도록 놓아두었다가 발생 시 또는 발생 후에 교착 상태를 탐지하여 조치하는 방법이며 이것은 복구 작업을 수반하므로 탐지와 복구는 같이 묶어 하나로 보아도 좋다.

Chapter 06 교착 상태(Deadlock)

니들이 교착 상태를 알아?

예전에는 시스템의 운영 도중에 교착 상태가 발생함을 알고 있었지만 이것을 해결하기 위한 구체적인 노력을 별로 하지 않았어. 왜냐하면 교착 상태라는 것이 자주 발생하는 일도 아닌데 이것을 해결하기 위해 필요한 경비, 이를테면 해결 프로그램의 실행에 소요되는 시간과 자원이 장난이 아니었거든. 그래서 그냥 교착 상태가 생기면 해당 프로세스를 죽이거나(Kill), 시스템을 다시 재부팅(Rebooting)해서 해결했지. 하지만 요즘은 얘기가 달라. 컴퓨터로 하는 일이 전보다 훨씬 복잡하고 다양하다는 건 누구나 아는 거고... 분산(Distributed) 또는 병렬(Parallel)처리가 일상이 되면서 시스템 내의 프로세스가 아주 많아졌고, 어차피 자원들은 그 비율만큼 늘어날 수는 없으니 결국 한정적인 자원에 대한 프로세스들의 경쟁은 더 치열해질 수밖에 없고 교착 상태의 발생 가능성이 그만큼 높아지게 됐거든. 더구나 실시간 시스템의 경우에 완료 시간을 맞춰야 하는 프로세스가 교착 상태에 빠진다는 것은 상상하기도 싫은 거지. 그러니 이제는 교착 상태에 대해 보다 깊은 관심과 연구가 필요할 수밖에 없게 된 거지.

6.2.1 예방 기법

우리는 위에서 교착 상태가 발생되는 4가지 원인을 본 적이 있다. 예방 기법이란 이런 조건 중 하나를 없앰으로써 – 발생 원인의 하나를 제거함으로써 – 교착 상태의 발생 자체를 막도록 한 방법이며 지금부터 하나씩 살펴보기로 하자.

6.2.1.1 자원의 배타적 사용 조건을 배제

이것은 모든 자원을 공유 가능 자원으로 하여 교착 상태의 발생을 차단하겠다는 의도이다. 불행하게도 시스템이 보유한 자원 중에는 배타적으로 사용할 수밖에 없는 자원들도 있다. 자원을 설명하면서 예를 든 프린터나 테이프 장치 등은 프로세스들이 차례로 사용해야 하는 자원으로 공유가 가능한 자원이 될 수가 없다. 결론적으로, 이 조건을 배제하여 교착 상태를 예방하기는 불가능하다.

6.2.1.2 자원의 부분 할당을 배제

부분 할당을 없앤다는 말은 모두 할당(Total Allocation)하겠다는 뜻이 된다. 즉, 프로세스들은 각자 자신이 필요한 모든 자원을 미리 할당받아 실행을 시작하도록 하는 방법이다. 이렇게 되면 실행 도중 자원을 요구할 일도 없고 따라서 대기 상태가 될 일도 없게 될 것이며 결과적으로 교착 상태는 발생될 수 없는 것이다. – 이렇게 간단하고 깔끔해 보이는 방법이 있는데 뭐 하러 머리 아프게 다른 방법들을 알아야 할까 하고 생각하는 사람이 여러분 중엔 없었으면 하는 작은 소망이 있다.

이 방법에 대해 좀 더 따져 보기로 하자. 위에서 설명된 내용을 다르게 표현하면 필요한 모든 자원이 확보되지 못한 프로세스는 대기 상태에 있게 된다는 것과 같다. 사실 일이 시작될 때부터 모든 자원이 있어야 할 경우란 거의 없으며 당장은 그 중 몇 개만이 실제로 사용되는 것이 일반적인 상황일 것이다. 즉, 일부 자원만 확보되면 시작할 수 있음에도 불구하고 모든 것을 할당받을 때까지 기다려야 하고, 할당이 가능했던 일부 자원들은 사용되지 못해 낭비되는 현상이 발생하게 되는 것이다. 모든 자원이 확보되어 실행을 시작할 경우에도 시작 시점에서 할당된 자원들이 실제로 사용되는 시점까지는 역시 낭비되는 것이다. 한마디로 심각한 자원의 낭비가 초래되는 방법이라는 것을 알아두자. 이 방법의 또 다른 문제점은 무한 대기를 겪게 될 프로세스가 발생할 수 있다는 점이다. 필요한 모든 자원 중 대부분이 할당 가능하지만 그 중 한 두 개가 다른 프로세스가 사용 중이라서 대기하던 프로세스에게 시간이 흐른 후 대기의 원인이었던 그 한 두 개가 사용 가능해졌다고 하자. 하지만 이번에는 아까 할당이 가능했던 자원 중 몇 개가 그 동안 다른 프로세스에게 할당되어 버려 다시 대기를 해야 하는 상황이 반복해서 발생한다면, 이 프로세스는 계속해서 실행을 늦출 수밖에 없을 것이다.

6.2.1.3 자원의 선점 불가능을 배제

모든 자원이 선점 가능하도록 할 경우 교착 상태는 발생하지 않을 것이라는 점을 고려한 해결책이다. 물론 가능한 말이기는 하지만 선점이 불가능한 자원을 선점 가능한 자원으로 만들 경우 발생될 문제 역시 만만치가 않을 것이다.

Chapter 06 교착 상태 (Deadlock)

이 방법의 요체는 일부 자원을 가지고 실행하던 프로세스가 현재 할당이 불가능한 자원을 요청할 경우 자신이 보유하고 있던 자원을 내 놓게 함으로써 – 선점이 되어 버린다는 것과 같은 의미 – 비선점 조건을 없앤다는 것이다. 자원을 반납시킨 프로세스는 나중에 필요한 자원을 다시 한꺼번에 요청하여 일을 진행할 수 있도록 할 것이다. 그렇다면 실행 도중 보유한 자원을 내어놓게 되는 프로세스는 어떤 일을 겪게 되는 것일까? 비정상적인 종료와 함께 심할 경우 처음부터 다시 시작해야 하는 불이익을 받게 되는 것이며, 이 말은 반납되어진 자원들을 사용하여 지금까지 해 왔던 일들이 모두 무효가 됨으로써 결과적으로 그 동안 가동되었던 모든 자원들은 사실상 낭비된 결과가 되는 것이다. 더욱이 이러한 비정상적인 종료가 자주 발생할 경우 자원의 낭비는 물론 해당 프로세스는 정상적인 종료를 해 보지도 못하고 계속해서 "처음부터 다시" 해야 하는 무한 대기도 겪게 될 가능성이 매우 높다.

6.2.1.4 자원의 환형 대기 상황을 배제

우선 그림 6.2를 다시 한 번 보자. 이 그래프는 처음부터 이렇게 만들어진 것이 아니라 먼저 P1과 P2가 각각 R1과 R2를 요청 후 할당받고, 그 다음에 P1과 P2가 각각 상대방이 가진 R1과 R2를 요청 – 누가 먼저 요청했는지는 알 수 없지만 상관이 없다. – 한 후 대기 상태가 되었을 것이라는 걸 짐작할 수 있을 것이다. 결국 대기와 할당을 나타내는 화살표가 사이클을 형성하여 환형 대기가 되었으며 이른바 교착 상태인 것이다. 여기서 한 가지 재미있는 가정을 해 보자. 자원 R1과 R2를 일직선상에 순서를 정해 놓은 후 P1과 P2는 자원의 요청을 순서대로 한 방향으로만 할 수 있도록 한다면 어떻게 될까? 다시 말해 모든 프로세스는 자신의 실행 동안 필요한 자원들을 실제로 사용할 시기와 상관없이 시스템에서 정해놓은 순서에 따라 가져가도록 한 것이다. 예를 들어, R1을 첫 번째로 R2를 두 번째로 하고 이 순서대로만(오름차순으로만) 요청하도록 한다면 P1이 R1을 먼저 확보했을 경우에, P2는 순서를 지켜야 하므로 – P2는 실행을 위해 R1과 R2가 있어야 하고, 그 중에 R2가 먼저 필요하지만 R2를 가지기 위해서는 R1을 먼저 확보해야 하는 순서를 지켜야 하므로 – R1을 먼저 요청해야 하는데 R1은 이미 P1에게 할당되었기 때문에 (R2가 사용 가능한 경우와 상관없이) 대기 상태가 될 것이다. 결국 R1을 확보한 P1이 R2도 할당받

116

아 실행을 완료하게 되면 P1이 반납한 R1과 R2를 P2가 할당받아 역시 실행을 완료하게 되므로 교착 상태는 발생하지 않음을 알 수 있다. 종합해 보면 자원들의 순서를 정하고 프로세스들은 이 순서를 지켜 요청하도록 함으로써, 모든 화살표가 한 방향으로만 생성되도록 하여 사이클이 발생될 소지를 없애 교착 상태를 없앤 방법이라는 것을 알아차렸을 것이다. 더 많은 개수의 프로세스와 자원들에 대해 이 방식을 일반화하여 실제 시스템에 쉽게 적용할 수 있을 것이다. 세상엔 공짜가 없듯이 이 방식 역시 위에서 지적하고 있는 자원의 낭비와 프로세스의 무한 대기를 피해 갈 수 없다. 순서를 지켜야 하기 때문에 당장 필요 없는 자원을 먼저 할당받아야 하고, 실제로 필요한 자원을 확보하기 위해 지금 당장 필요 없는 순서상의 하위 자원들을 확보하느라 많은 시간을 보내야 하는 프로세스도 생길 것이다.

위에서 열거한 예방 기법들은 교착 상태에 관한 한 확실하고 명쾌한 해결책이다 – 교착 상태를 아예 발생되지 않도록 한다는데 무슨 말이 더 필요할 것인가. 하지만 이 방법들의 가장 큰 문제점은 역시 자원의 심각한 낭비와 특정 프로세스의 무한 대기 가능성이다.

6.2.2 회피 기법

이 방법 역시 프로세스들의 대기 상태가 길어질지언정 교착 상태로 가는 것은 막겠다는 점에서 예방 기법과 다를 바가 없다. 다만, 예방 기법에서는 교착 상태의 발생 조건을 배제하는 방식을 사용하였고 회피 기법에서는 다른 알고리즘(Algorithm)을 선보일 것이다. 자원의 낭비는 예방 기법보다는 덜하나 여기서도 꽤 발생한다.

회피 기법의 대표적인 알고리즘은 Dijkstra의 은행가 알고리즘(Banker's Algorithm)이다. 우선 이 알고리즘을 설명하기 전에 필요한 개념들을 정리해 보자.

Chapter 06 교착 상태(Deadlock)

6.2.2.1 안전 상태(Safe State)

시스템에 있는 모든 프로세스가 유한(Finite) 시간 내에 정상적으로 종료될 수 있는 상태를 말하며 그렇지 못할 경우를 불안전(Unsafe) 상태라고 한다.

부연하자면, 안전 상태란 교착 상태가 발생할 수 없는 상태를 말하며, 불안전 상태라고 해서 그것이 곧 교착 상태임을 의미하는 것은 아니지만 불안전 상태는 교착 상태로 갈 가능성이 있으며 그럴 경우의 방지책이 없음을 뜻한다. 결국 회피 기법은 시스템의 상태가 안전 상태로만 가도록 지속적으로 제어해 나가는 것이며, 이것은 각 프로세스의 자원에 대한 요청을 해당 자원이 사용 가능하다고 해서 할당하는 것이 아니라 할당의 결과 시스템이 계속 안전 상태가 되느냐에 의해 결정함을 뜻한다. 그림 6.3은 안전, 불안전 그리고 교착 상태의 관계에 대해 보여주고 있다.

은행가 알고리즘이 제대로 작동하기 위해서는 시스템에 대한 몇 가지 가정이 요구되는데 다음과 같다.

❶ 시스템 내의 프로세스 수가 고정되어 있어야 한다.
❷ 자원의 수 역시 고정되어 있어야 한다.
❸ 각 프로세스가 요구할 자원의 최대 개수가 알려져야 한다.
❹ 각 프로세스는 할당받은 자원을 사용 후 반드시 반납하여야 한다.

조금만 생각해 보면 위와 같은 가정들이 – 특히 ❶이나 ❸과 같은 – 현실적으로 지켜지기 힘들다는 것을 알 수 있으며, 그런 이유로 은행가 알고리즘은 교착 상태를 말할 때 이론적인 접근의 방편으로 언급된다. 다만, 위와 같은 조건이 충족되었을 경우에 회피 기법은 예방 기법에서는 시작도 못하고 있던 프

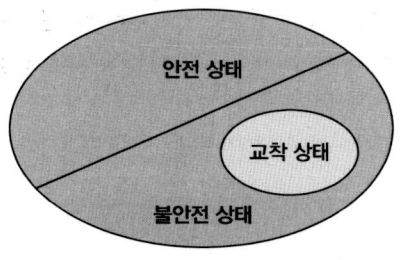

❖ 그림 6.3 안전, 불안전, 교착 상태의 관계

118

로세스를 실행시킬 수 있다는 점에서 자원 낭비의 감소 – 예방 기법과 비교했을 때 – 를 기대할 수 있다.

6.2.2.2 Dijkstra의 은행가 알고리즘

현재 시스템의 상태가 표 6.1과 같다고 하자. 프로세스는 3개로 고정되어 있고 이들의 현재 보유량, 최대 요구량과 함께 현재 시스템이 할당해 줄 수 있는 여유량이 나타나 있다. 이 상태는 안전한가?

표 6.1

프로세스	현재 보유량(Current Loan)	최대 요구량(Maximum need)
P1	1	4
P2	4	6
P3	5	8
여유량(Available)	2	

우선 각 프로세스가 현재의 보유량을 유지한 채 앞으로 더 요구할 가능성이 있는 자원의 수는 최대 요구량과 현재 보유량의 차이가 될 것이며, 시스템이 보유한 전체 자원의 수는 각 프로세스의 현재 보유량과 여유량을 합친 것이라는 점은 쉽게 알 수 있을 것이다. 결론부터 말하면 이 상태는 안전하다. 왜냐하면 P2가 더 요구할 최대량이 2개이며 이것은 시스템이 현재 가지고 있는 여유량을 넘지 않는다. 따라서 P2의 요청에 여유량을 할당해 주어 P2의 성공적인 종료를 유도하고, 결과적으로 반납되는 6개의 자원을 여유량으로 확보하면 P1과 P3의 어떤 요청도 할당 가능하기 때문이다. 결국 안전 상태의 판단은 "현 상태에서 모든 프로세스가 정상적으로 종료할 수 있는 길이 적어도 하나 이상 있는가"에 달려 있다.

이번에는 불안전 상태의 예를 보자. 안전 상태인 표 6.1에서 P3가 하나의 자원을 더 요청하고 할당해 주었다면 그 결과는 표 6.2와 같게 될 것이다.

Chapter 06 교착 상태(Deadlock)

표 6.2

프로세스	현재 보유량(Current Loan)	최대 요구량(Maximum need)
P1	1	4
P2	4	6
P3	6	8
여유량(Available)	1	

현재의 여유량인 1개의 자원으로는 어떤 프로세스도 향후 자신의 최대 요구량에 이르지 못하는 상태가 되어 불안전 상태가 된다. 다시 말하면 표 6.1의 상태에서 P1이나 P3의 자원 요청은 그 결과가 불안전 상태이므로 할당해 주지 않고, P2의 요청만을 받아들임으로써 시스템의 상태를 안전 상태로 계속 유지해 나가는 것이 은행가 알고리즘의 요지라 할 것이다.

은행가 알고리즘과 같은 방식이되 자원에 대한 정의를 좀 더 넓혀 개발된 회피 기법으로 Habermann의 알고리즘이 있으나 여기서는 생략하고 다음으로 탐지 기법에 대해 알아보자.

6.2.3 탐지 기법

예방이나 회피 기법과는 달리 탐지 기법은 교착 상태를 찾아낸다는 말이고, 이 말은 곧 교착 상태의 발생이 허용되고 있다는 뜻이 된다. 교착 상태의 발생을 막기 위한 사전 조치를 취하지 않는 경우 언젠가는 발생할 터이고 이것을 어떤 방법으로든 찾아내어 적절한 대응을 하겠다는 것이 탐지 기법이다. 그렇다면 어떻게 찾아낼까? 탐지를 위한 프로그램 - 당연히 이것도 운영체제 내의 한 프로그램이다. - 이 실행됨으로써 가능할 텐데 알다시피 프로그램이란 사람처럼 눈과 귀 또는 손이 있는 게 아니기 때문에 우리가 하듯이 사물을 분간해 낼 재간이 없다. 그렇다면 탐지 프로그램이 알 수 있는 적당한 형태로 시스템 내에 표현되어 있어야 할 텐데 최소한 "어떤 프로세스가 어떤 자원을 가지고 있는가?", "어떤 프로세스가 어떤 자원에 의해 대기 상태가 되어 있는가?" 의 정보는 있어야 한다.

교착 상태의 탐지를 위해 현 시스템의 상황 - 위에서 말한 정보들을 나타내

120

는 - 을 그래프로 많이 표현하는데, 이것을 자원 할당 그래프(Resource Allocation Graph, RAG)라 부르며 여러분이 이미 본 적이 있는 그림 6.2와 같은 것이 그것이다. 물론 RAG 역시 사람이 보기에 적당한 형태이나 이것은 바로 컴퓨터에 적합한 형태로 바뀔 수 있으므로 걱정하지 않아도 좋다.

잠깐 또 안내 말씀 드리겠습니다.

운영체제가 하는 대부분의 일이 자원을 관리하는 것이라는 말씀을 드린 적이 있지요. 그래서 어떤 사람들은 아예 운영세세를 다른 말로 자원 관리자(Resource Manager)라고 부르기도 하지요. 운영체제도 프로그램이라 관리할 자원들에 대한 여러 자료들은 프로그램이 사용할 수 있는 형태로 표현되어져 있어야 할 거예요. 예를 들어 우리가 눈으로 보고 "메모리가 얼마 있구나." 할 때, 실제 시스템에서는 메모리를 관리하기 위한 여러 정보들이 테이블(Table)과 같은 형태로 저장이 되어 있어서 이것을 읽고 현재의 메모리 용량을 알게 되지요. 추가로 메모리를 확장하면 운영체제는 그 정보를 관련 테이블 내의 메모리 용량을 나타내는 곳의 값을 변경해 표시해 두는 것이구요. 물론 프로세스의 생성과 소멸 역시 이들을 나타내고 있는 관련 테이블에 대한 추가, 수정, 삭제 작업으로 이루어지는 것이 되겠어요. 자. 정리를 해 볼까요. 운영체제가 관리하는 모든 자원들은 그들에 대한 정보가 프로그램이 처리할 수 있는 형태로 저장되어 있고 - 자원마다 다양한 형태 또는 구조로 저장되어 있는데 표(Table)뿐만 아니라 배열(Array), 벡터(Vector), 행렬(Matrix), 리스트(List) 등등이 있지요 - 이들에 대한 관리 작업이란 실제로는 저장된 자료에 대한 읽기와 쓰기, 수정 및 추가, 삭제 등의 실행을 하는 것이랍니다.

탐지를 위해 사용되는 RAG에 대해 좀 더 알아보자. RAG를 설명하기 위한 그래프 이론이 약간 등장하는데, 프로세스와 자원 및 화살표 부분의 설명을 제외하곤 적당히 보고 넘겨도 되겠다.

❶ RAG는 방향성(Directed) 이분(Bipartite) 그래프이며 노드(Node)와 에지(Edge)들로 이루어져 있다. 노드들은 프로세스와 자원들을 표현하며 에지(화살표를 말함)들은 프로세스와 자원들 간의 할당과 대기 상황을 나타낸다. 참고로 이 장에서는 프로세스 노드를 동그라미로, 자원 노드를 네모로 표현하였으며 자원으로부터 프로세스로 향하는 에지는 할당되었다는 의미

로, 프로세스로부터 자원으로 향하는 것은 그 자원으로 인해 대기 상태임을 나타낸다. 덧붙여 설명하면 프로세스로부터 자원으로 향하는 에지는 보통 두 개의 의미를 가지는데 하나는 요청 중이라는 것과 또 하나는 대기 상태가 되었다는 것이다. 즉, 에지 하나가 경우에 따라 다르게 해석될 수 있다는 의미이고, 이런 경우 RAG로 교착 상태를 탐지하는 작업이 훨씬 어려워지므로 요청 중이라는 상황이 생기지 않게 시스템이 바로 대처하면 – 할당 아니면 대기로 바로 결정해 준다는 말이며 이것을 즉시 할당 상태 (Expedient State)라 부른다. – 에지들의 방향이 나타내는 상황이 할당 아니면 대기와 같이 두 가지로 분명해져 탐지 작업이 용이하다.

❷ RAG에서 자원 노드는 그 자원의 형(Type)을 나타내고 그 안의 작은 동그라미가 자원의 개수를 나타낸다. 즉, 한 자원 형에 여러 개의 자원이 있을 수 있음을 나타낸다.

❸ 한 자원 형에는 자원의 개수를 나타내는 정수(ti)가 있으며, 임의의 노드 a 로부터 다른 노드 b로 향하는 에지의 개수는 |(a,b)|로 표현한다.

이렇게 구성된 RAG는 현 상황에서 "어떤 프로세스가 어떤 자원을 가지고 있는가?"와 "어떤 프로세스가 어떤 자원에 의해 대기 상태가 되어 있는가?"를 잘 나타내고 있으며 여유량이 있는 자원 및 대기 상태가 아닌 프로세스들에 대한 정보도 알려줄 수 있다. 시스템에서 요청과 할당 그리고 대기와 같은 일이 발생할 때마다 운영체제는 이 사실들을 RAG에 반영하고 – 프로세스와 자원의 생성과 소멸은 해당 노드의 추가와 삭제로, 자원에 대한 할당과 반납, 대기는 해당 에지의 추가와 삭제로 RAG를 수정하고 – 이렇게 관리되어 온 RAG에 대한 그래프 제거(Graph Reduction)법으로 교착 상태를 탐지하게 되는 것이다.

즉시 할당 상태를 가정하면 RAG에서 자원으로 향하는 에지가 없는 프로세스란 대기 상태가 아닌 즉, 활동이 가능한 프로세스이며 이를 unblocked process 또는 싱크(Sink)라 부른다. 6.1.2절에서 설명한대로 이런 프로세스들이 자원에 대한 요청이나 반납의 실행을 할 수 있으며 그 결과 RAG도 변경시킬 수 있는 것이다.

탐지는 먼저 주어진 RAG에서 싱크 프로세스들을 찾은 후, 그 중 하나의 싱크로부터 시작한다. 먼저 선택된 임의의 싱크로 들어오는 방향의 모든 에지, 다시 말해 이 싱크에게 할당된 자원들로부터 이 싱크 방향으로 표시된 모든 에지들을 제거한다. 이것은 무엇을 의미할까? 싱크는 반납을 할 수 있으므로 "만약 이 싱크가 가지고 있는 자원들을 모두 반납한다면 그 결과 RAG는 어떻게 될까?"를 실제로 적용시켜 보는 것과 같다. 이렇게 되면 반납된 자원들 때문에 이전에 대기가 되었던 프로세스들이 이 자원을 할당받을 수 있게 될 것이고 따라서 이들 역시 싱크의 대열에 합류할 수 있을 것이다. RAG의 모든 싱크에 대해 이 작업을 계속하여 에지가 모두 제거되어 버리면(Completely Reducible) 교착 상태가 없다고 판단하게 되며, 만약 지워지지 않는 에지들이 있다면(Irreducible) 이 에지들에 연결되어 있는 프로세스들이 교착 상태에 빠져 있는 것으로 결론이 날 것이다. 어떤 싱크로부터 어떤 순서로 제거해 갈 지에 대해서는 걱정하지 않아도 좋다. 제거 작업에서 어떤 순서로 해도 결과는 같다는 사실이 밝혀져 있으므로...

백문이 불여일견이니 **그림 6.4**를 보자. R1형과 R2형은 각각 2개와 1개의 자원을 가지고 있고 현재 싱크는 P3 밖에 없으므로 P3으로 향하는 에지를 제거하고, 그 결과 반납되는 자원을 P2에게 할당해 준다면 P2가 싱크가 되어 다시 에지들이 제거될 수 있을 것이다. 최종적인 결과에서 보듯이 모든 에지가 제거되므로 제거 전의 원래 RAG에 교착 상태는 없다고 밝혀지는 것이다. **그림 6.5**에는 P2에서 R1로 향하는 에지가 2개 보이는데 이것은 R1형의 자원 2개가 한꺼번에 필요하다는 요청을 나타낸다. P3으로부터 제거를 시작한 후 그 다음 상황에서 반납된 자원이 P2를 싱크로 만들어 주지 못함을 알 수 있다. 왜냐하면 아직 한 개가 더 필요하고 이것은 P1이 가지고 있기 때문이다. 즉, 더 이상 에지를 제거해 줄 싱크가 없으며 따라서 애초의 RAG에 교착 상태가 있다는 것을 탐지하게 된다.

탐지 기법에 사용되는 또 다른 하나는 그래프 탐색(Search) 방법이다. 잘 생각해 보면 자원의 할당이나 반납은 교착 상태와는 거리가 멀다는 것을 알 수 있다. 즉, 요청 후 대기 상태로 될 때가 교착 상태를 형성시킬 가능성이 있는데, 이때의 대기 상황을 나타내는 에지로부터 방향을 따라 경로(Path)를 탐색해 보면 두 가지 결론 중 하나가 가능하다. 먼저 탐색 도중 싱크가 발견되면 교착 상태는 없다고 판단한다. 다시 말해 애초에 대기 상태를 만든 요청은 단

Chapter 06 교착 상태(Deadlock)

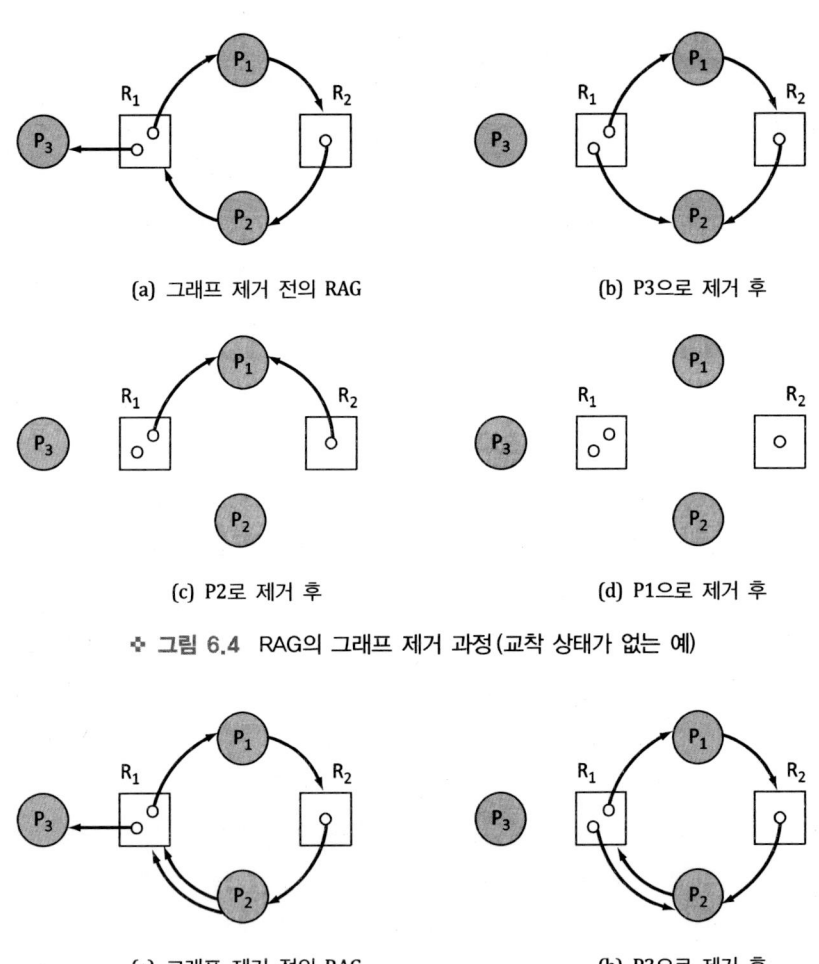

(a) 그래프 제거 전의 RAG   (b) P3으로 제거 후

(c) P2로 제거 후   (d) P1으로 제거 후

❖ 그림 6.4 RAG의 그래프 제거 과정(교착 상태가 없는 예)

(a) 그래프 제거 전의 RAG   (b) P3으로 제거 후

❖ 그림 6.5 교착 상태가 있는 예

순한 대기일 뿐이며 교착 상태로까지 만들지는 않는 행동이었다는 것이다. 두 번째로 노드 자신으로 되돌아오는 사이클이 발견되면 교착 상태가 된 것으로 판단할 수 있다. 중요한 것은 사이클의 발견이 곧 교착 상태라고 보는 것은 모든 자원 형이 한 개씩의 자원을 가질 경우이며, 그렇지 않을 경우의 사이클 발견은 단지 교착 상태의 가능성을 높이는 필요조건일 뿐이다. 부연하면, 한 자원 형에 다수 개의 자원이 있을 경우에는 노트(Knot)라는 자료 구조의 발견이 곧 교착 상태의 발견이 된다. 예를 들어보자. 그림 6.6은 그림 6.4의 바로 전 단계 중 하나의 예이다. 이 상황에서 P2가 R1을 요청하게 되면 대기하게 될 것

124

6.2 교착 상태의 해결

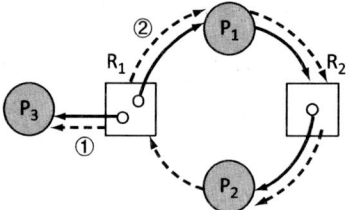

❖ 그림 6.6   그림 6.4 (a)의 전 단계(교착 상태가 아닌 예)

이며 이때 경로 – 점선으로 표시 – 를 따라 탐색해 보면 ①의 경우 바로 싱크인 P3을 만나게 되고 교착 상태가 아님을 판단한다. 만약 ②의 경로로 먼저 탐색했을 경우 – 이때 ①의 경로 정보는 다음 탐색을 위해 저장한다는 사실을 알아두자. – 에는 P2 자신으로 되돌아오는 사이클이 있음을 알게 되는데, 아직 ①의 경로 탐색이 남아 있고 이 경로의 탐색 결과 싱크를 발견하게 되므로 역시 교착 상태가 없음을 확인하게 되어 P2의 R1에 대한 요청은 단순히 대기 상태를 만들뿐이라는 사실과 함께 이를 나타내는 에지가 추가되고 결과의 RAG가 **그림 6.4**처럼 되는 것이다. 경로의 탐색 시 한 가지 알아둘 것은 싱크가 발견되면 교착 상태가 없다는 것을 결론짓고 나머지 경로는 더 탐색할 필요가 없다는 것이며, 그렇지 않을 경우 모든 가능 경로를 탐색해도 싱크가 발견되지 않는다면 교착 상태가 있다는 점이다. 이 이상의 설명은 좀 더 전문적인 부분이라 여기서는 생략하기로 하고, 덧붙여 소모성 자원이 포함된 경우의 탐지 역시 여기서 다룰 범위를 벗어나므로 건너뛰기로 하자.

6.2.4 복구 기법

복구 기법이란 말 그대로 교착 상태로부터 벗어나기 위한 방법이다. 그렇다면 교착 상태의 원인은 무엇이었던가? 모자란 자원과 이것을 요청하고 대기 상태가 되는 프로세스들 때문이었다. 결국 교착 상태에 포함되어 있는 한 개 이상의 프로세스를 강제로 종료시켜 이들로부터 반납되는 자원들을 나머지 프로세스들에게 줌으로써 해결하거나, 아니면 교착 상태를 벗어나기 위해 필요한 추가의 자원을 어디서든 갖고 와 할당해 줌으로써 해결할 수밖에 없다. 따라서 복구 기법은 두 가지 방식으로 나뉜다.

125

Chapter 06 교착 상태 (Deadlock)

◢ 프로세스의 종료 (Process Termination) 방식

교착 상태를 형성한 프로세스들 중 몇 개를 강제로 종료시켜 이들로부터 반납된 자원으로 복구를 하게 되는데 문제는 어떤 프로세스들을 종료시킬 것인가이다. 강제로 종료된 프로세스들은 지금까지 해 왔던 일을 포기하게 되고 기회가 왔을 때 다시 자원들을 할당받아 일을 새로 시작해야 하는 희생이 요구되므로, 이러한 희생을 최소화할 수 있기 위해 종료 비용(Termination Cost) – 강제 종료되는 프로세스가 잃게 되는 일의 양으로부터 산출되는 비용 – 이라는 것을 따져 교착 상태로부터 복구될 때까지 종료 비용이 최소인 프로세스부터(Lowest-termination-cost Process First) 종료시켜 나간다.

조금 다른 방법으로 교착 상태에 있는 프로세스들의 집합에서 가능한 모든 부분집합을 만들어 이 집합들에 속하는 프로세스들을 종료시켰을 경우의 비용을 따져 역시 최소의 비용이 드는 부분집합에 속하는 프로세스들을 한꺼번에 종료시키는 방식을 취하기도 한다. 두 방식 모두 결국은 종료 비용의 최소화가 관건임을 알 수 있다. 종료 비용은 여러 가지 잣대들로 산정되는데 이를테면 프로세스의 우선순위(Priority)나 종류, 실행된 시간의 크기, 남은 시간 등이다. 우선순위가 낮은 것, 실시간이 아닌 것, 실행된 시간이 적은 것, 남은 시간이 큰 것에 해당될수록 종료 비용이 싸다고 보는 것이다.

첫 번째 방법은 비교적 간단하나 프로세스 하나를 종료시킬 때마다 교착 상태가 제거되었는지 알아보아야 하며, 두 번째 방법은 최소 비용의 프로세스들을 고를 수는 있으나 모든 부분 집합에 대해 비용을 계산하기가 복잡하고 힘들다는 것이다.

◢ 자원의 선점에 의한 방식

바로 위 6.2.4절에서 필요한 자원을 어디서든 가지고 와야 한다고 했는데 그럼 어디서 가져올까? (노파심에서 하는 말이지만 새로 구입해서 해결하겠다는 생각은 하지 말기 바란다) 교착 상태에 있는 프로세스들이 요구하는 자원이 지금 남아 있다면 애초에 교착 상태에 빠지지도 않았을 것이 자명하므로, 현 상황에서 그 자원들은 이미 누군가에 의해 사용 중이라는 말이 된다. 결국 필요한 자원을 가지고 있는 프로세스로부터 강제로 뺏어 – 선점하여 – 교착 상태에 있는 프로세스들에게 줌으로써 해결하는 수밖에 없다. 얼핏 듣기에 프로세스 종료 방식과 다를 게 없어 보이지만 이 방식에서 자원을 선점 당하는 프로세스는 교착 상태와는 전혀 상관이 없지만 – 전혀 다른 곳에 있지만 – 단지 해당 자원을 가지고 있다는 이유 때문에 선택될 수 있다는 것이다. 물론 이 방식에서도 선점 시의 최소 비용은 따져야 한다.

프로세스의 강제 종료는 그 동안의 일을 없던 것으로 하고 처음부터 다시 해야 하기 때문에 복구 비용을 키우는 주요인이 되며 시스템의 입장에서는 큰 낭비 요인이다. 특정 프로세스의 입장에서는 종료 비용을 계산하는 근거에 계속적으로 해당될 경우 반복적인 종료를 겪을 수 있어 매우 불이익을 받게 될 수도 있을 것이다.

강제 종료 시의 낭비를 줄이기 위한 방법으로 검사점 지정(Checkpointing)과 재시작(Restart)을 들 수 있다. 프로세스들은 실행의 중간 중간에 그 시점까지의 실행 결과를 보존하고 표시를 해 두는데 이를 검사점(Checkpoint)이라 하며 강제로 종료될 때는 아예 처음으로 돌아가는 것이 아니라 가장 최근의 검사점부터 차례로 하나씩 되돌리는 것이다. 이 과정에서 교착 상태를 벗어날 수 있다면 종료된 프로세스는 처음부터가 아니라 최종적으로 되돌려졌던 검사점에서 보존된 내용으로 재시작을 할 수 있어 잃게 되는 일의 양을 최소화할 수 있다.

동전 세다가 전화 받았고! 숫자를 까먹어 처음부터 다시 세야 할 뿐이고!

지금부터 돼지 저금통을 열어 모두 얼마인지 세어 보자. 100원. 200원.........9,300원. 9,400원.... 동전을 한참 세고 있는데 전화가 와 받고 나니 이럴 수가! 지금까지 센 액수를 잊어버리고 말았다. 눈물을 머금고 다시 처음부터 셀 수밖에......

난 그 뒤부터 동전을 셀 때 항상 천 원 단위로 열 개씩 쌓아 가며 미연의 사태에 대비를 한다. 그리고 오늘 나는 다시 동전을 세고 있다. 100원. 200원.....1,000원. 아! 한쪽으로 세워 둬야지. 다시 100원. 200원......... 이렇게 9,000원까지는 10개씩 쌓은 9개의 동전 탑이 있고 다시 100원. 200원.....700원 하고 있는데 또 전화가 왔다. 한참의 통화를 마친 후 다시 세려고 하니 마지막 숫자가 얼마였는지 도무지 기억이 나질 않는다. 하지만 다행스럽게 9,000원까지 센 것은 쌓아놨기 때문에 9,100원부터 다시 세어나가면 되는 것이다.

여러분은 여기서 무엇을 느꼈는가?

Chapter 06 교착 상태(Deadlock)

1,000원씩 쌓아 놓은 탑들은 검사점이며, 기억이 나지 않아 9,100원부터 세는 것은 재시작이다. 물론 마지막 700원까지의 셈은 재시작으로 잃게 되는 시간과 노력 즉, 종료 비용인 것이다. 처음부터 다시 세지 않는 것이 얼마나 다행인가?

위의 예처럼 운영체제의 여러 기법들은 일상생활에서 흔히 경험하는 일과 그 해결책들을 응용하고 있다 – 이것을 유식한 말로 Heuristic이라고 한다. 앞으로 여러분이 시스템과 관련하여 어떤 해결책이 필요한 경우에는 이런 점을 떠올려 보기 바란다.

중요한건 필기했음 하는 바램인거죠!

메모리 관리

프로그램이 실행되기 위해서는 메모리에 올라와 있어야 한다는 것은 자주 말해 온 사실이다. 따라서 메모리를 잘 관리하면 프로그램의 실행 성능을 높여 CPU 의 효율적인 사용과 사용자에게의 **빠른** 응답성을 가능하게 하므로, 운영체제의 효과적인 메모리 관리는 당연히 요구되는 일이다.

데이터의 저장이 목적인 큰 용량의 보조기억 장치(편의를 위해 디스크라고 부르겠다)에 반해, 메모리는 실행될 프로그램을 위한 적재 장소로서 그 크기 가 디스크보다는 매우 작다. 따라서 디스크에 있는 많은 프로그램 중 몇 개를 메모리의 어디에 어떻게 적재할 것인가가 메모리 관리 기법에서 다룰 내용들 이다. 먼저 메모리의 구성 방식을 알아보고, 그 다음 주어진 구성과 연관하여 시스템의 성능을 고려한 관리 기법들을 차례로 알아볼 것이다.

참고로, 하나의 프로세스가 실행될 때 그 일은 프로그램이 표현하고 있으므 로, 이 장에서 프로그램과 프로세스라는 말은 특별한 경우가 아닌 한 병용해 서 사용할 것이다. 그리고 하나 더. 이 장에서는 프로그램이 나눠지지 않고 전 부, 그리고 연속적(Contiguous)으로 메모리에 적재되는 경우를 다룰 것인데, 이런 방식은 시기적으로 오래되어 뒤떨어진 것들이지만 관리 기법의 발전 과 정을 배우고, 이것을 바탕으로 더 좋은 기법을 생각해 내는데 유용하다. 실제 로 여러분이 사용하는 거의 대부분의 시스템은 프로그램의 일부분이, 그것도 여러 개로 흩어져 메모리에 적재되어 실행되며 이 방식들의 설명은 다음 장에 서 할 것이다.

7.1 메모리의 구성은?

메모리를 어떻게 구성할 것이냐의 문제는 어떻게 관리할 것이냐의 문제와

밀접하게 연관되어 있다. 다시 말해, 메모리를 관리하기 위한 기법은 그 대상
이 되는 메모리의 구조에 의존적이어서 일단 구성이 정해지면 그것에 맞는 적
절한 관리 기법이 검토되는 것이다. 그렇다면 먼저 메모리의 구성과 관련하여
정해져야 할 것들은 어떤 것들이 있을까?

우선, 다중 프로그래밍의 정도(Multiprogramming Degree)가 있다. 즉, 한
번에 하나의 사용자 프로그램만이 메모리에 있을 수 있도록 할 것인가, 아니
면 여러 개의 프로그램이 같이 있도록 할 것인가이다. 후자의 경우를 다중 프
로그래밍이라 부르며, 여기서 정도(Degree)란 메모리에 있는 프로세스 개수를
말한다. 정도가 n일 경우는, 각 프로세스에게 얼마큼의 메모리를 줄 것인가를
고민해야 하는데, 이 문제는 메모리의 분할(Partition) 방식과 연계되어 있다.

한 분할 당 한 프로세스를 수용할 수 있으므로 메모리의 분할을 k 개로 하
면 다중 프로그래밍의 정도가 최대 k가 – 모든 분할에 프로세스들이 적재되었
을 경우 – 되는 것이며, 각 분할의 크기를 어떻게 하느냐에 따라 프로세스들에
부여되는 메모리의 양을 같거나 다르게 할 수 있다. 이때, 메모리의 분할을 미
리 해 두고 고정적으로 운영할 경우를 고정(Fixed) 또는 정적(Static) 분할이
라 하며, 미리 정해두지 않고 프로세스의 크기나 개수에 따라 변동시켜 나갈
때를 가변(Variable) 또는 동적(Dynamic) 분할이라 한다.

고정 분할의 경우에는, 각 프로세스가 들어 갈 분할을 지정하고 항상 그 분
할로 적재할 것인지, 아니면 상황에 따라 다른 분할로의 적재도 가능하도록
할 것인지를 결정해야 한다. 프로세스가 시스템에 있는 동안 몇 번에 걸쳐 메
모리와 디스크 사이를 오갈 수 있음을 생각해 보면, 그때마다 다른 분할로의
적재 가능성도 염두에 두어야 할 것이다.

프로세스와 프로그램에 대해 알아볼까요.

위에서 프로세스와 프로그램을 병용하겠다고 하였는데요. 좀 더 설명이
필요할 것 같군요. 이미 3장에서 설명한 것처럼 프로세스와 프로그램은
분명한 차이가 있지요. 다시 말하면, 프로세스란 실행하고자 하는 내용을
담고 있는 프로그램과, 이 프로그램의 정상적인 실행을 위해 시스템으로
부터 제공돼야 하는 제반 환경을 묶어 부르는 말이랍니다. 결국 프로그
램이란 프로세스를 형성하는 한 축을 담당한다고 보면 되겠고, 이때의 프로그램이란 말에는

실행 때 필요한 데이터를 자연스럽게 포함한다고 보면 되겠어요.

그런데 디스크와 메모리 같은 저장 장치와 프로세스 사이의 문제를 다루는 부분에서는 저장이나 적재 그리고 그에 따른 주소의 문제가 가장 큰 관심사가 되고, 이것은 실행 환경보다는 프로그램의 크기나 구성에 훨씬 더 집중한다는 말이지요. 그래서 저장 장치의 관점에서 보는 프로세스의 크기란 프로그램의 크기가 되며, 이때 "프로세스"와 함께 병용해서 사용하겠다는 "프로그램"이란 구체적으로 "그 프로세스가 실행하는 프로그램"이란 겁니다.

프로세스에게 메모리를 할당할 때 연속적으로 할 것인가 아니면 비연속적(Non-contiguous)으로 할 것인가도 고려 대상이다. 앞서 밝힌 대로 이 장에서는 연속적 할당을 전제로 할 것이며, 비연속적인 경우는 다음 장에서 자세하게 설명할 것이다.

7.2 메모리의 관리는?

주어진 메모리 구성에 따라 효율적인 관리를 위해 동원되어질 기법들은 어떤 것들이 있을까? 크게 보면 다음의 네 가지 범주에 속하며, 각각의 기법에는 다시 다양한 기법들이 있게 되는데 이 장에서 간단히 설명된 부분은 9장에서 자세하게 다룰 것이니 걱정하지 않아도 좋다.

적재 기법(Fetch Strategy)

프로세스에게 언제 메모리를 할당해 줄 것인가 즉, 언제 프로세스를 메모리에 적재할 것인가를 다루는 기법으로서 두 가지가 있다. 적재가 꼭 필요할 때 즉, 적재의 요구가 있을 때 적재하는 요구(Demand) 적재와, 적재의 요구가 있을 것으로 예상하고 미리 적재해 두는 예상(Anticipatory) 적재가 있는데 대부분의 시스템에서는 요구 적재를 채택하고 있다는 정도만 알아두자.

배치 기법(Placement Strategy)

프로세스들을 메모리 공간의 어디에 적재할 것인가를 다루는 것으로서, 고정 분할의 경우는 위에서 말한 대로 지정된 분할로만 적재할지 아니면 분할을

Chapter 07 메모리 관리

달리해가며 적재될 수 있도록 할 것인지만 결정하면 되지만, 가변 분할의 경우에는 몇 가지 적합(Fit) 기법이 있는데 이 부분은 좀 있다 자세하게 설명하겠다.

교체 기법(Replacement Strategy)

메모리 공간이 부족할 경우 새로 적재돼야 할 프로세스를 위해 이미 메모리에 있는 프로세스 중 어떤 것을 골라 디스크로 내보내고 그 공간을 확보할 것인가에 요구되는 기법들로서 자세한 설명은 9장에서 하겠다.

할당 기법(Allocation Strategy)

프로세스에게 메모리 공간을 얼마 정도로 줄 것인가를 결정하는 것으로서, 이것 역시 8장과 9장을 배우고 나면 자연스럽게 알게 될 것이다. 물론 이 장에서는 프로그램 전체를 수용할 수 있는 크기로 주는 것으로 가정함을 이미 밝혔다.

지금부터 위에서 나열된 메모리의 각 구성에 따른 관리 기법들을 단순한 것부터 차례로, 시스템의 성능을 생각하면서, 살펴보도록 하자.

7.3 단일 프로그래밍

단일 프로그래밍이란 한 번에 하나의 프로세스만이 메모리에 적재되고 실행이 종료되면, 다음 프로세스가 적재되는 시스템을 말한다. 이런 시스템은 그림 7.1과 같이 메모리에서 커널이 차지하는 공간을 제외한 나머지 전부가 하나의 프로세스에게 주어지게 되므로, 프로세스가 차지하고 남은 공간은 종료할 때까지 낭비될 것이다. 관리의 측면에서 보면 분할과 배치, 할당 등에서 해 줄 일이 별로 없어 매우 단순한 시스템이기는 하지만, 예상되는 몇 가지 문제를 살펴보자.

먼저, 메모리의 크기가 적재할 프로그램의 크기보다 크거나 같으면 문제가 없지만, 그렇지 않을 경우 – 물론 이런 경우란 흔치 않다 – 프로그램의 일부분만을 먼저 적재하여 실행시킨 다음 나머지 부분들을 다시 적재하여 실행을 이어가는 오버레이(Overlay) 방식을 사용하여야 한다. 오버레이를 위해서는 적

134

❖ 그림 7.1 단일 프로그래밍과 메모리

절한 시스템 도구 즉, 컴파일러, 링커, 로더 등을 활용하고, 프로그램을 적당한 크기로 나누는 등의 부담이 사용자에게 있게 되고 그런 점에서 수동적(Manual) 오버레이라 부른다.

다음으로는 프로그램의 실행 중 커널 영역을 침범하지 못하도록 하는 보호 기법이 요구될 것이다. 다시 말해, 실행 중인 프로그램이 커널 영역에 속하는 주소에 쓰기와 같은 명령을 함으로써 운영체제를 손상시킬 가능성을 방지하여야 한다. 그림 7.1처럼 경계 레지스터(Boundary Register)에 커널과 프로그램의 경계 주소 값을 넣어두고, 프로그램이 실행되면서 참조하는 메모리 주소 값이 이 경계 값을 침범할 경우 트랩으로 실행을 중지시키면 될 것이다.

단일 프로그래밍은 빈 공간으로 남는 메모리는 물론 CPU와 다른 자원들의 낭비 또한 많아서 시스템의 성능을 매우 떨어트리게 되므로, 다중 프로그래밍으로의 전환은 선택의 여지가 없었을 것이다.

7.4 고정 분할에서의 다중 프로그래밍

메모리를 여러 개의 분할로 나누어 놓고, 각 분할에는 하나의 프로세스만을 수용하도록 함으로써 다중 프로그래밍을 구현하는 방식이다. 이미 정해진 분할은 고정이므로 크기와 개수가 변하지 않고, 이때의 다중 프로그래밍 정도의 최대치는 분할의 개수와 같게 될 것이다. 기본적으로 뭐든 고정함으로써 갖는 이점은 관리의 쉽고 편리함이지만, 다양한 상황에 유연하게(Flexible) 대처하지 못하는 단점을 가질 수밖에 없음을 기억해 두자.

135

Chapter 07 메모리 관리

분할의 크기를 모두 같게 하면 프로세스들에게 같은 크기의 메모리를 주는 결과가 되고, 현실적으로 프로세스들의 크기가 다양할 것을 예상해 보면 분할의 크기 역시 작은 것부터 큰 것까지 다양하게 해 두는 것이 더 유연해 보인다. 하지만, 유연함(Flexibility)은 복잡도(Complexity)를 동반할 수밖에 없음을 받아들여야 한다.

프로그램들이 컴파일 될 때 주소지정이 이루어지는 경우, 메모리의 할당은 절대(Absolute)로더에 의해 언제나 지정된 분할로 들어가도록 될 것이다. 이것은 특정 분할로의 쏠림 현상이 발생할 때, 비어 있으나 활용되지 못하는 다른 분할들의 낭비를 자초하게 될 것이므로 재배치(Relocatable) 번역과 로더를 사용하여 비어 있는 어느 분할로도 들어갈 수 있도록 해 주어 메모리의 낭비를 줄이는 것이 타당하다.

분할의 크기는 서로 다르게, 재배치가 가능하도록 하여도 여전히 고정 분할이 가지는 문제는 무엇일까? 먼저 가장 큰 분할보다 더 큰 프로그램의 수용 문제인데, 이것은 위에서 말한 오버레이 방법으로 해결할 수밖에 없다.

메모리의 보호는, 여러 사용자가 있음으로 해서 단일 프로그래밍 때보다 좀 더 주의를 요구하는데, 사용자와 커널 사이뿐만 아니라 사용자와 사용자 사이에도 침범하지 못하도록 해야 한다. 분할 사이의 경계는 분할할 때 이미 알려질 것이므로 그림 7.2와 같이 실행 중인 프로세스가 자리한 분할의 아래, 위 경계를 두 개의 경계 레지스터에 기록하여 실행 도중 참조하는 메모리 주소가 이 값들을 벗어나지 않는다면 계속 실행이 되도록 하면 될 것이다.

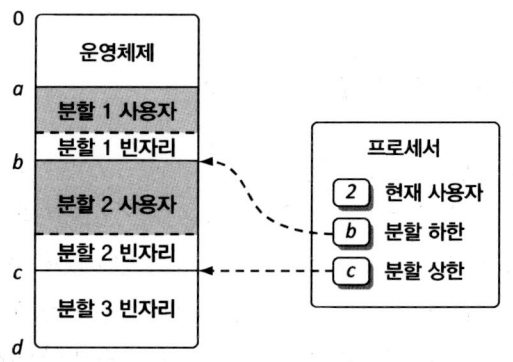

❖ 그림 7.2 고정 분할 다중 프로그래밍

136

고정 분할이 가지는 또 하나의 문제는 메모리 공간의 단편화(Fragmentation)이다. 이미 고정된 크기로 정해져 있는 분할들에 꼭 맞는 크기의 프로세스들로 채워지기는 거의 불가능하므로 분할 내에는 프로세스를 수용하고 남는 공간이 있기 마련이다. 이런 공간은 그 프로세스가 나갈 때까지 낭비될 수밖에 없으며, 분할 내의 낭비 공간이라는 의미에서 내부(Internal) 단편화라 부른다. 분할의 크기 자체가 워낙 작아서 프로세스들을 수용하지 못한다면 그 분할은 통째로 계속 낭비될 것이고, 이때를 외부(External) 단편화라 부른다.

고정 분할은 관리가 쉬운 만큼 오버헤드도 적지만, 다중 프로그래밍의 정도를 상황에 따라 더 늘릴 수 없고, 단편화로 인한 메모리의 낭비를 겪을 수밖에 없다. 이 문제의 자연스런 해결은 프로세스의 크기만큼 그때그때 메모리를 할당해 줌으로써 가능할 텐데 이것을 가변 분할이라 한다.

7.5 가변 분할에서의 다중 프로그래밍

가변 분할이란 분할의 시기와 개수 그리고 크기가 사전에 정해진 바 없이, 프로세스를 수용할 때 그 크기만큼 메모리 공간을 할당해 줌을 말한다. 상황에 따라 다중 프로그래밍의 정도를 조절할 수 있으며 내부 단편화를 방지할 수 있지만, 관리가 복잡해짐으로 해서 생기는 오버헤드는 감수해야 한다.

가변 분할의 관리를 위해 메모리에서 사용 중인 공간과 빈 공간들에 대한 정보가 필요하며, 이런 정보들은 테이블이나 리스트와 같은 자료구조로 표현될 것이다. 백문이 불여일견이라 했으니 이제부터 운영과정의 예를 통해 가변 분할을 배워보도록 하자. 참고로 진행 과정의 중간마다 그 때의 메모리 상황과 공간에 대한 정보를 리스트로 보일 것이니 같이 따라 해보면 더 쉽고 빠르게 이해할 수 있을 것이다.

사용자 공간이 100 MByte인 메모리에서 다음과 같은 차례대로 진행되었다고 가정해 볼까?

1. 크기가 10 MByte인 process A의 적재
2. 크기가 20 MByte인 process B의 적재
3. 크기가 15 MByte인 process C의 적재

Chapter 07 메모리 관리

> 4. process C의 메모리 반납
> 5. process A의 메모리 반납
> 6. 크기가 50 MByte인 process D의 적재
> 7. 크기가 10 MByte인 process E의 적재
> 8. process B의 메모리 반납

사용 중인 공간과 빈 공간에 대한 리스트의 헤더포인터(Header Pointer)를 각각 used와 free로 부르고, 먼저 최초의 메모리 상황 즉, 시스템의 부팅 후 프로세스가 적재되기 전의 상태를 그려보면 그림 7.3의 (a)와 같다. 참고로, K 는 커널이 자리한 공간이다. 리스트에서 각 공간들을 나타내는 노드(Node)들 에는 리스트의 운영을 위해, 사용 중일 경우 사용자 프로세스 이름과 공간의 크기, 다음 노드에 대한 포인터 등의 정보를 가지고 있다.

예에서 3번까지 즉, 프로세스 C의 적재 후 메모리의 상황과 리스트의 모양 은 그림 7.3의 (b)에서 볼 수 있으며, 다음으로 프로세스 A의 메모리 반납 후, 프로세스 E의 적재 후, 마지막으로 프로세스 B의 메모리 반납 후의 상황들은 각각 그림 7.4부터 그림 7.6에서 볼 수 있다. 중간에 빠져 있는 그림들을 하나씩 완성하며 따라가 보면 그림 7.6에 이를 수 있고, 그 과정에서 리스트들이 변해 가는 모습을 관찰해 보면 가변 분할을 어떻게 운영하고 있는지 쉽게 알 수 있 으리라 믿는다.

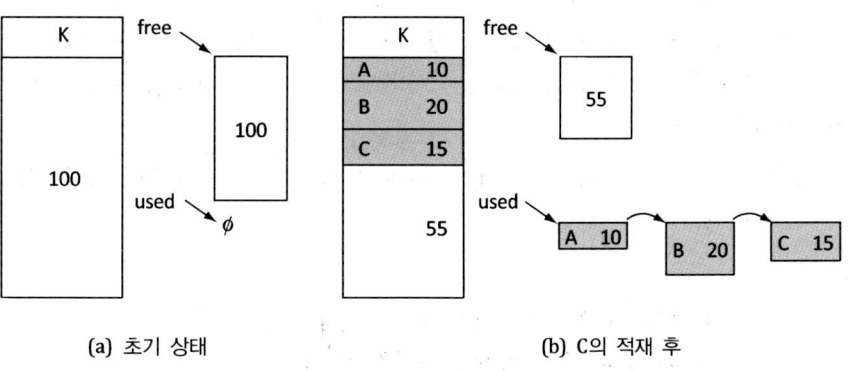

(a) 초기 상태　　　　　(b) C의 적재 후

❖ 그림 7.3 가변 분할의 메모리 운영

138

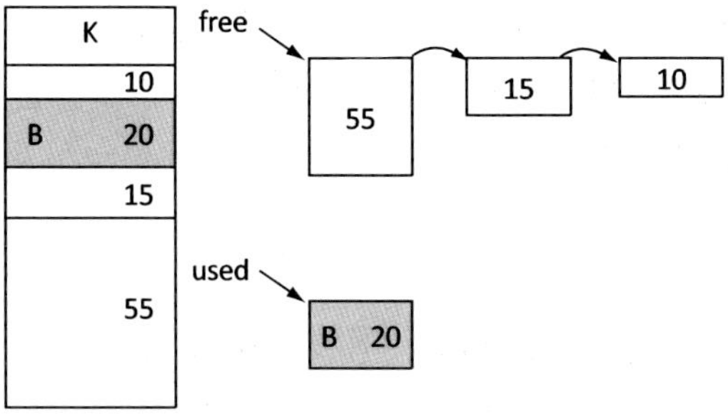

7.5 가변 분할에서의 다중 프로그래밍

K	
	10
B	20
	15
	55

free → 55 ⟶ 15 ⟶ 10

used → B 20

❖ 그림 7.4 A의 반납 후

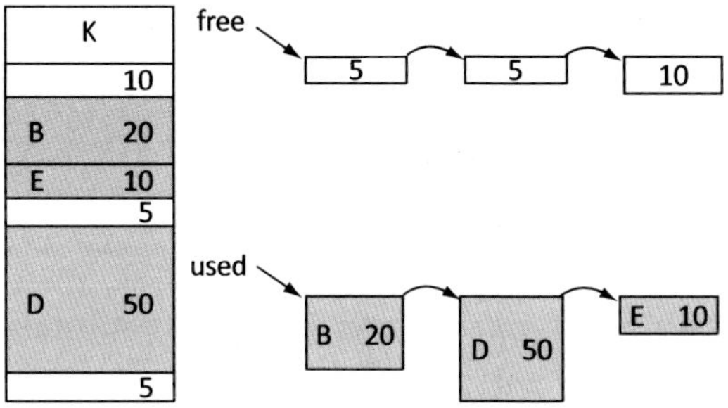

K	
	10
B	20
E	10
	5
D	50
	5

free → 5 ⟶ 5 ⟶ 10

used → B 20 ⟶ D 50 ⟶ E 10

❖ 그림 7.5 E의 적재 후

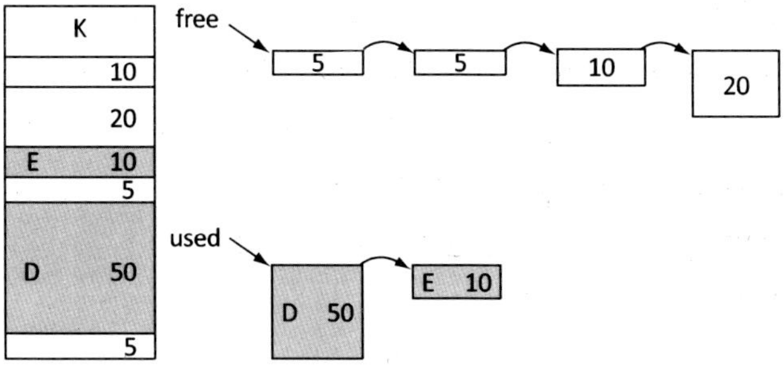

K	
	10
	20
E	10
	5
D	50
	5

free → 5 ⟶ 5 ⟶ 10 ⟶ 20

used → D 50 ⟶ E 10

❖ 그림 7.6 B의 반납 후

반납되는 빈 공간들은 used에서 빠져 free로 추가되고, 프로세스의 적재를 위해서는 free를 탐색하여 요구되는 크기를 수용할 수 있는 (요구되는 크기보다 더 큰) 노드를 찾아 그 크기만큼을 할당해 준다. 할당 후 남은 만큼이 떼어준 노드의 크기가 됨으로써 free에서 이 노드의 크기는 줄어든 반면, 할당된

139

Chapter 07 메모리 관리

만큼의 크기를 가지는 노드가 used에 새로 추가됨을 알 것이다. free를 탐색해 적재가 가능한 빈 공간을 찾을 때 어떤 노드를 선택할 것인가가 앞의 7.2절에서 언급한 배치 기법이며 다음과 같은 것들이 있다.

최초적합 (First-fit)

free 리스트의 첫 노드부터 시작하여, 제일 먼저 발견되는, 요구되는 크기보다 더 큰 빈 공간을 가지는 노드에서 할당해 주고 탐색을 마친다. 이때 free에서 해당 노드에 대한 크기 조정과 used에서의 새 노드 추가가 필요함은 물론이다. 눈치를 챘겠지만 바로 위 예에서 사용한 것이 최초적합이다.

최적적합 (Best-fit)

free 리스트를 끝까지 탐색하여 요구되는 크기보다 더 크되, 그 차이가 제일 작은 노드를 찾아 할당해 주는 방법이다.

최악적합 (Worst-fit)

free 리스트를 끝까지 탐색하여 요구되는 크기보다 더 크되, 그 차이가 제일 많이 나는 노드를 찾아 할당해 주는 방법이다.

최초적합은 free 리스트에 대한 탐색을 중간에서 끝낼 수 있는 반면, 최적과 최악은 끝까지 해야 하므로 시간적 부담이 크다. 최초적합에서는 할당 후 남은 크기가 어중간해서 – 아주 작지도, 그렇다고 웬만한 크기의 프로세스를 적재할 만큼 크지도 않은 – 사용되지 못하는 노드가 생길 수 있으나, 최적에서는 가장 들어맞는 노드를 찾음으로써 큰 빈 공간을 가지는 노드들을 그대로 유지시킬 수 있다. 다시 말해, 할당 후 남는 빈 공간이 어중간한 크기가 되지 않도록 하여 이후의 비교적 큰 크기의 적재 요구에 대비하겠다는 의도이다. 하지만 최적적합의 결과로 남는 크기는 매우 작을 것이고 이런 빈 공간들은 이 후의 적재에 거의 활용되지 못하는 단점을 가진다. 빈 공간이기는 하지만 크기가 아주 작아서 실제로는 할당될 가능성이 희박하고 결과적으로 낭비되는 공간을 전문용어로 홀(Hole)이라 부른다는 것을 알아두자. 참고로, 홀은 외부 단편화의 대표적인 예이다.

최적적합의 단점을 역 발상을 통해 해결해 보겠다는 것이 최악적합이다. 즉, 할당 후 남는 크기도 비교적 큰 빈 공간이 되도록 하여 이후의 적재요구에 대비하겠다는 의도임을 알 수 있는데 홀의 발생을 억제할 수는 있는 반면, 큰 빈 공간을 확보하기 어렵다.

최초와 최적적합이 최악에 비해 더 효율적이고, 대부분의 경우 최초가 최적보다 실행 속도가 빠르므로 최초적합을 사용하면 되겠다. 다만, 최초적합을 사용할 경우 시간이 지날수록 free 리스트의 앞부분부터 매우 작은 노드들 – 대부분 홀일 것이다. – 이 등장하고 점점 탐색 시간을 길게 만드는 현상이 생길 수 있다. 최초적합은 적재 가능성을 항상 리스트의 처음부터 따져나간다는 사실로부터 첫 번째 노드의 크기가 10 MByte였는데 5 MByte, 3 MByte, 1 MByte 순으로 할당해 주고 점점 작아지는 경우의 예를 떠올려보면 이해될 것이다. 이런 문제의 보완은 free 리스트를 순환(Circular) 구조로 한 다음, 할당이 가능한 노드가 선택될 때마다 헤더포인터를 이 노드 다음으로 옮기게 하는 방법이 있고 next-fit이라 부른다.

지금까지 설명된 가변 분할 방식으로 메모리의 관리를 오랫동안 한 후 리스트를 살펴보면 어떤 모양일지 상상해 보자. free 리스트에는 매우 많은 노드들이 있게 되고, 이 노드들은 대부분 홀이 되어 있을 것이다. 실제로는 빈 공간이 많음에도 불구하고 대부분이 홀이어서 별로 크지 않은 프로세스의 적재 요구조차 수용할 수 없는 상황이 생길 수 있게 되며 이런 현상을 50% 규칙 (50-percent Rule) – 실제로 메모리의 3분의 1이 홀이 되어 사용할 수 없다는 실험 결과가 있다. – 이라 부른다. 결국 작은 빈 공간을 합쳐 더 큰 빈 공간을 만드는 작업이 요구되는데, 언제 어떻게 합칠지에 따라 다음과 같이 두 가지로 분류될 수 있다.

↘ 인접한(Adjacent) 빈 공간의 병합(Coalescing)

빈 공간으로 반납될 때 인접한 – 메모리상에서 바로 위 또는 아래에 위치한 – 빈 공간이 있다면 이들을 합쳐 좀 더 큰 빈 공간을 만들어 주는 방식이며, 프로세스가 메모리를 반납할 때마다 실행되고, 인접한 공간이 비어 있지 않다면 병합하지 않는다.

병합을 같이 진행시켰을 때 그림 7.4의 free 리스트는 다음 그림 7.7과 같을

Chapter 07 메모리 관리

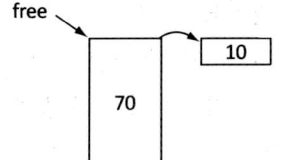

❖ 그림 7.7 병합 때의 free 리스트

것이다. 프로세스 C가 메모리를 반납할 때 인접한 아래쪽 빈 공간(55 MByte)
과 병합되어 70 MByte 크기의 빈 공간이 되며, 다음으로 프로세스 A의 반납
은 인접 공간이 사용 중이므로 병합이 발생하지 않는다.

◪ 빈 공간 전부의 통합(Compaction)

사용 중인 공간들을 메모리의 한쪽 편으로 밀착시켜 옮기고, 흩어져 있던
빈 공간들을 전부 합쳐 하나의 큰 빈 공간으로 만든다. 병합과는 달리 사용 중
인 공간의 위치 이동이 발생하며 이것은 메모리에 있는 모든 프로세스들의 주
소 재배치를 의미하므로 상당한 시간을 요구한다. 또한, 통합이 진행되는 동
안은 모든 프로세스들의 실행이 중지되므로 – 주소 공간이 바뀌는데 어떻게
실행이 가능하겠는가! – 시스템에 있는 자원들 역시 상당 부분 낭비될 것이다.
그림 7.6의 상황에서 통합을 하게 되면 그림 7.8과 같을 것이다.

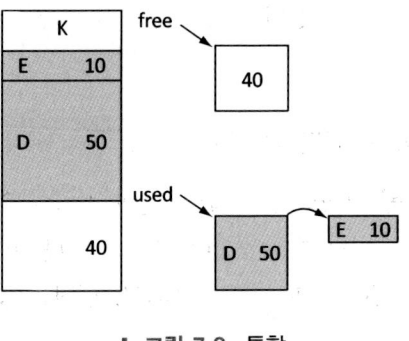

❖ 그림 7.8 통합

7.5 가변 분할에서의 다중 프로그래밍

이건 고정도 아니고 가변도 아니야!

운영체제에서 특정 분야의 해결을 위해 동원되는 기법들은 보통 여러 가지가 소개된다. 이 중에서 단순한 것은 별로 쓸모가 없고, 쓸 만한 것은 복잡해서 추가적인 비용을 요구하는데, 이런 두 가지를 절충한 중간 정도의 기법을 채택하여 사용할 수도 있을 것이다. 여러분 역시 일상생활에서 이와 비슷한 경험을 해 본적이 있을 것이므로.

메모리의 관리 역시 고정 분할과 가변 분할을 타협한 절충안을 생각해 볼 수 있는데, 이름하여 버디(Buddy) 메모리 관리라 한다. 슬플 때나 기쁠 때나 내 옆에 있어주는 단짝(Buddy)을 생각하며, 메모리 관리를 위한 버디시스템에 대해 알아보자.

버디시스템에서 메모리는 가변 분할과 마찬가지로 최초에 큰 빈 공간 하나로 시작한다. 프로세스의 적재 요구가 있을 때 메모리는 요구한 크기보다 크되, 차이가 가장 작게 나는 2의 승수(Power) 크기로 분할되어 할당되며, 이때 같은 크기로 분할된 인접 공간을 버디라 부른다. 버디시스템은 미리 고정된 분할은 아니지만 그렇다고 프로세스의 크기만큼 할당하는 가변 분할도 아니어서, 분할 내에 프로세스가 차지하고 남는 빈 공간인 내부 단편화가 발생은 하지만 고정 분할 때 보다는 많이 좋아질 수 있다. 반납되는 빈 공간은 분할 시 정해졌던 자신의 버디가 빈 공간일 때 병합되어 크기를 2의 배수로 늘려나간다.

다음의 예를 통해 버디시스템의 운영과정을 알아보자. 사용자 공간의 크기가 1 Mbyte라고 했을 때, 그림 7.9의 (a)부터 (f)는 나열된 순서대로 버디시스템을 운영할 때의 메모리 상황을 보여준다.

1. 크기가 100 KByte인 process A의 적재
2. 크기가 240 KByte인 process B의 적재
3. 크기가 64 KByte인 process C의 적재
4. 크기가 256 KByte인 process D의 적재
5. process B의 메모리 반납
6. process A의 메모리 반납
7. 크기가 75 KByte인 process E의 적재
8. process C의 메모리 반납
9. process E의 메모리 반납
10. process D의 메모리 반납

143

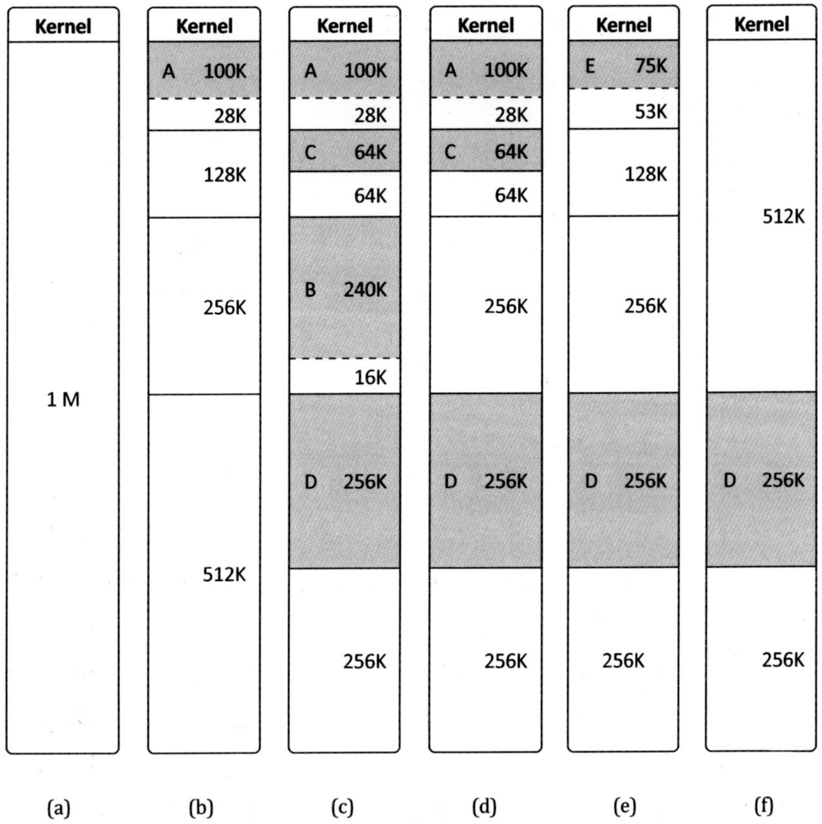

Chapter 07 메모리 관리

(a)
Kernel
1 M

(b)
Kernel
A 100K
28K
128K
256K
512K

(c)
Kernel
A 100K
28K
C 64K
64K
B 240K
16K
D 256K
256K

(d)
Kernel
A 100K
28K
C 64K
64K
256K
D 256K
256K

(e)
Kernel
E 75K
53K
128K
256K
D 256K
256K

(f)
Kernel
512K
D 256K
256K

❖ 그림 7.9 버디시스템의 운영

　(a)는 초기 상태이며, (b)는 프로세스 A의 100K를 수용하기 위해 2의 승수
값이면서 가장 차이가 작게 나는 128K의 분할을 만든 후 수용한 결과이다.
1M의 빈 공간을 반으로, 512K 하나를 다시 반으로 하는 분할을 반복해 128K
공간을 만들어 A를 수용하는 것이다. 이때 같은 크기로 분할되는 공간 두 개
가 서로 버디가 되는데, 예를 들어 A가 수용된 공간의 버디는 같은 크기의 바
로 아래 128K의 공간이다. 참고로 A가 수용되고 남은 28K의 공간과 같은 것
이 내부 단편화이다. 그림 (c)는 D의 적재 후 결과이며, 여기서 D가 수용되어
있는 256K 공간과 같은 크기면서 인접한 것으로는 B가 수용되어 있는 공간과
아래의 빈 공간이 있지만, D의 버디는 아래쪽 빈 공간임을 주목하기 바란다.
　예에서 다섯 번째 순서인 (d)에서 B의 반납은 버디가 사용 중이므로 병합이
일어나지 않는 반면, 여덟 번째인 C의 반납 후를 보여주는 (e)에서는 버디인

144

아래쪽 64K와의 병합으로 128K의 빈 공간을 만든다. 아홉 번째 (f)의 경우에는, E의 반납으로 먼저 버디인 아래쪽 128K와의 병합이 이루어져 256K를 만든 후, 다시 이 공간의 버디인 아래쪽 256K와의 병합을 통해 512K의 빈 공간을 만들어감으로써 이후 있을지도 모를 큰 프로세스의 적재 요구에 대비하는 것이다. 예에서는 (f) 다음 D의 반납이 이어지므로 256K와의 병합 후 다시 512K와의 병합을 통해 초기 상태인 (a)와 같게 되는 결과를 낳는다. 이 예에서도 중간에 빠진 단계들을 순서대로 한 번씩 따라해 보면, 버디시스템이 "참~ 쉽죠!"가 될 것이다.

반납되는 빈 공간의 병합이 제대로 이루어지기 위해서는 자신의 버디가 누구인지를 아는 것이 중요하다. 나와 같은 크기의 빈 공간이 위와 아래에 인접해 있다면, 둘 중 하나만이 나의 버디일 것이므로. 누가 나의 버디인지를 알아내는 것은 꽤 어려울 것 같지만, 사실은 아주 단순한 계산으로 해결할 수 있다. 크기가 2^k이고 메모리의 시작주소가 x인 공간이 있을 때, 이 공간의 버디주소 즉, 버디가 되는 공간의 메모리 시작주소는 x **mod** 2^{k+1}의 결과 값이 0일 때는 x + 2^k가 되며, 2^k일 때는 x − 2^k가 됨을 알아두자.

버디시스템은 앞서 말한 대로 고정과 가변의 절충으로서, 그 자체가 메모리 관리 기법으로 사용되기에는 여전히 부족하다. 하지만, 버디로 관리하는 아이디어는 병렬 프로그래밍에서 활용될 수 있고, 실제로 이 아이디어를 보완하여 UNIX에서 커널에 할당되는 메모리를 관리할 때 사용하기도 한다.

지금까지 프로그램의 전부가 연속적으로 할당되는 경우의 메모리 관리를 가장 단순한 것부터 다중 프로그래밍이 가능한 것까지 차례대로 알아보았다. 이미 밝힌 것처럼 오늘날의 시스템은 PC와 같이 규모가 작은 경우에도 프로그램의 일부를, 그것도 비연속적으로 할당하여 실행하고 있다. 이렇게 할 경우 다중 프로그래밍의 정도를 높여 결과적으로 시스템의 성능을 향상시킬 수 있으며, 아무리 큰 프로그램도 수용하여 실행시킬 수 있게 되는데… 좀 더 자세하게 알고 싶다고? 그렇다면 깜짝 놀랄만한 얘기를 들려주마. 뭐냐하면… 그건 다음 장에 나온다!

가상 메모리

여러분 중 누구라도 프로그램을 짜고 실행시키면서 "내 프로그램이 메모리의 어디에 어떻게 들어갈까?" 라든지, "혹시 내 프로그램이 너무 커서 메모리에 들어가지 못하는 것은 아닐까?"를 고민해 본 사람이 있을까? 대답은 "없다"일 것이다. 왜냐하면, 시스템이 사용자 프로그램을 메모리의 어디에, 어떻게 넣을까로부터 메모리의 수용 공간까지 알아서 해결해 주고 있기 때문이다.

운영체제는 주어진 메모리의 크기 아래서 프로그램을 작은 조각으로 나누어 그 중에 일부분만을 메모리에 적재하되, 그것도 적재가 가능한 곳으로 흩어 (비연속적) 넣어줌으로써, 사용자는 메모리에 대한 고민으로부터 벗어날 수 있게 되는 것이다. 프로그램의 일부분만이 적재되기 때문에 보다 많은 사용자를 수용할 수 있고, 더 중요한 것은 모든 사용자가 메모리의 크기로부터 자유로울 수 있게 된다. 즉, 사용자들은 자신의 프로그램이 아무리 크더라도 아무 문제없이 메모리에 적재되어 실행된다는 확신을 – 실제로는 메모리의 크기가 프로그램보다 작을 수도 있고, 그런 경우에도 실행이 가능하므로 인해서 느껴지는 환상을 – 가질 수 있게 되는 것이다. 사실은 제한적인 크기지만 엄청나게 큰 메모리가 있는 것처럼 여겨지기 때문에 가상(Virtual) 메모리라고 부르며, 운영체제가 어떻게 관리하기에 이럴 수 있게 되는지를 배워보는 것이 이 장의 목적이다.

8.1 가상 메모리 (Virtual Memory) 를 위해서는

먼저, 모든 프로그램은 작은 조각들로 나눠지게 되는데, 조각들의 크기를 모두 같도록 하면 한 조각을 페이지(Page)라 부르고, 서로 다르게 하면 조각들 각각을 세그먼트(Segment)라 부른다. 페이지든 세그먼트든 그 크기가 메모리

Chapter 08 가상 메모리

와 디스크 사이에서 한 번에 전송되는 전송 단위가 되는데 - 이것을 일반적으로는 블록(Block)이라 부른다. - 가상 메모리의 관리에서, 페이지로 나누었을 경우를 페이징, 세그먼트로 나누었을 경우를 세그먼테이션 시스템이라 부른다.

가상 메모리의 관리를 위해 제일 먼저 해결되어야 할 부분이 주소(Address)의 사상(Mapping)인데, 이 부분을 이해하기 위해 잠시 7장에서 나왔던 설명들을 한 번 더 살펴보기로 하자. 실행 중인 프로그램에서 참조하는(Referenced) - 이 용어는, 발생되는(Generated) 또는 생성되는(Created) 등의 말로도 표현된다. - 주소가 실제 메모리에 있는 주소와 달라서, 메모리상의 주소로 변환이 필요할 때 하는 것이 사상이다. 이때 프로그램에서 참조하는 주소를 가상주소(Virtual Address), 실제 메모리상의 주소를 실주소(Real Address)라 하는데, 이렇게 주소를 서로 다르게 하는 이유는 무엇일까?

주소의 지정이 컴파일 시에 이루어진다는 의미는, 프로그램이 실행될 때 참조하는 주소가 컴파일될 때 지정된다는 것이다. 이것은 참조하는 주소가 바로 실주소이기 때문에, 프로그램은 항상 메모리의 지정된 곳으로만 적재되어야 한다는 것과 같고, 7장에서 고정 분할과 절대 로더의 경우가 여기에 해당한다. 다시 말해, 컴파일이 되고 나면 프로그램 내의 모든 명령어나 변수, 데이터 등의 주소가 메모리에 적재되어질 때의 메모리 주소로 지정되는 것이어서, 주소의 사상이 필요 없는 경우이다. 하지만 단순하다는 장점보다는 두 주소가 같으므로 적재 시의 융통성이 배제되어 생기는 단점이 훨씬 괴로울 것이다.

재배치의 경우에는 어떨까? 메모리에서의 위치를 적재될 때마다 바꿀 수 있어서 융통성과 함께 메모리의 효율적인 이용이란 장점을 가지지만, 프로그램 전부가 통째로, 연속적으로 메모리에 적재되어야 한다는 전제를 가진다. 컴파일 시에 주소는 프로그램의 첫 번째 줄을 0으로 하고, 나머지들 전부는 첫 번째 줄로부터 얼마큼의 위치(또는 거리)에 있는지의 - 이런 뜻에서 위치값(Offset 또는 Distance)이라 부른다. - 값으로 지정한다. 말하자면, 실행 시에 참조되는 주소는 프로그램 내에서 어느 정도의 위치에 있는지를 나타내는 상대주소(Relative Address)일 것이며, 실주소는 메모리에 적재될 때의 시작주소(Start Address) 값 - 이 값은 재배치 레지스터가 가지고 있다고 했다. - 에 상대주소 값을 더해주면 된다. 결국, 상대주소로부터 실주소로의 변환이 요구되고, 이것은 재배치 레지스터 값을 상대주소에 더하기만 하면 되는 간단

148

8.1 가상 메모리(Virtual Memory)를 위해서는

한 방식이지만, 프로그램이 조각나고 이 조각들의 메모리 적재가 연속적이지 않다면 더 이상 쓸모가 없게 된다.

가상 메모리로 관리될 때 프로그램들은 디스크에 조각 난 모양으로 저장 – 이런 조각들이 반드시 차례대로, 연속적으로 저장될 필요는 없다. – 되고, 이 중 몇 개가 메모리에 비연속적으로 다른 프로그램의 조각들과 섞여 적재된다. 이렇게 메모리에 적재되어 있는 프로그램들이 다중 프로그래밍의 정도에 포함되는 것들이란 것쯤은 이제 알고 있으리라 믿고, 그림 8.1을 보며 디스크와 메모리 그리고 프로그램들의 관계를 파악해 두자.

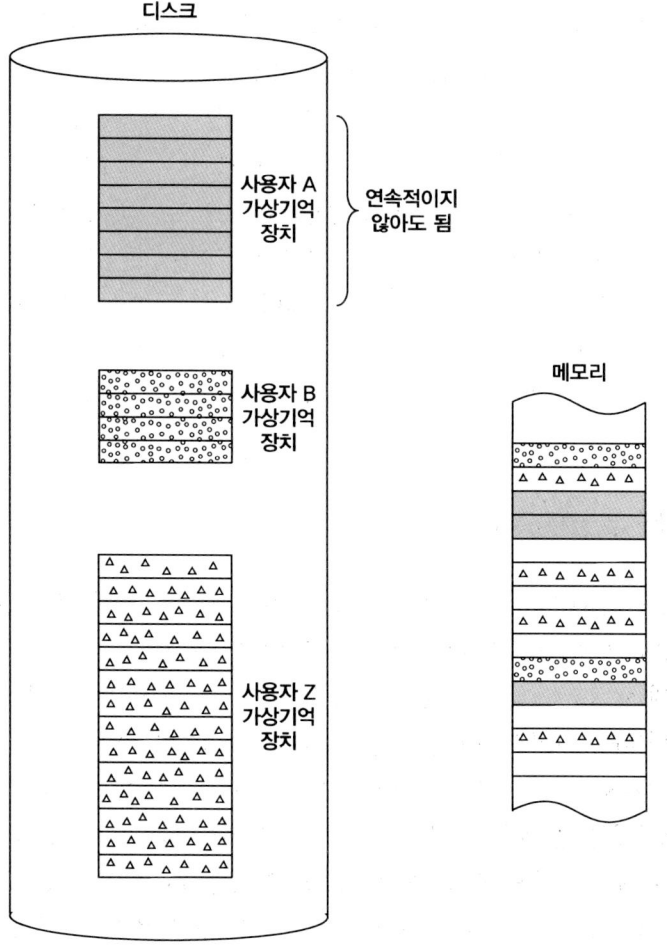

❖ 그림 8.1 사용자 프로그램과 디스크 그리고 메모리

Chapter 08 가상 메모리

실행 중인 프로그램에서 참조하는 주소 즉, 가상주소는 참조하고자 하는 명령어나 변수 등이 자신의 프로그램 내에서 몇 번째 조각에 있으며, 그 조각 내에서 어느 위치(Offset)에 있는지를 알려준다. 예를 들어보자. 소스 프로그램에서 goto 10이란 명령어가 있고, 라벨 10으로 지정된 명령어는 이 프로그램이 컴파일된 후, 실행 코드(Executable Code)의 형태에서 3번째 조각의 5번째 위치에 있다고 하자. goto 10 역시 실행 코드의 형태로 바뀔 텐데, 이때 주소를 나타내는 10은 ⟨3, 5⟩로 대치되게 된다. 즉, 가상주소들은 프로그램이 실행될 때 참조하게 될 모든 조각들 중에서 "몇 번째 조각의 몇 번째 위치"인지의 모양으로 바뀌어 있게 되는 것이다. 이 후 goto 명령어가 실행되면 가상주소로 ⟨3, 5⟩가 참조되고, 이 값으로 사상 과정을 거쳐 goto 해야 할 명령어의 실제 메모리 주소를 알게 되는 것이다. 참고로, 대부분의 시스템에서 첫 번째 조각과 조각 내의 첫 번째 위치 값을 0으로 시작하므로, 위에서 ⟨3, 5⟩는 ⟨2, 4⟩로 하는 것이 맞는데 이 부분은 좀 있다 보게 될 사상에서 이해될 것이다.

사상 과정에는 여러 가지 상황이 연계되어 있으므로 위 설명으로는 충분하지 않지만, 가상주소의 의미와 모양을 짐작해 보자는 뜻으로 예를 들었다. 다음 절에서 조각들의 크기를 같게 한 즉, 페이지일 때의 사상 기법에 대해 배워보면 좀 더 이해가 될 것이다. 참고로, 이 장과 다음 장에서도 앞 장에서와 마찬가지로 프로그램과 프로세스를 무리가 없는 한 병용할 것이다.

8.2 페이징 (Paging)

페이징을 위해서는 모든 프로세스들이 같은 크기의 조각들로 나뉘어야 하는데, 이때 한 조각을 페이지라 부른다. 당연히 크기가 큰 프로세스는 많은 수의 페이지로, 작은 프로세스는 작은 수의 페이지로 구성될 것이다. 메모리 역시 프레임(Frame)이라 불리는, 페이지와 같은 크기로 나누어져 있으며 일련 번호가 매겨져 있다. 참고로, 페이지의 크기는 일반적으로 수 KByte 정도이며, 주소체계를 생각해 볼 때 2의 승수 배 크기로 잡는 것이 상식적이다.

한 프로세스의 전체 페이지들은 디스크에 저장되고, 이 중 몇 개가 메모리에 비연속적으로 다른 프로세스들의 페이지들과 섞여 적재되는데, 프로세스의 실행이 진행되는 과정에 따라 디스크와 메모리를 오가며 교체되는 단위가 페

150

이지이며, 이것은 곧 사상의 단위가 된다.

운영체제는 가상주소를 실주소로 변환하기 위해 프로세스당 하나의 페이지 테이블을 만들어 두어야 하는데 이것을 페이지 사상 테이블(Map Table)이라 부르며, 이 테이블의 크기는 해당 프로세스의 페이지 개수에 비례한다. 즉, 사상을 위한 정보는 페이지당 하나씩 있어야 하므로 k 개의 페이지를 가지는 프로세스의 페이지 테이블은 k 개의 엔트리(Entry)로 구성되고 엔트리 하나의 크기는 보통 4 byte 정도로 잡는다. 한 프로세스에서 나뉘는 페이지들은 일련 번호를 가지는데 페이지 테이블은 이 번호 순서대로 엔트리를 배지시키므로, 테이블에서 첫 번째 엔트리는 프로세스의 첫 번째 페이지를 위한 사상 정보를 가진다고 보면 된다.

엔트리에 들어 있는 정보는 우선, 이 페이지가 메모리에 적재되어 있는가를 나타내는 존재(Residence) 비트로서 적재된 경우 1, 아닐 경우 0의 값을 갖는다. 존재 비트의 값에 따라 1의 경우에는 적재되어 있는 프레임 번호를, 0의 경우 이 페이지가 저장되어 있는 디스크의 주소를 나타내는 필드(Field)들이 각각 있으며, 그 외에 필요한 부수적인 정보는 구현에 따라 다를 수 있으므로 다루지 않겠다.

실행 시 참조되는 가상주소는 페이지 번호(p)와 페이지 내에서의 위치(d)로 표시되는데, 이 값들로 실주소를 찾아내는 과정은 **그림 8.2**를 보며 설명해 보자.

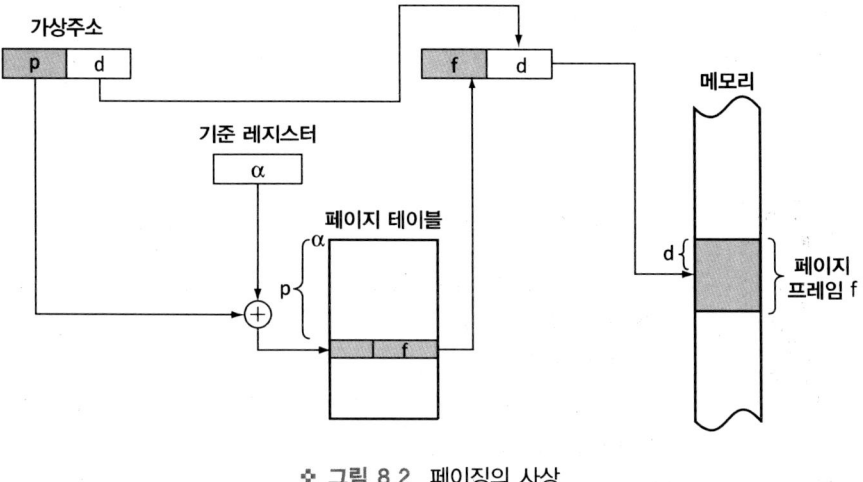

❖ 그림 8.2 페이징의 사상

Chapter 08 가상 메모리

페이지 테이블은 메모리의 커널 영역에 보관되며, 실행 중인 프로세스의 페이지 테이블 시작주소는 페이지 테이블 기준 레지스터(Page Table Origin Register)에 들어있다. 먼저, 기준 레지스터의 값에 p를 더해 - 정확하게 말하면 p와 엔트리 크기를 곱한 값을 더하는 것이지만, 메모리는 워드 단위로 주소가 붙여지므로 워드의 크기나 엔트리의 크기를 같게 하는 경우는 p만 더해도 해당 엔트리를 찾게 된다. - 페이지 테이블에서 페이지 p의 사상 정보를 갖고 있는 엔트리를 찾은 후, 존재 비트를 확인하게 될 것이다. 존재 비트가 1일 경우 p가 적재되어 있는 프레임 번호(f)를 알 수 있으므로, 이 번호 값에 페이지 크기를 곱하면 메모리에서 이 프레임의 시작주소를 얻게 되고 여기에 d를 더하면 프레임 내에서 접근해야 할 워드의 주소 즉, 실주소로 접근하게 되는 것이다. 왜 페이지 테이블의 각 엔트리에 프레임의 시작주소 대신 (곱하기를 해야 하는) 프레임 번호를 넣어 두었을까는 퀴즈로 남기겠다.

존재 비트가 0일 경우는 접근하고자 하는 워드를 포함하는 페이지가 메모리에 없음을 말하므로 실행을 계속하기 위해서는 먼저 디스크 주소로부터 이 페이지를 메모리에 적재해야 할 것이다. 그 다음 이 엔트리의 존재 비트를 1로 바꾸고, 적재된 프레임 번호를 기입한 후 사상을 계속 진행하면 실주소를 얻게 될 것이다.

운영체제는 정확한 사상을 위해 변동이 있을 때마다 페이지 테이블을 갱신, 관리하고 있어야 하며, 페이지들의 적재와 교체 등을 위해 메모리의 빈 프레임에 관한 정보 역시 유지, 관리하여야 한다. 참고로, 페이지의 메모리 적재는 프레임과 크기가 같으므로 빈 프레임만 있다면 그중에 아무거나 할당해주면 된다.

프로세스와 페이지 테이블 그리고 메모리에 대해 잠시!

각 프로세스의 PCB에는 자신의 페이지 테이블 주소가 있으므로 CPU가 스위칭될 때 이 값 역시 기준 레지스터에서 바뀔 거라는 생각은 따로 설명하지 않아도 할 수 있지요?

페이지 테이블들이 메모리에 보관된다고 했는데요. 프로세스의 개수를 생각해보면 그 많은 테이블들을 모두 메모리에 보관하기는 힘들겠지요?
그래서 보통 다중 프로그래밍의 정도에 포함되는 프로세스들의 테이블들만 보관하고 나머지

8.2 페이징(Paging)

– 3장에서 배운 보류 상태의 프로세스들의 테이블 – 는 디스크에 두게 되지요. 또 하나. 가상 주소의 사상을 위해 먼저 페이지 테이블의 접근 후, 알아낸 실주소를 가지고 실제 워드의 접근을 하게 되는 두 번의 메모리 접근이 항상 요구된답니다. 다시 말해, 가상주소를 사용하지 않는 방식에 비해 두 배의 메모리 접근 시간이 필요해서 프로그램의 실행 시간을 늦어지게 만드는 겁니다. 따라서 이 시간을 최대한 줄이는 것이 가상 메모리의 장점을 살리는 지름길이 되므로, 기본적으로 사상이 요구될 가능성이 높은 테이블들은 디스크가 아니라 메모리에 두어야 하지요. 더 빠른 사상을 위해 추가의 레지스터들을 사용해 페이지 테이블을 보관하기도 하는데, 테이블의 크기가 아주 작을 때나 가능하므로 별 도움이 되지 않아요. 다른 방법으로는 연관(Associative) 메모리를 쓸 수 있는데 이건 지금 살펴보기로 하지요.

8.2.1 TLB(Translation Lookaside Buffer)의 사용

TLB는 고속 캐시의 일종으로, 주소로 접근되는 일반 메모리와는 달리 키(Key) 값으로 찾고자하는 워드를 동시에 접근하는 연관 메모리로서 검색이 빠른 반면 비싼 하드웨어이다. 페이지 테이블을 메모리에 두고 접근할 때의 느림을 극복하기 위해 사용되는데, 용량을 크게 할수록 좋기야 하겠지만 가격대비 성능을 따져 페이지 테이블의 일부 엔트리만 수용하는 크기로 두는 것이 보편적이다.

최근에 빈번하게 검색된 엔트리들을 TLB에 넣되, 페이지 번호(p)를 키 값으로 동시 검색을 하므로 TLB에 저장되는 – 순서는 아무래도 상관없게 된다. – 각 엔트리는 페이지 번호도 함께 표시되어 있어야 한다. 물론, 모든 엔트리들을 페이지 번호 순대로 보관하고 있는 원본 페이지 테이블은 메모리에 여전히 있음을 기억하면서. 그림 8.3으로 사상 과정을 살펴보자.

가상주소의 p를 키 값으로 먼저 TLB부터 검색하며, 이때 페이지 번호를 p로 가지고 있는 엔트리가 있을 경우 그 엔트리에 적혀 있는 프레임 번호를 가지고 실주소에 이르는 과정은 위에서 설명한 페이징과 같다. 참고로, TLB의 검색에서 모든 엔트리에 표시된 화살표는 동시에 검색한다는 것을 보여주기 위해서고, 검색되는 엔트리들의 페이지는 모두 메모리에 적재되어 있으므로 존재 비트를 확인할 필요가 없다. TLB에서 p를 가지는 엔트리의 검색에 실패하면 메모리에 있는 페이지 테이블로부터 사상이 진행되어 – 이 과정부터는 위에서 설명한 페이징과 같다. – 실주소를 얻게 되고, 이 엔트리는 TLB에 추가

153

Chapter 08 가상 메모리

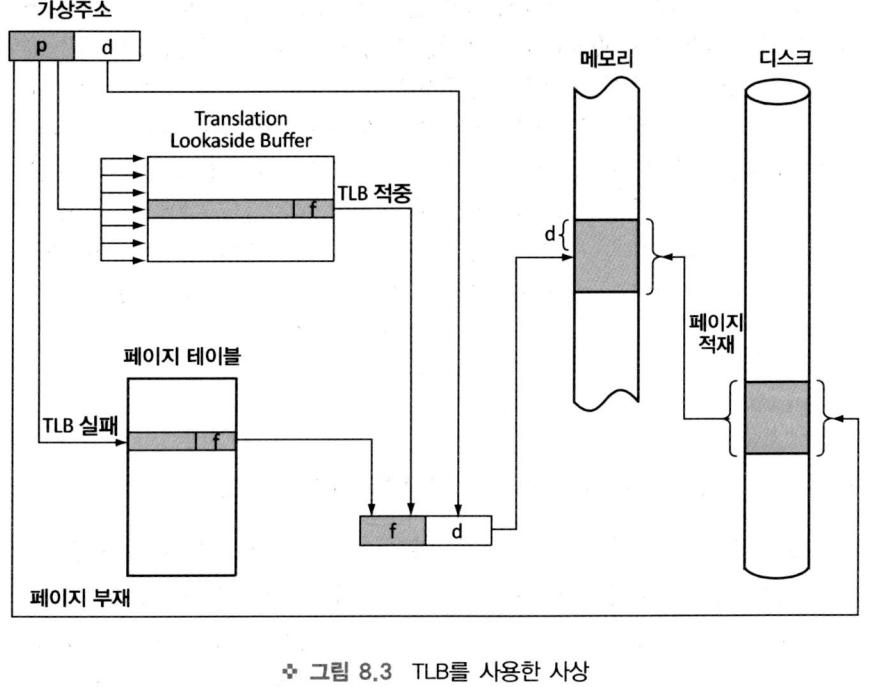

❖ 그림 8.3 TLB를 사용한 사상

시킨다. TLB가 차 있을 경우에는 교체가 필요한데 이 부분은 다음 장에서 배울 것이다.

TLB의 크기만 충분하다면 한 프로세스의 페이지 테이블 전체, 또는 여러 프로세스의 일부분씩을 같이 넣어둘 수도 있게 될 텐데, 후자의 경우는 엔트리들이 페이지 번호와 함께 프로세스 번호도 가지게 하고 검색 시의 키 값 역시 이 두 개를 사용해야 한다.

TLB의 사용으로 실주소로의 접근 시간이 빨라지기 위해서는 원하는 엔트리가 TLB에서 발견되는 확률이 높을수록 좋을 것이다. TLB에서의 검색 성공 확률을 적중률(hit ratio)라 하는데, 소량의 크기라도 90% 이상은 나올 수 있다는 실험 결과들이 있고, 이런 이유로 TLB가 매력적이란 거다. 예를 들어, TLB 검색과 메모리 접근에 각각 20과 100 나노 초(Nanosecond)가 걸리고, 적중률을 90%라 했을 때, 실주소로 메모리를 접근하는데 걸리는 시간 – 실 접근 시간(Effective Access Time)이라 부른다. – 은 0.9 × 120(TLB 접근 + 실주소 접근) + 0.1 × 220(TLB 접근 + 사상 테이블 접근 + 실주소 접근) =

154

130 나노 초가 되므로 TLB를 사용하지 않을 경우의 200 나노 초보다 빠름을
알 수 있다.

8.2.2 페이지의 보호(Protection)와 공유(Sharing)

접근하고자 하는 페이지에 대해 읽기나 쓰기 작업을 어떻게 제한할 것인가
와 다른 프로세스의 주소 공간으로 침범하지 못하도록 하는 것이 보호의 영역
이다. 프로세스의 메모리 접근은 실주소를 알아야 하고, 실주소를 알기 위해
서는 사상을 거쳐야 하므로 페이지 테이블의 각 엔트리에 해당 페이지에 대한
보호 비트(Protection Bits)를 두어 허용되는 접근을 설정할 수 있다. 예를 들
어, 쓰기작업에 대한 보호 비트의 값이 1이면 이 페이지에 대한 쓰기가 허용되
는 것이며, 0일 경우의 쓰기 시도는 보호에 위반되므로 트랩을 일으키게 될
것이다.

사상을 거쳐 접근 가능한 메모리 공간 즉, 페이지들이 자리한 프레임 공간
이 그 프로세스의 주소 공간이며, 프로세스들 각자의 주소 공간은 서로 침범
하지 못하도록 해야 함은 당연하다. 프로세스가 사상을 거쳐 해당 페이지가
적재된 프레임의 시작주소를 알게 된 후, 여기에 더해지는 offset이 페이지의
크기를 넘게 되면 이것은 곧 다른 프레임으로의 접근을 의미하므로 트랩을 통
한 보호가 이루어져야 한다. 따라서 페이징에서의 주소 공간 보호는 offset의
크기가 페이지의 크기를 넘지 않으면 안전하다.

공유는 프로세스와 메모리를 말할 때 다루어야 하는 기본적인 문제로서, 굳
이 페이징을 사용하지 않더라도 한번은 설명되어야 할 문제이다. 사용자들이
흔히 하게 되는 편집(Editing)이나 컴파일 같은 작업은 그 프로그램 한 부
(Copy)만 메모리에 두고 실행해 줌으로써 메모리 공간을 절약할 수 있도록 한
다. 사용자마다 흔글 프로그램을 사용할 때 각자 자신의 주소 공간에 한 부씩
가지게 했을 때의 메모리 낭비를 상상해 보라. 다수의 사용자가 한 부의 응용
프로그램을 공유하여 실행한다는 것은 공유 프로그램 내에서 각자의 실행 위
치가 다른 한편, 사용되고 만들어지는 각자의 데이터는 자신들의 주소 공간에
가지도록 한다는 말이며, 이때 공유되는 프로그램은 코드의 내용이 실행 도중
변하지 않아야 하므로 재진입 코드(Reentrant 또는 Pure Code)로 컴파일되어
있다.

Chapter 08 가상 메모리

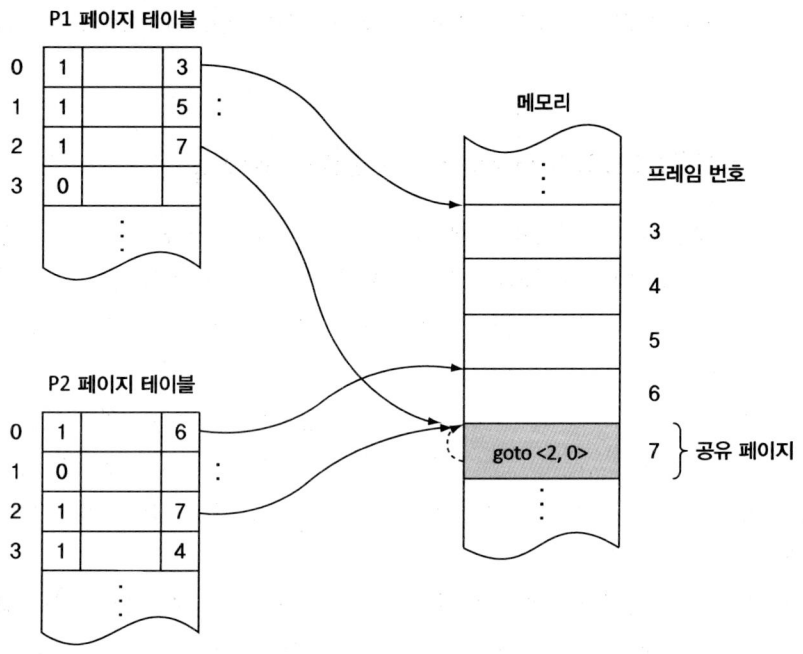

❖ 그림 8.4 페이지 공유

페이징에서의 공유는 프로세스 각자의 페이지 테이블에서 엔트리에 같은 프레임 번호를 가지도록 함으로써 쉽게 구현할 수 있다. 즉, 프로세스들이 사상을 거쳐 같은 프레임을 접근하도록 함으로써 그 프레임에 적재된 페이지를 공유하게 되는 것인데 그림 8.4를 보면 쉽게 이해되겠다.

페이지는 프로그램 즉, 명령어 코드가 들어 있는 코드 페이지와 데이터가 들어 있는 데이터 페이지로 나눌 수 있다(코드와 데이터가 섞여 있는 페이지는 코드 페이지로 보아야 한다). 이렇게 따져보는 이유는 실행 도중 가상주소가 참조되어 사상이 요구되느냐의 여부와 직결되어 있는데, 코드 페이지는 명령어를 가지므로 가상주소를 참조하는 반면, 데이터 페이지는 그럴 일이 없다는 것이다. 앞서 말한 대로 코드 페이지가 공유되기 위해서는 재진입 코드여야 하고, 공유된 데이터 페이지에 대한 쓰기는 5장에서 배운 상호배제의 해결을 전제하여야 함을 알아 두자.

156

8.2 페이징(Paging)

공유에 대해 좀 더 파헤쳐보도록 하겠습니다.

그림 8.4를 곰곰이 살펴보겠습니다. P1과 P2의 페이지 테이블에서 공유되지 않은 각자의 코드 페이지나 데이터 페이지의 엔트리 위치가 서로 다를 수 있는 것과는 달리, 공유되는 코드 페이지의 위치는 같다는 - 페이지 테이블에서 세 번째 위치로 같은 - 것을 발견하게 될 것입니다. 그런데 말입니다...이것은 우연일까요?

우리는 한 가지 예를 통해 이것이 필연임을 알아낼 수 있었습니다. 공유되는 코드 페이지 내에서 그 페이지의 첫 번째 명령어로 분기하는 goto 명령어가 있다면, 분기할 곳을 나타내는 가상주소는 페이지 자신의 번호와 offset(d) 값인 0으로, 다시 말해 goto <2, 0>으로 되어 있을 것입니다. 이것은 실주소로의 사상을 위해 각 프로세스는 2라는 페이지 번호 값으로 엔트리를 찾아야 하므로 페이지 테이블에서 세 번째라는 동일한 위치에 있을 수밖에 없다는 것을 말합니다. 이 위치를 다를 수 있도록 하겠다는 말은 goto 명령어를 실행하는 프로세스마다 가상주소의 페이지 번호가 다를 수 있다는 말과 같고, 이것은 어떤 프로그램이 실행하는 프로세스에 따라 명령어가 접근하는 주소가 달라진다는 불가능한 - 절대로 그래서는 안 되는 - 경우를 말하므로 있을 수 없는 일임을 명심해야겠습니다. 참고로, 공유 페이지의 엔트리 위치를 서로 다르게 하는 것도 가능은 하지만, 이때는 사상할 때 무척 까다로운 관리가 요구된다는 정도만 알아두면 되겠습니다.

8.2.3 페이징에서 사상 테이블의 구성

32 비트를 사용해 주소를 표현하는 시스템에서 하위 12 비트를 offset으로 사용한다면, 페이지의 크기는 4 Kbyte(2^{12})가 되고 사상 테이블은 최대 100만 개(2^{20})의 엔트리를 가질 수 있을 것이다. 엔트리의 크기를 4 Byte로 잡더라도 페이지 테이블의 크기는 4 Mbyte가 되므로 매우 큰 크기가 되어 메모리에 모두 저장하기에는 벅차게 되므로, 페이지 테이블을 작게 나누어 필요한 부분만을 메모리에 적재하기 위해 계층구조를 갖도록 구성할 수 있다.

계층구조인 2단계 페이징을 예로 들어 보자. 위에서 말한 페이지 번호를 나타내는 20 비트를 10 비트씩 나누어 상위 10 비트를 바깥(또는 루트)페이지 테이블의 엔트리 위치로, 하위 10 비트는 나누어진 테이블 내의 엔트리 위치를 나타내도록 하면 어떨까? 메모리에 상주시키는 4 Kbyte 크기의 루트 테이블과, 같은 크기의 1024(2^{10})개 페이지 테이블들의 선택적인 메모리 적재를 통해 전부 적재해야 하는 부담을 줄일 수 있다.

157

Chapter 08 가상 메모리

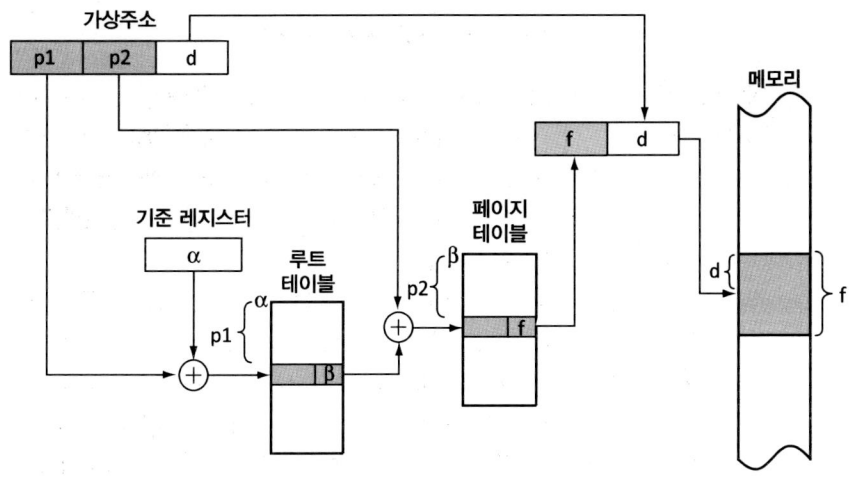

❖ 그림 8.5 2단계 페이징의 사상

　그림 8.5는 1,024개의 엔트리를 가지는 루트 테이블 한 개와, 역시 1,024개의 엔트리를 가지는 페이지 테이블(1,024개 중에서 한 개만 그려놓음)에서의 사상과정을 보여주며, 이때 루트 테이블의 시작주소는 기준 레지스터에 들어 있고 루트 테이블의 각 엔트리는 해당 페이지 테이블의 시작주소를 가지도록 구성된다. 간단하게 그려놓아도 이해하기 어렵지 않을 것이다.

　가상주소가 32 비트를 초과하는 경우는 더 많은 단계의 페이징을 요구하게 되고 – 예를 들어, 64 비트를 사용하는 UltraSparc에서는 7단계를 요구한다. – 이때는 페이지 테이블을 한 단계의 해싱 테이블로 구성하여 해결할 수 있는데, 자세한 것은 다른 책을 참고하기 바란다.

　메모리에 고정 크기의 페이지 테이블 하나만 둠으로써 해결하는 방법도 있는데, 이때의 페이지 테이블을 역(Inverted) 페이지 테이블이라 부른다. 역 페이지 테이블은 메모리의 프레임 수만큼 엔트리를 가지며, 테이블 내에서 엔트리의 순서는 프레임의 순서와 같다. 즉, k 번째 엔트리는 메모리의 k 번째 프레임에 대한 사상 정보를 가지고 있는데, 빈 프레임인지 아닌지를 나타내는 존재 비트와 함께 적재된 경우 어떤 프로세스의 몇 번째 페이지인지를 나타내게 된다. 역 페이지 테이블을 사용할 때의 가상주소는 페이지 번호(p), 위치값(d)과 함께 이 페이지를 소유하는 프로세스 번호(Pid)도 가져야 하는데, 이것은 사상을 할 때 프로세스 번호와 페이지 번호를 함께 사용하여 페이지

158

8.2 페이징(Paging)

❖ 그림 8.6 역 페이지 테이블의 사상

테이블을 검색해야 하기 때문이다. 다른 프로세스라 할지라도 페이지 테이블은 같은 페이지 번호로 매겨진다는 것을 생각해 보면서 그림 8.6을 보자.

예를 들어, 번호가 2인 프로세스가 페이지 번호 3과 위치 값 10으로 사상을 요구할 때, – 가상주소는 〈2, 3, 10〉의 모양일 것이다. – 먼저 2와 3을 가지는 엔트리를 검색한다 (최악의 경우 엔트리의 끝까지 검색해 보아야 한다). 발견된 엔트리의 역 페이지 테이블에서의 위치가 일곱 번째라면 메모리의 일곱 번째 프레임에 2번 프로세스의 3번 페이지가 적재되어 있다는 것이며, 여기서 위치 값 10을 더해 실주소를 알게 되는 것이다. 참고로, 역 페이지 테이블을 사용하면 프레임마다 적재한 프로세스 번호를 가져야 하므로, 서로 다른 프로세스번호를 필요로 하는 공유는 구현하기가 매우 힘들다.

페이징은 고정 크기의 페이지로 메모리를 관리함으로써 구현이 쉽다는 장점을 가지기 때문에 대부분의 시스템에서 채택되고 있다. 하지만, 프로그램의 마지막 페이지는 (평균적으로 페이지 크기의 반 정도의) 내부 단편화가 있게 되는 점도 간과할 수 없다. 3K 크기의 메모리에 페이지의 크기를 1K로 했을 경우 1.5K 크기의 프로그램 두 개가 내부 단편화 때문에 전부 적재되지 못한다. 더구나 하나로 붙어 다녀야 효과적인 크기 – 서브루틴, for문 또는 매트릭스(Matrix) 등 – 가 페이지 단위로 나누어져 일부가 적재되면 사상 시간이 길어지고 공유 또한 귀찮게 될 수 있다. 결국, 논리적인 단위별로 프로그램의 조각을 다른 크기로 하는 것이 유용하다는 판단에서 사용되는 기법이 지금부터 설명할 세그먼테이션되겠다.

159

Chapter 08 가상 메모리

8.3 세그먼테이션 (Segmentation)

대부분의 프로그램을 들여다보면 주(Main)프로그램, 프로시저, 함수 그리고 전역 또는 지역변수와 호출 시 사용되는 스택 등으로 이루어져 있을 것이다. 이렇게 논리적으로 하나하나의 단위 – 세그먼트라 부른다. – 들로 구분이 가능한 서로 다른 크기들이 모여 전체 프로그램을 구성하게 되며, 이런 단위대로 (그 크기대로) 사상하고 적재하는 기법이 세그먼테이션이다. 크기가 다름으로 인해 페이징보다 구현이 더 복잡해지기야 하겠지만, 논리적인 단위대로 반영된다는 점은 여러 가지 이점을 가질 것이다. 일단 사상 과정을 본 다음, 세그먼테이션에 대한 설명을 이어가겠다.

사상에 관한 전반적인 과정은, 크기가 다름으로 해서 요구되는 조치들을 제외하면, 페이징과 별다를 바가 없다. 프로그램은 서로 크기가 다른 세그먼트들로 이루어지며, 세그먼트 개수만큼의 엔트리를 가지는 세그먼트 테이블이 있어야한다. 가상주소는 세그먼트 번호(s)와 세그먼트 내에서의 위치 값(d)으로 표현되고, 기준 레지스터가 알려주는 세그먼트 테이블의 시작주소에 s를 더해 해당 엔트리를 찾는 과정은 페이징과 다를 게 없다.

세그먼트 테이블에서 한 엔트리가 가지는 정보는 존재 비트, 존재 비트의 값에 따라 유효한 디스크 주소와 메모리 주소를 갖는 필드들이 있는데, 여기서 한 가지 페이징과 다른 점은 메모리주소 필드에 적혀있는 값이 (페이징 때의 프레임 번호와 같이 실주소를 위해 계산을 요구하는 형태가 아닌) 실주소라는 점이다. 다음으로, 세그먼트의 길이(Length)가 적혀 있는 필드가 있는데 이것은 세그먼트의 크기가 서로 다름으로 인해 필요한 조치를 위해 사용된다. 이 외에, 세그먼트의 실행을 제어할 때 사용하는 몇 개의 비트들을 구현에 따라 설정할 수 있다. 즉, 읽기, 쓰기, 실행, 추가와 같은 작업을, 각 비트를 1 또는 0으로 지정하고 그 조합으로, 해당 세그먼트에 대해 정교하게 제어할 수 있는데 이런 비트들을 접근 제어 키(Access Control Key)라 부른다.

그림 8.7은 세그먼테이션에서의 사상 과정이며, 그림 8.2와 같이 설명된 페이징에서의 사상과 거의 같다는 것은 쉽게 알 것이다. 한 가지 다른 점이라면, 페이징에서는 적재된 프레임 번호가 알려지는 반면, 여기서는 엔트리에 해당 세그먼트가 적재된 메모리의 시작주소가 적혀 있다는 것이다.

160

8.3 세그먼테이션(Segmentation)

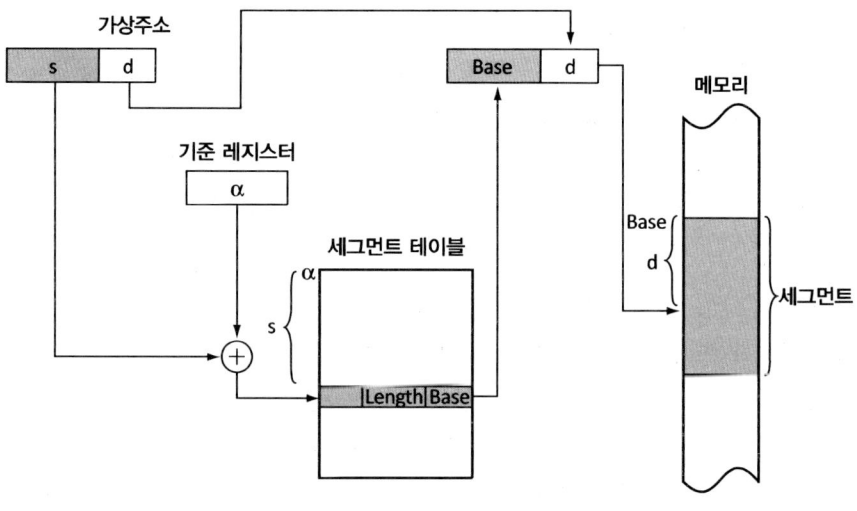

❖ 그림 8.7 세그먼테이션의 사상

페이징에서는 프로그램의 마지막 페이지를 적재했을 때 내부 단편화가 발생한다고 하였다. 프로그램의 처음부터 페이지 단위로 나누다 보면 마지막 페이지는 전부 채워지지 않고 남는 부분이 생길 것이므로. 세그먼트의 메모리 적재는, 다양한 크기의 수용을 위해 7장에서 설명한 배치(Fit) 기법이 사용되는데, 결과적으로 홀이라는 외부 단편화가 생길 수 있으므로 이에 따른 관리가 있어야겠다. TLB를 사용하거나, 테이블의 구성을 다단계 또는 역 페이지 등과 같이 하는 것은 세그먼테이션에서도 똑같이 가능하므로 따로 설명하지 않는다.

특정 시간대에 집중적으로 실행되는 for문이나, 호출되는 프로시저 또는 참조하는 매트릭스의 크기가 꽤 큰 상황에서 페이징을 운영하면 어떤 불편함을 예상할 수 있을까? 경우에 따라 몇 개의 페이지로 나뉘어, 어떤 것은 메모리에 적재되고 나머지는 디스크에 있게 됨으로써 (메모리에 적재되지 못한 페이지의 입출력 때문에) 빠르고 매끄러운 실행을 방해하지는 않을까? 관리가 다소 까다로워지더라도 다양한 크기를 그대로 인정함으로써 가질 수 있는 효과가 더 기대된다면, 당연히 주목해야 할 것이다.

8.3.1 세그먼트의 보호(Protection)와 공유(Sharing)

사상에서 실주소를 위해 더해지는 위치 값(d)이 세그먼트의 길이 값을 초과

161

Chapter 08 가상 메모리

하면, 트랩을 통해 프로세스의 실행을 중지시켜 사용자 간의 메모리 보호가 가능하다. 또한, 접근 제어 키를 사용하여 세그먼트 별로 허용되는 작업을 제어하여, 사용자의 잘못된 접근으로부터 보호될 수 있다. 참고로, 세그먼트에 대한 추가 작업이란 크기를 늘리는 작업이란 뜻이며, 실행 중 커지는 데이터를 여전히 한 세그먼트로 만들기 위해 필요한 작업이다.

세그먼테이션의 장점은 공유에서도 – 공유하는 방법은 페이징을 할 때와 같이 엔트리에서 같은 주소 값을 가지도록 하면 된다. – 드러난다. 공유해야 할 프로시저가 커서 몇 개의 페이지로 나누어진다면, 이 페이지들의 엔트리는 공유하는 프로세스들의 페이지 테이블에서 모두 같은 위치에 있어야 하고 이것은 테이블의 구성을 힘들게 만들 것이다. 또한, 페이지 크기와 정확하게 맞지 않을 경우, 공유할 필요 없는 (또는, 공유해서는 안 되는) 부분이 공유 페이지에 포함될 수도 있다.

프로그램에서 보호와 공유의 단위는 기본적으로 논리적인 단위이며, 이 요구를 자연스럽게 수용하는 것이 세그먼트이므로 세그먼테이션의 장점은 보호와 공유에 있다고 해도 과언이 아닐 것이다. 세그먼트의 크기가 달라질 경우에도 제어키를 사용하여 추가 작업이 가능하도록 하여 여전히 논리적인 한 단위로 유지할 수 있다는 것을 생각해 보라.

장점 하나 더. 논리적 단위란 것은 단위별로 수정하고 다시 컴파일해서 쓸 수 있다는 말로써, 프로그램의 일부의 변경 때문에 전부를 다시 링크하고 로딩하지 않아도 된다니 얼마나 고마운가!

8.4 페이징을 사용하는 세그먼테이션

페이징의 편리함과 세그먼테이션의 논리적 장점을 함께 가지기 위한 기법으로 이해하면 되겠고, 이미 두 기법은 위에서 배웠으므로 가벼운 마음으로 살펴보자.

프로그램을 먼저 세그먼트로 나눈 후, 각 세그먼트는 다시 페이지들로 나뉜다. 즉, 각각의 세그먼트는 여러 개의 페이지들로 이루어질 것이고, 사상의 최종 단위는 페이지이므로 (페이징을 할 때와 같이) 메모리는 페이지와 같은 크기의 프레임들로 구성되어 있다. 이렇게 되면 사상을 위해 세그먼트 테이블이

162

8.4 페이징을 사용하는 세그먼테이션

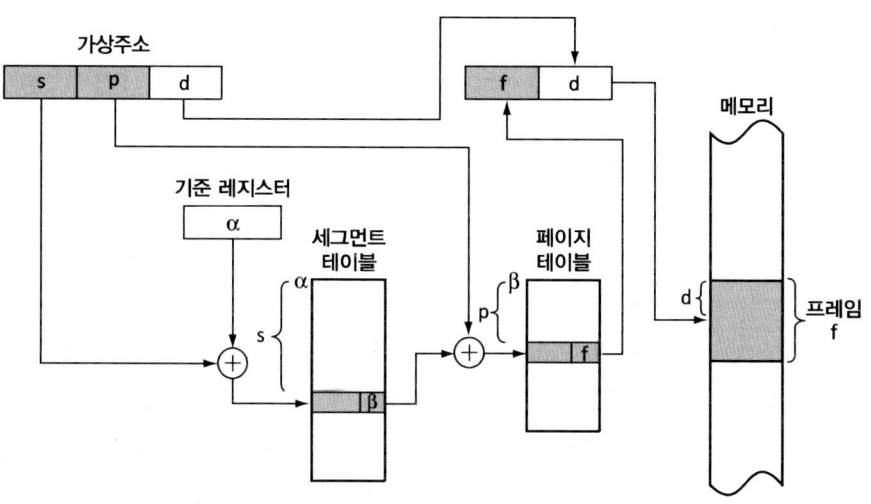

❖ 그림 8.8 세그먼테이션/페이징의 사상

하나 필요하고, 세그먼트 테이블의 엔트리 개수만큼 페이지 테이블이 필요해
질 것이다. 가상주소는 세그먼트 번호(s), 페이지 번호(p) 그리고 페이지 내의
위치 값(d)으로 표현되는데, 세그먼트 테이블의 각 엔트리는 나누어진 자신의
페이지들을 위한 페이지 테이블의 시작주소를 가지고 있다. 페이징과 세그먼
테이션에서 사용된 엔트리의 필드들을 떠올리며 그림 8.8을 가지고 사상 과정
을 알아보자.

　가상주소 〈s, p, d〉가 참조되면, 세그먼트 테이블의 시작주소를 가지는 기
준레지스터 값에 s를 더해 세그먼트 s를 위한 엔트리를 검색한 후 s를 위한 페
이지 테이블의 시작주소를 알게 된다. 이때, 엔트리에 표시된 접근 제어 키의
위반 여부에 따라 실행이 중지될 수도 있으며, 적재는 페이지 단위이므로 존재
비트를 둘 필요는 없다. 참고로, 8.3절에서 세그먼테이션만 사용할 때는 엔트
리에 s의 메모리 시작주소를 가지고 있었으나, 여기서는 페이징도 함께 사용
되기 때문에 s를 위한 페이지 테이블의 시작주소를 가지도록 함을 알아두자.

　페이지 테이블의 시작주소를 얻은 후 가상주소의 p를 더해 p를 위한 엔트
리를 검색하면 – 존재 비트가 0일 경우 먼저 적재 과정을 거쳐야 하겠지만 –
p가 적재된 프레임 번호를 알 수 있다. 물론, 그 다음은 (프레임 번호에 페이
지 크기를 곱한 후 가상주소의 위치 값 d를 더해서 얻게 되는) 실주소를 접근

163

하면 되겠다.

이 기법은 사상을 위한 테이블의 전체 크기가 커지고 실주소로의 접근까지 메모리의 접근이 더 요구되는 단점은 있으나, 잘 구현했을 때의 장점 때문에 OS/2 운영체제 등에서 사용되고 있다.

지금까지 각 기법과 함께 구성되는 테이블 또는 TLB 등과 같은 추가의 하드웨어의 지원에 따른, 가상 메모리와 사상에 관해 설명하였다. 초기의 UNIX 에서는 7장에서 배운 가변분할을 사용한 반면, UNIX SVR4나 Solaris에서는 페이징을 사용한다. 많이 들어본 Linux는 다단계 페이징을, Windows에서는 사용자의 가상주소 공간을 2 Gbyte까지 허용하는 페이징 을 사용하고 있으므로 위에서 배운 기법들이 거의 대부분 의 시스템에서 실제로 운영되고 있음을 느낄 것이다. 다음 장에서는 가상 메모리의 운영을 위한 다양한 기법들에 대 해 배울 것이다. 건강해야 공부도 하는 법이니, 잠시 뭐 좀 먹고 할까?

중요한건 필기했음 하는 바램인거죠!

CHAPTER
09
OS? Oh Yes!
누워서 보는 **운영체제** 이야기

가상 메모리의 관리

앞 장에서 가상 메모리를 위해 기본적으로 필요한 사상에 관해 배웠다. 다시 말하지만 가상 메모리는 프로그램의 일부분이 메모리에 올라오도록 함으로써 보다 많은 개수의 프로세스를 메모리에 수용함과 동시에 아무리 큰 프로그램도 실행 가능하게 해 줌을 알았을 것이다. 물론 이러한 장점은 사상 과정을 최대한 빨리해야 한다는 것과, 참조하고자 하는 페이지가 메모리에 있어 줄수록 극대화될 것이다. 참조한 페이지가 메모리에서 발견되지 않을수록 페이지 부재 빈도(Page Fault Frequency)가 높다고 하는데, 이 빈도가 높을수록 가상 메모리의 장점은 줄어들 수밖에 없다. 왜냐하면 페이지 부재는 해당 페이지를 메모리로 올리기 위해 커널의 개입을 통한 디스크와의 입출력을 요구하게 되고, 이미 배운 바와 같이 입출력을 발생시킨 프로세스를 대기 상태로 만드는 스케줄링이 가동됨으로써 사용자를 위한 CPU 시간을 상당 부분 커널 실행에 사용하게 되어 결과적으로 사용자는 시스템의 성능을 의심하게 되는 것이다. CPU는 가능한 한 사용자 프로그램을 실행하는데 동원되는 것이 사용자로부터 좋은 성능을 가진 시스템으로 인정받는다는 것을 기억하자.

이 장에서는 가상 메모리의 장점을 최대한 가지기 위해 동원되는 다양한 방법들을 알아볼 것이다. 추가의 하드웨어를 이용하거나, 좀 더 나은 성능을 낼 수 있는 다양한 알고리즘들을 살펴본 후 그 밖에 고려해야 할 몇 가지를 공부해 보면 가상 메모리에 관해 꽤 많은 것을 이해하리라 믿는다. 참고로 앞으로의 설명은 페이징과 세그먼테이션에 공통으로 적용되는 것이 대부분이므로 페이징을 기준으로 하되, 세그먼테이션으로 설명이 필요한 부분은 해당되는 곳에서 추가로 다룰 것이다.

Chapter 09 가상 메모리의 관리

9.1 하드웨어의 사용

가상 메모리가 효율적으로 운영되기 위해서는 먼저 사상에 걸리는 시간을 최소화해야 하는데, 앞 장에서 여러분이 배운 것 중 TLB라는 추가의 하드웨어를 사용한 방법이 좋은 예이다. 이외에도 페이지 테이블의 저장을 캐시와 같은 좀 더 빠른 기억 장치에 하는 방법, (TLB와 같은 방식의 구현으로) 테이블의 일부분을 올릴 수 있는 다수의 레지스터를 사용하는 방법 등이 있겠다. 물론, 사상 과정의 각 단계에서 최대한 많은 개수의 레지스터를 동원하여 실행 시간을 최소화하는 것도 필요할 것이다. 정리하자면, 사상을 빨리하기 위해 추가의 비용을 들여 필요한 하드웨어를 장착하여 활용하는 것이다.

이외에도 앞으로 소개될 기법들에서 페이지를 관리하기 위한 정보로서 각 페이지에 대해 참조 비트(Reference Bit)와 갱신 비트(Modified Bit 또는 Update Bit) 등을 두기도 한다. 참조 비트란 해당 페이지가 변경 없이 단순히 참조되었다는 것을, 갱신 비트는 내용이 변경됐다는 것을 나타내기 위해 사용되는데 이러한 비트를 기록하기 위해 추가의 레지스터를 사용하기도 한다. 이런 두 개의 비트에 대한 사용 예는 잠시 후 보게 될 것이다.

9.2 관리를 위한 다양한 기법들

가상 메모리의 관리를 위해 요구되는 정책들이 여러 개 있으며, 각 정책마다 다양한 기법들이 소개되고 있으므로 지금부터 설명되는 기법들을 이해한 후 비교해 보기 바란다. 한 가지 조언을 하자면, 기법 하나를 읽은 후 잠시 책에서 눈을 떼고 방금 읽은 내용을 차분하게 그려보는 것도 좋은 방법이다.

9.2.1 적재 정책(Fetch Strategy)

실행에 필요한 페이지를 언제 메모리에 적재할 것인가를 결정하는 정책이다. 알다시피 페이지 단위로 나뉘어 있는 전체 프로그램은 디스크에 있고, 이 중에서 실행돼야 할 일부의 페이지는 메모리에 있어야 하므로 이런 페이지들을 메모리에 적재시킬 시점을 정하는데 필요한 정책이라 보면 된다. 크게 보아 두 가지가 있으며, 시스템에 따라 둘 중에 하나를 선택하여 구현하면 될 것이다.

▶ 요구 적재(Demand Fetch)

요구 페이징(Demand Paging)이라고도 하며, 페이지가 참조될 때 적재하는 기법이다. 즉, 적재해야 할 요구가 있을 때 – 사상 과정에서 찾고자 하는 페이지가 정해지고 이 페이지가 메모리에 없어서 디스크로부터 적재해 와야 할 때 – 하겠다는 기법이므로, 참조되지 않은 페이지는 메모리에 적재될 기회가 없다. 매우 당연한 것으로 보이는 이 기법은 참조하는 페이지들만으로 메모리를 사용하게 되므로 메모리에 관한 한 오버헤드가 없으나, 참조 시 페이지 부재일 경우, 이 페이지가 적재될 때까지 해당 프로세스를 대기 상태로 만드는 문맥교환과 디스크와의 입출력 부담이 있게 된다.

▶ 예측 적재(Anticipatory Fetch)

선 페이징(Prepaging)이라고도 하며, 예측을 통해 확률적으로 참조될 가능성이 높다고 판단되는 페이지를 미리 적재시키는 기법이다. 예측이 잘 될 경우 페이지 부재 빈도를 낮출 수 있으나, 반대의 경우에는 예측을 위한 오버헤드와 함께 참조되지 않을 페이지를 적재한 메모리의 낭비가 발생할 것이다. 디스크 상에서 인접한 몇 개의 페이지들을 한 번의 디스크 입출력 때 메모리로 적재시키거나, 프로그램의 시작 시점에서 당장 참조될 것으로 보이는 몇 개의 페이지들을 적재시키는 경우에 고려해 볼 수 있지만, 실험을 통해 요구적재가 더 낫다는 것이 밝혀져 있으므로 예측 적재를 사용하는 경우는 매우 드물다고 알아두자.

9.2.2 배치 정책(Placement Strategy)

디스크로부터 가져온 페이지를 메모리의 어디에 적재할 것인가를 결정하는 정책이다. 페이징을 사용하는 시스템에서는 메모리가 페이지의 크기와 같은 프레임으로 이루어져 있다고 배웠으므로, 빈 프레임만 발견되면 어떤 프레임에 적재하든 문제가 없고 따라서 배치 정책을 따로 신경 쓰지 않아도 된다. 하지만 세그먼테이션을 사용할 경우는 세그먼트의 크기가 얼마든지 다를 수 있으므로

Chapter 09 가상 메모리의 관리

다양한 크기의 세그먼트를 수용할 수 있는 배치 정책이 요구되며, 7.5절에서 이미 배운 최초 적합을 비롯한 여러 개의 적합 기법 중 하나를 채택하면 된다.

9.2.3 할당 정책(Allocation Strategy) 과 교체 범위

프로세스들에게 메모리를 얼마큼씩 줄 것인지를 결정하는 정책이다. 페이징의 경우 각 프로세스에게 메모리 프레임을 몇 개 사용할 수 있도록 해 줄 것인가와 같은 말이 될 것이다. 프로세스들에게 같은 개수든 서로 다른 개수든 시스템에서 정해놓은 개수를 사용하도록 하고, 개수의 변동이 없도록 운영한다면 고정 할당(Fixed Allocation)이라 부른다. 반면에 실행 도중 프로세스에 부여된 프레임의 수에 변동이 있도록 한다면 가변 할당(Variable Allocation)이라 부르면 되겠다.

바로 다음에서 설명될 교체 정책에서 교체의 대상을 선택할 때 그 범위를 어디까지로 할 것인가는 할당 정책과 밀접한 연관이 있다. 해당 프로세스에게 할당된 프레임 중에서 교체될 페이지를 선택하게 하면 지역 교체(Local Replacement)라 하고, 메모리의 모든 프레임들이 대상이 되면 전역 교체(Global Replacement)라 하는데, 고정 할당을 하게 되면 전역 교체는 불가능하다. 다시 말해, 고정 할당을 한다는 말은 전역 교체를 하지 않는다는 말과 같다. 전역 교체에서 프레임이 하나 줄어야 하는 프로세스가 생긴다는 말은 다른 어떤 프로세스에게는 프레임이 하나 증가한다는 것을 의미하기 때문에 전역 교체는 가변 할당일 수밖에 없다. 참고로, 할당된 프레임의 수를 변경이 가능토록 하되, 교체의 대상은 자신의 프레임 내에서 선택하도록 하는 가변 할당/지역 교체의 조합은 가능한데, 이 방식의 사용 예는 9.2.5절에서 알아보도록 하자.

9.2.4 교체 정책(Replacement Strategy)

메모리에 빈 프레임이 없을 때 적재될 페이지를 위해 적재된 페이지 중 누군가는 자신이 차지한 프레임을 비워주어야 하는 교체 대상이 되어야 할 텐데, 이때 어떤 페이지를 선택할 것인가를 결정하는 정책이다. 이 절에서는 고정할당을 기반으로 사용 가능한 다양한 기법들을 알아보고, 가변 할당의 경우는 다음 절에서 다룰 것이다.

170

9.2 관리를 위한 다양한 기법들

◪ 최적(Optimal 또는 MIN) 기법

교체될 페이지에 대한 최고의 선택은 무엇일까? 방금 교체시킨 페이지가 잠시 후 또 참조된다면 페이지 부재를 겪게 될 것이고, 이것은 시스템의 성능에 걸림돌이 될 것이다. 따라서 교체에 있어서 최고의 선택이란 페이지 부재를 최소화하는 것이며, 이것은 현 시점에서 앞으로 가장 오랫동안 참조되지 않을 페이지 즉, 미래에 참조될 때까지의 시간이 가장 긴 페이지를 선택하여 교체하는 것이다.

최적 기법은 페이지 부재를 최소로 해주지만, 프로세스들이 앞으로 어떤 페이지들을 참조할지를 미리 알 수는 없으므로 현실적으로 구현이 불가능하다. 다만, 구현이 가능한 다른 기법들의 성능을 비교해볼 수 있는 잣대로서 의미를 가지는데 예를 하나 들어보자. 그림 9.1은 프로그램의 실행 과정에서 참조될 페이지들의 순서 – 이것을 참조 열(Reference String)이라 부르는데 실제로는 미리 알 수 없지만 기법들의 실행 방식이나 상호 비교를 위해 사용된다. – 가 주어지고, 이 프로세스에게 3개의 프레임이 할당됐을 때 페이지 부재가 언제 그리고 전부 몇 번 발생하는지를 보여준다. 프로그램의 시작 단계에서는 프레임들이 비어 있으므로 부재를 일으키며 채워나가게 될 것이며, 이것은 페이지 부재 여부에서 *로 표시되어 있다. 참조 순서에서 네 번째인 2번 페이지의 참조에서 (현재 적재된 페이지가 7, 0, 1번이므로) 부재와 함께 교체가 발생하는데 이때 현재 적재된 페이지들 중 가장 나중에 참조되거나 아예 참조되어지지 않을 페이지인 7번 페이지가 교체되는 것이다. 이 후 과정은 여러분들이 스스로 해 보기 바라며, 전부 8번의 부재가 발생함을 알 수 있을 것이다. 참고로 14번째 참조에서는 적재 중인 0번과 3번에 대한 더 이상의 참조 열이 없으므로 아무거나 골라서 교체해도 좋다.

시간	1	2	3	4	5	6	7	8	9	10	11	12	13	14	15
참조 열	7	0	1	2	0	3	0	4	2	3	0	3	2	1	2
적재된 페이지	7	7	7	2	2	2	2	2	2	2	2	2	2	2	2
		0	0	0	0	0	0	4	4	4	0	0	0	1	1
			1	1	1	3	3	3	3	3	3	3	3	3	3
부재 여부	*	*	*	*		*		*			*			*	

❖ 그림 9.1 최적 기법의 부재 발생 현황

171

FIFO 기법

FIFO란 말 그대로 적재된 지 가장 오래된 페이지를 교체하는 기법이다. 즉, 가장 먼저 적재된 페이지가 교체의 대상이 되는 것인데, 이것을 구현하기 위해서는 적재된 시간이나 순서를 알아야 하므로 두 가지의 구현 방법이 있다. 첫째, 각 페이지가 적재될 때의 시간을 기록한 후, 교체 시 이 시간이 가장 오래전인 페이지를 선택하는 것인데 이런 방식을 시간 기록(Time Stamping) 기법이라 부른다. 시간 기록을 위한 추가의 기억장소와, 시간들을 비교하여 가장 오래된 페이지를 찾는데 걸리는 오버헤드가 생기는 것은 피할 수 없다. 두 번째는 FIFO에 어울리는 자료구조인 큐를 사용하는 것인데, 큐에서의 상대적인 위치가 적재된 순서를 나타내는 것으로 교체의 대상은 항상 큐의 맨 앞 – 헤드 포인터의 위치 – 이 되도록 유지, 관리하는 것이다. 이 방식은 교체 대상을 바로 알 수 있지만, 큐 내에서 페이지들이 적정 위치에 있도록 자리를 잡아 주는데 걸리는 오버헤드가 발생한다. 그림 9.2는 큐를 사용한 예로서 성능의 비교를 위해 참조 열과 프레임의 개수는 위의 최적 기법과 같게 하였다. 그림의 적재된 페이지(FIFO 큐)에서 → 표시는 헤드 포인터의 위치를 나타낸다.

참조 열의 네 번째인 2번 페이지의 참조에서 부재가 발생할 때, 교체의 대상은 언제나 헤드 포인터의 위치에 있는 7번 페이지가 되며 0번과 1번이 한 칸씩 앞으로 이동하고 큐의 맨 끝에 2번 페이지가 들어감을 눈여겨 보자. 전부 12번의 부재를 발생시킴으로써 최적에 비해 성능이 저조함을 알 수 있고, 이것은 순수한 FIFO 기법만으로는 교체 정책으로 사용되기가 어려움을 보여 준다.

어떤 프로세스가 페이지 부재를 자주 발생시킨다는 것은 충분한 프레임이 할당되지 못했을 경우 – 충분한 메모리가 주어지지 못한 경우 – 라고 판단하는

시간	1	2	3	4	5	6	7	8	9	10	11	12	13	14	15
참조 열	7	0	1	2	0	3	0	4	2	3	0	3	2	1	2
적재된 →	7	7	7	0	0	1	2	3	0	4	2	2	2	3	0
페이지		0	0	1	1	2	3	0	4	2	3	3	3	0	1
(FIFO 큐)			1	2	2	3	0	4	2	3	0	0	0	1	2
부재 여부	*	*	*	*		*	*	*	*	*	*			*	*

❖ 그림 9.2 FIFO 기법의 부재 발생 현황

9.2 관리를 위한 다양한 기법들

것이 정상적이다. 하지만 FIFO에서는 부재율을 낮추기 위해 프레임을 더 주었을 경우 오히려 부재율이 올라가는 현상을 발견할 때가 있는데, 이것을 FIFO 모순(FIFO Anomaly) 또는 발견자의 이름을 따서 Belady's Anomaly라 부른다. 예를 들어, 참조 열이 1,2,3,4, 1,2,5,1,2,3,4,5일 경우 프레임이 3개가 주어졌을 때 9번의 부재가 발생하는데 반해, 4개의 프레임을 할당했을 경우에는 오히려 10번의 부재 즉, 부재가 한 번 더 발생하는 것을 발견할 수 있는데 각자 복습하는 기분으로 한 번씩 해 보기를 권한다.

⬛ LRU(Least Recently Used) 기법

참조된 지가 가장 오래된 페이지가 교체 대상이며, 선택을 위해 적재된 페이지들의 참조된 시간 또는 순서를 알아야 하므로 FIFO 때와 같이 두 가지의 구현 방법이 있다. 첫째로, 시간 기록 기법을 사용하여 페이지들이 적재될 때의 시간을 기록한 후 이 페이지가 메모리에 있는 동안 참조될 때마다 가장 최근의 참조 시간으로 갱신해 놓으면, 가장 오래전 시간이 기록되어 있는 페이지가 교체의 대상이 될 것이다. 물론 이 방법 역시 시간 기록 기법이 가질 수밖에 없는 FIFO 때와 마찬가지의 오버헤드를 감수해야 한다. 두 번째로는 LRU 스택(Stack)을 사용하는 방법이 있는데, 스택의 가장 밑(Bottom)에 있는 페이지가 교체 대상이 되도록 스택에서의 위치가 상대적인 참조 순서를 나타내도록 관리하는 방법이다. 그림 9.3은 LRU 스택으로 구현한 예로서, 참조 열과 프레임의 개수는 앞의 두 개 기법과 같게 하여 비교해 보았으며 → 표시는 스택의 가장 밑 즉, 교체될 페이지를 나타낸다.

네 번째 참조에서 교체의 대상은 7번 페이지가 되며, 이미 적재된 페이지 0과 1번은 하나씩 밑으로 이동하고 새롭게 적재되는 2번 페이지가 가장 위에

시간	1	2	3	4	5	6	7	8	9	10	11	12	13	14	15
참조 열	7	0	1	2	0	3	0	4	2	3	0	3	2	1	2
(LRU 스택)			1	2	0	3	0	4	2	3	0	3	2	1	2
적재된		0	0	1	2	0	3	0	4	2	3	0	3	2	1
페이지 →	7	7	7	0	1	2	2	3	0	4	2	2	0	3	3
부재 여부	*	*	*	*		*		*	*	*	*			*	

✤ 그림 9.3 LRU 기법의 부재 발생 현황

위치하게 됨을 알 수 있을 것이다. 참고로, 다섯 번째의 경우처럼 0번 페이지의 참조는 부재가 발생하지는 않았으나, 0번을 맨 위로 올리고 1번과 2번을 순서대로 하나씩 밑으로 내려주는 조정이 필요하고 이것이 오버헤드가 된다. 전부 10번의 부재가 발생하게 되며, 이것은 최적보다 못하지만 FIFO보다 나은 성능으로 구현될 수 있음을 의미한다. LRU는, 미래를 알 수는 없지만, 최근에 자주 참조된 페이지가 앞으로도 당분간 자주 참조될 것이라는 판단에 근거한 기법이다. 교체 정책은 어차피 일정부분 오버헤드를 가질 수밖에 없고, 이를 최소화하면서 부재 빈도는 최적에 근접하는 정책을 구현하는 것이 올바른 선택이 될 것이므로 대부분의 시스템에서는 LRU 또는 LRU를 변형시킨 기법이 사용되고 있다.

➘ Second-chance (Clock) 기법

이 기법은 책에 따라 FIFO의 변형 또는 LRU에 근접하는 기법으로 소개되고 있다. FIFO는 참조 패턴과 상관없이 단순히 적재된 지 가장 오래된 페이지를 교체함으로써, 계속해서 참조될 페이지를 교체시켜 버릴 수 있는 약점을 가진다는 점에 주목해 보라. 그렇다면, 적재된 후 한번이라도 더 참조된 페이지를 바로 교체시키지 않고 한 번 더(Second) 메모리에 머무를 수 있는 기회(Chance)를 주는 것도 좋은 방법이 될 것이다. 이 기법은 적재된 페이지에 9.1에서 설명한 참조 비트를 두어 교체 대상인 페이지의 참조 비트가 0이면 바로 교체되고, 1로 되어 있을 경우 즉, 적재된 후 한번 이상 참조된 경우 이 비트를 0으로 만들면서 큐의 맨 뒤로 보냄으로써 메모리에 머무를 기회를 한 번 더 주는 것이다. 그림 9.4는 FIFO와 동일한 환경을 Second-chance 기법으로 운영한 것이며 적재된 페이지에서 / 다음의 1은 적재 후 한번 이상 참조된 페이지

시간	1	2	3	4	5	6	7	8	9	10	11	12	13	14	15
참조 열	7	0	1	2	0	3	0	4	2	3	0	3	2	1	2
적재된 →	7	7	7	0	0/1	2	2	0/1	4	0	0/1	0/1	0/1	2	2/1
페이지		0	0	1	1	0	0/1	3	0	2	2	2	2/1	3	3
(FIFO 큐)			1	2	2	3	3	4	2	3	3	3/1	3/1	1	1
부재 여부	*	*	*	*		*		*	*	*				*	

❖ 그림 9.4 Second-chance 기법의 부재 발생 현황

9.2 관리를 위한 다양한 기법들

임을 나타낸다.

다섯 번째의 0번 페이지에 대한 참조는 0번 페이지의 참조 비트를 1로 만들게 되며, 이어서 3번 페이지에 대한 참조는 부재를 발생시킬 것이다. 이때 0번 페이지는 참조 비트가 0이 되면서 큐의 뒤로 가게 되고 다음 순서인 1번 페이지가 참조 비트가 0이므로 교체된 후, 헤드 포인터로부터 차례대로 2, 0, 3번 페이지가 위치하게 된다. 14번째의 경우는 적재된 모든 페이지의 참조 비트가 1이므로 참조 비트를 0으로 만드는 한 바퀴 순환이 일어난 후 0번이 교체되고 2, 3, 1번의 순서로 위치할 것이다.

그림 9.4는 현 시점에서 일차적인 교체 대상은 고정된 포인터에 위치하는 페이지이며, 적재된 페이지들은 큐 안에서 자리를 바꾸고 있음을 보여주고 있다. 이번에는 반대로 순환(Circular) 큐를 사용하여 페이지들의 위치는 그대로 둔 채 포인터를 변경하면서 교체 대상을 지정하는 방법을 보도록 하자. 그림 9.4의 네 번째부터 여섯 번째 참조까지를 순환 큐로 구현한 것이 그림 9.5이다. 세 개의 프레임이 있는 순환 큐에서 각 프레임에 표시된 작은 0은 적재 후 참조된 적이 없음을, 1은 한번 이상 참조되었음을 나타내고 포인터가 위치하는 페이지가 일차적인 교체 대상임을 나타낸다. (b)와 같이 부재가 없는 참조는 해당 페이지의 참조 비트를 1로 만들고 포인터의 변경은 생기지 않는다. 물론 적재 중인 페이지에 대해 두 번 이상의 참조가 있어도 참조 비트는 한 비트이므로 1외의 다른 값을 갖지 못함은 충분히 이해가 될 것이다. (c)에서 부재가 발생하고 이때 현재 포인터가 위치한 0번 페이지는 참조 비트가 1이므로 0으로 바꾸되 메모리에 그대로 두고, 포인터를 시계방향으로 한 칸 이동하여 1번 페이지에 대해 교체 여부를 결정한다. 1번 페이지는 참조 비트가 0이므로 교체되어 3번 페이지가 적재되고, 포인터는 다음 번 교체의 일차 대상이 되는

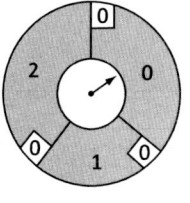

(a) 네 번째 참조 후

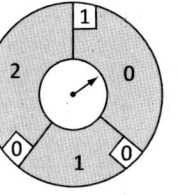

(b) 다섯 번째 참조 후

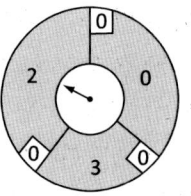

(c) 여섯 번째 참조 후

❖ 그림 9.5 Clock 기법

175

Chapter 09 가상 메모리의 관리

(방금 적재된 페이지의 다음 위치인) 2번 페이지로 이동하게 된다.

순환 큐를 사용한 방법은 포인터가 이동하는 모습이 시계를 닮았다고 해서 clock 기법이라고 부르는데, 구현에 따라 변형된 기법을 사용할 수도 있다. 책에 따라 clock 기법에 갱신 비트까지 사용한 방식을 Second-chance라 하기도 하고 개선된 Second-chance 기법이라 부르기도 하며, 참조와 갱신 비트를 어떤 방식으로 관리하느냐에 따라 NUR(Not Used Recently) 기법이라 부를 때도 있다. 이름이 중요한 것은 아니므로 여러분들은 clock 기법의 기본 아이디어를 이해하는데 관심을 두면 좋겠다.

🔽 개선된 Second-chance (또는 NUR) 기법

Clock 기법에 갱신 비트를 추가하면 보다 나은 교체 정책을 만들 수 있다는 생각으로 출발한 기법이다. 갱신 비트가 1이란 말은 이 페이지가 적재 중 변경되었다는 것을 의미하고, 교체가 될 경우 변경된 내용으로 디스크에 기록을 해 주어야 하는 부담이 있으므로 가급적 교체를 미루어 디스크에 대한 쓰기 작업을 줄이고자하는 의도이다. 참조 비트와 갱신 비트 값의 조합은 네 종류로서 참조도 변경도 되지 않은 경우부터 참조되고 변경까지 된 경우가 있게 되고 다음과 같이 운영된다.

첫 번째 단계로, 현재 포인터 위치에서 포인터를 이동하며 참조와 갱신 비트가 모두 0인 페이지를 찾아 교체하고 다음 페이지로 포인터를 위치시킨다. 첫 번째 단계에서 그런 페이지를 찾지 못하면 두 번째로 참조는 0, 갱신은 1로 되어 있는 페이지를 찾아 교체한다. 이때 포인터를 이동하면서 모든 프레임의 참조 비트를 0으로 바꾼다. 두 번째 단계에서도 해당 페이지를 찾지 못했다면 포인터는 제자리로 돌아와 있을 것이며, 모든 프레임의 참조 비트는 0이 되어 있을 것이므로 다시 첫 번째 단계를 시도하고 안 되면 두 번째 단계까지 시도해 보면 교체 대상 페이지가 발견될 것이다.

NUR 역시 참조와 갱신 비트를 사용하되, 참조 비트는 시스템에서 주기적으로 0으로 만들어준다. 적재된 시간이 지날수록 페이지들의 참조 비트가 모두 1이 될 확률은 높아지며 이 경우 참조 비트는 더 이상 선택의 기준이 되지 못하는 점을 상상해보면 참조 비트를 주기적으로 0으로 만들어 주는 것이 필요할 것이고 또한, 참조는 0인데 갱신 비트가 1인 경우도 이해되리라 믿는다. 교체의 대상은 참조와 갱신 비트의 짝이 (0,0)인 것부터 차례로 (0,1), (1,0),

176

(1,1)의 순서로 선택된다.

LFU(Least Frequently Used)와 MFU(Most Frequently Used) 기법

적재되어 있는 동안 참조된 횟수를 누적하여 기록한 후 그 값으로 교체 대상을 선택하는 기법이며, LFU는 많이 참조된 페이지는 앞으로도 참조될 확률이 높을 것이란 판단에 근거하여 값이 가장 작은 페이지를 선택한다. 반면에, MFU는 많이 참조된 페이지는 충분히 참조가 이루어졌으므로 더 이상 참조되지 않을 것이란 판단에 근거하여 값이 가장 큰 페이지를 선택한다. 두 기법 모두 편향된 시각에 근거함으로써 실제로 구현되는 경우는 매우 드물다.

페이지 버퍼링(Page Buffering) 기법

이 기법은 단순한 교체 기법과 함께 사용되어 페이징의 성능을 향상시킬 수 있는 장점을 가진다. 적재가 가능한 가용(Available) 프레임 몇 개를 풀(Pool)로 유지하면서 부재가 생긴 경우 적재될 페이지는 바로 풀의 한 프레임으로 가져오고, 교체 대상으로 선택된 페이지는 변경된 경우에 한해 디스크로 쓰여지고 난 후 풀에 보태진다. 이렇게 되면 교체 대상으로 선택된 페이지가 적재 중 갱신된 경우, 그 내용을 디스크에 쓰고 난 다음 프레임에 적재시키는 시간적인 순서를 지키지 않아도 되므로 빠른 응답을 기대할 수 있다. 또한, 변경된 페이지들을 변경 리스트에 유지하고 있다가 디스크 작업이 여유가 있을 때 한꺼번에 디스크에 쓴 다음 이 페이지들의 갱신 비트를 0으로 해주면 다음에 이 페이지들이 실제로 교체될 때 (이미 써놓았으므로) 응답 시간을 줄여줄 것이다.

페이지 버퍼링의 또 다른 장점은 교체될 페이지들을 가능한 메모리(가용 프레임 풀)에 남겨두어 디스크 입출력 횟수를 줄이고, 동시에 이 페이지가 다시 참조될 경우 바로 사용할 수 있다는 점이다.

지역성이라고 들어봤어요? 모르면 말을 하지 마세요.

내일 오후 한 시에 눈이 온다는 예보를 듣는다면 오후 두 시에도 눈이 올 거라는 짐작은 쉽게 할 수 있겠지만 모레에도 눈이 올 거라는 기대는 쉽게 하기 힘들지요. 또, 서울에 눈이 왔다면 수원에도 눈이 왔을 거라는 짐작은 쉽게 해도 부산에도 눈이 왔을 거라고 생각하는 사람은 드물 겁니다. 이것은 우리 생활에서 발견할 수 있는 지역성(Locality)을 말하는 것으로, 전자를 시간적(Temporal) 지역성, 후자를 공간적(Spacial) 지역성이라 한답니다.

프로그램 역시 지역성을 갖는데, 시간대별로 일부 명령들 또는 프로그램의 특정 부분이 집중적으로 실행되는 현상을 보인다는 겁니다. 예를 들어, 반복(Loop)이 있는 경우 반복문 내의 명령어들이 집중적으로 실행되고, 배열이나 행렬을 사용할 때는 이런 자료구조가 있는 기억 장치의 영역을 집중적으로 접근하게 되겠지요. 정리해 보면, 현재 실행되는 명령어나 접근되는 데이터는 당분간 다시 실행되거나 접근될 확률이 높으며 이들과 인접한 명령어나 데이터가 실행되거나 접근될 확률 또한 높다는 겁니다.

프로그램에 내재하는 지역성이라는 특징은 가상 메모리 관리 특히, 교체 정책의 선택과 밀접한 연관이 있답니다. 잘못하면 잠시 후 참조될 페이지의 반복적인 교체가 과도한 페이지 부재를 야기하여 결과적으로 시스템의 성능을 현저히 떨어트리는 스레싱(Thrashing)을 겪을 수도 있다는 것이지요. 결국 스레싱을 피하기 위해서는 현 시점에서 지역성을 보이는 즉, 집중적으로 참조되는 페이지들은 메모리에 적재되도록 해야 한다는 결론에 이르게 될 겁니다. 그리고 지역성을 보이는 페이지들의 개수는 실행 시간대별로 다를 수 있으므로 가변할당이 기반이 될 거라는 생각은 할 수 있겠지요?

9.2.5 Working set 이론과 PFF(Page Fault Frequency)

1960년대 후반 – 지금도 대부분의 시스템이 활용하고 있는 가상 메모리 이론이 벌써 반세기 전에 나왔다니 놀랍지 않은가? – Denning에 의해 위에서 말한 지역성을 고려한 가변할당 기반의 Working set 이론이 소개되었다. 프로세스가 특정 시점에서 집중적으로 참조하는 페이지들의 집합을 Working set이라 하며, Working set을 메모리에 적재되도록 함으로써 페이지 부재를 최소화하겠다는 것이다. Working set은 시간에 따라 변하게 되는데 이를 공식적으로 정의하면 다음과 같다.

"시점 t에서 프로세스의 Working set, $W(t, \Delta t)$는 해당 프로세스가 $[t - \Delta t, t]$ 시간 동안 참조한 페이지들의 집합이다. Δt는 일정 크기의 시간으로 윈도 크기(Window Size)라 부르며, 시스템에 의해 적절한 값으로 정해진다." 이해를 돕기 위해 그림 9.6을 보자.

Working set이란 현 시점에서의 지역성을 표현하고, 이 페이지 집합은 앞으로도 당분간 집중적으로 참조될 것이라 보는 것이다. 그렇다면, 그 때의

9.2 관리를 위한 다양한 기법들

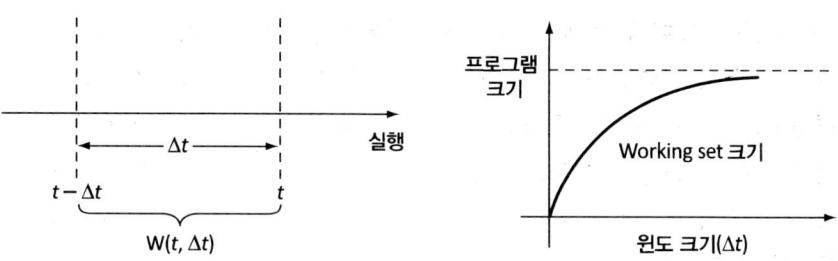

❖ 그림 9.6 프로세스의 Working set   ❖ 그림 9.7 Working set과 윈도 크기

Working set을 메모리에 적재되도록 하여 스레싱 때문에 겪게 될 성능 감소
를 미연에 방지할 수 있을 것이다.

Working set 이론에서 윈도 크기를 정하는 것은 중요하다. 너무 크게 잡으
면 지역성에 포함되는 페이지들 외에 다른 페이지들도 Working set에 포함될
수 있게 되어 메모리의 낭비와 함께 적정한 다중 프로그래밍 정도를 유지하기
힘들게 된다. 반면에, 너무 작게 잡으면 지역성에 포함되는 페이지들조차
Working set에서 빠져 스레싱을 겪게 될 것이므로 시스템의 다양한 상황을
반영하여 세심하게 결정되어야 한다. 그림 9.7은 윈도 크기에 따른 Working
set 크기의 관계를 보여주고 있으니 참고하자.

이론적으로 윈도 크기란 순수한 시간의 크기지만 그대로 구현하기가 곤란
한 점 때문에 운영체제에 따라 약간의 변형을 주어 사용하는 것이 대부분이다.
예를 들어 현 시점의 Working set은 "현재로부터 과거 몇 개의 페이지 참조
내에 포함되는 페이지 집합"으로 정하고, 여기서 "과거 몇 개"까지가 정해진
윈도 크기가 된다. 그림 9.8에 나타난 참조 열로 실행되는 프로세스에 윈도 크
기가 5(다섯 개의 참조)라면 시점별로 변하는 Working set의 크기를 쉽게 알
수 있을 것이다. 프로그램의 실행이 시작된 후 t_0부터 처음 참조되는 페이지들

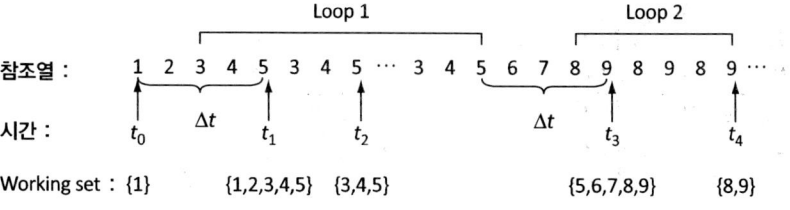

❖ 그림 9.8 Working set의 변화

179

Chapter 09 가상 메모리의 관리

은 부재를 겪으며 점차 Working set을 키워가다가 t_1에서 최대 크기인 5가 된다. 이후부터 지역성을 보이면서 t_2에서와 같이 (세 개의 페이지로 Loop 1을 구성하는 동안에는) 일정한 크기(=3)로 유지된다. 실행이 진행되면 다음 지역성을 보이는 Loop 2 부분으로 넘어가면서 t_3에서 5개로 증가했던 Working set은 점점 줄어들어 t_4에서와 같이 페이지 두 개로 구성되는 강한 지역성을 드러내는 것이다.

이제 구체적인 예를 들어 Working set으로 관리되는 가상 메모리에 대해 알아보자. 그림 9.9에서 참조 열 Z는 ccdbcecead이며 윈도 크기는 4, 현재 Working set은 {a, d, e}이다. 참고로 현재의 working set은 직전의 e와 d의 참조에 의해 구성되었다(즉, t_{-2}에 e, t_{-1}에 d를 참조하였음). 그림에서 p_{ws}는 Working set에 들어오는 페이지, q_{ws}는 제외되는 페이지를 나타낸다.

첫 번째의 페이지 c에 대한 참조는 현재의 Working set, {a,d,e}에는 없으므로 부재가 발생하고 Working set에 포함시켜야 한다. 동시에, 윈도 크기가 4이므로 현재의 참조부터 과거로 총 4개의 참조까지(t_{-2} 까지) 구간에서 참조되지 않은 페이지가 있다면 working set에서 제외시킨다. 이런 Working set의 조정 결과 {a,c,d,e}가 되는 것이다.

네 번째 페이지 b에 대한 참조는 역시 현재의 Working set, {a,c,d}에는 없으므로 부재와 함께 포함시키고, 윈도 크기만큼 참조된 페이지들을 보면 a는 없으므로 제외시켜 Working set을 {b,c,d}로 만든다. 참조 열의 두 번째 페이지 c와 같이 부재가 없는 참조의 경우는 Working set에 새로 들어올 페이지는

Time	0	1	2	3	4	5	6	7	8	9	10
Z	a	c	c	d	b	c	e	c	e	a	d
Page a	a	a	a	a	–	–	–	–	–	a	a
Page b	–	–	–	–	b	b	b	b	–	–	–
Page c	–	c	c	c	c	c	c	c	c	c	c
Page d	d	d	d	d	d	d	d	–	–	–	d
Page e	e	e	–	–	–	–	e	e	e	e	e
page fault		*			*		*			*	*
p_{ws}		c			b		e			a	d
q_{ws}			e		a			d	b		

✤ 그림 9.9 Working set 관리

180

없으나, 윈도 크기만큼 과거 참조를 보고 Working set에서 제외시킬 페이지를 판단하게 되는데 페이지 e가 여기에 해당됨을 알 수 있다.

Working set 이론을 종합해보면, 지역성을 표현하는 Working set을 메모리에 유지함으로써 스레싱을 방지하겠다는 것이고, 크기에 변동이 있으므로 Working set이 작아지면 프레임을 회수하고 커지게 되면 그만큼 프레임을 더 할당해 주는 가변 할당이 필요하다는 것이다. 프로세스 하나를 메모리에 추가하는 즉, 다중 프로그래밍의 정도를 올리는 것도 그 프로세스의 Working set이 메모리에 유지될 수 있느냐가 기준이 되며, 이미 메모리에 올라와 있는 프로세스도 Working set이 유지되기 힘든 상황이 되면 보류 상태가 될 수 있음을 인정해야 한다.

많은 시스템들이 사용하고 있음에도 불구하고 Working set 이론이 가지는 단점 역시 존재한다. 그림 9.8에서 지역성이 변화하는 구간처럼 Working set이 언제나 그 시점의 지역성을 잘 표현하지는 못하며, 각 프로세스의 정확한 Working set을 추정하고 최적의 윈도 크기를 정하는 것도 어렵기 때문이다. 게다가 매 페이지를 참조할 때마다 Working set을 조정하는 작업도 상당한 부담이 될 것이다.

최적의 윈도 크기를 추정하기가 쉽지 않은 상황에서 Working set을 페이지 부재의 간격(Inter-fault Time)에 근거하여 결정하는 방법도 있는데 이것을 PFF라 한다. 부재 사이의 간격이 크다는 말은 충분하거나 경우에 따라 과도한 프레임이 주어졌다는 의미가 되며, 짧다는 말은 스레싱에 다가간다는 것으로 현재 할당된 프레임이 부족하다는 의미가 될 것이다. 따라서 시스템에서 정한 적정 부재 간격의 크기를 초과하면 프레임을 줄이고, 같거나 더 짧은 시간 안에 부재가 나면 프레임을 늘려주도록 하는 것이다. 구현에 따라 부재 사이의 시간에 대한 상한 값과 하한 값을 두어 상한 값을 초과하면 프레임의 축소로, 하한 값을 하회하면 프레임의 증가로 대응할 수도 있을 것이다. 기본적으로는 Working set 이론에 근거한 PFF의 실행 과정을 그림 9.10으로 알아보자. 이 예에서 적정 부재 간격은 2(현재의 참조부터 과거 두 개까지)로 설정되었다.

첫 번째 참조에서 부재가 발생하므로 c는 Working set에 포함되어야 하며 이때, 직전의 부재가 언제 발생되었는지 확인한 다음 적정 부재 간격보다 짧으면 c만 포함되고, 길면 현재부터 과거 두 개까지 참조된 페이지만 남기면서

Time	0	1	2	3	4	5	6	7	8	9	10
Z		c	c	d	b	c	e	c	e	a	d
Page a	a	a	a	a	-	-	-	-	-	a	a
Page b	-	-	-	-	b	b	b	b	b	-	-
Page c	-	c	c	c	c	c	c	c	c	c	c
Page d	d	d	d	d	d	d	d	d	d	-	d
Page e	e	e	e	e	-	-	e	e	e	e	e
page fault		*			*		*			*	*
p_{PFF}		c			b		e			a	d
q_{PFF}		?			a, e					b, d	

❖ 그림 9.10 PFF 관리

Working set을 축소하게 된다. 첫 번째 참조에서는 직전의 부재가 언제였는지를 알 수 없으므로 q_{pff}를 ?로 남기고 {a,c,d,e}로 Working set을 구성한다. 네 번째 참조에서 다시 부재가 발생하는데 b는 포함시키되, 부재 간격이 3이므로 Working set의 축소를 시도하게 되고 적정 부재 간격 동안 참조되지 않은 페이지 a와 e를 제외시켜 {b,c,d}로 구성된다. 여섯 번째 참조는 부재 간격이 적정 간격보다 크지 않기 때문에 Working set의 축소없이 e만 포함시킴으로써 결국 Working set이 커지게 되는 것이다.

PFF는 부재 사이의 간격이라는 보다 정교한 잣대로 Working set을 관리할 수 있으며, 그림 9.10에서 알 수 있다시피 부재가 없을 경우 Working set을 조정하지 않음으로써 조정의 횟수를 감소시켜 Working set 기법에 비해 오버헤드가 적다는 장점이 있다.

9.2.6 클리닝 정책(Cleaning Strategy) 과 부하 조절(Load Control)

클리닝이란 적재 중 내용이 변경된 페이지를 언제 디스크에 기록시킬 것인가에 대한 정책이다. 적재 기법에서와 같이 요구 클리닝(Demand Cleaning)은 교체 대상으로 선택되었을 때 기록하고, 예측 클리닝 – 또는 선 클리닝(Precleaning)이라 부른다. – 은 교체 전이라도 디스크의 부하가 적을 때 미리 기록해 두는 방식이다. 요구 클리닝은 변경된 페이지가 교체 시기에 한 번만 기록되므로 입출력을 최소화할 수 있지만, 부재를 발생시킨 프로세스는 먼저 교체대상 페이지의 기록을 위해, 다음으로 부재였던 페이지의 적재를 위해 대기함으로써 응답성이 떨어질 수밖에 없다.

선 클리닝은 기록 후에도 실제 교체 시 까지 메모리에 남아있게 되고 이 기간 동안 더 이상의 변경이 없다면 교체 시에 디스크 기록은 필요 없으므로 응답성을 높일 수 있으며, 다수의 페이지를 일괄 기록함으로써 입출력의 성능을 높일 수도 있다. 물론, 기록 후 교체되기 전에 다시 변경된다면 먼저 했던 기록은 아무 효과 없이 입출력의 낭비만 가져올 뿐이다.

클리닝 정책은 고정 할당의 마지막에서 설명한 페이지 버퍼링과 함께 활용되면 상승 효과를 가져 올 수 있으며, 대부분의 시스템에서는 요구 클리닝을 사용한다는 점도 침고로 알아두자.

부하 조절이란 다중 프로그래밍의 정도(Degree)를 결정하는 것을 말하며 메모리의 효율적인 관리와 밀접한 관계를 갖고 있다. 정도가 너무 낮으면 메모리를 비롯한 시스템의 자원을 활용하지 못해 성능이 떨어질 것이고, 너무 높으면 자원에 대한 경쟁 특히, 부족한 메모리로 인한 스레싱 때문에 역시 성능이 떨어질 것이다. 결국 시스템은 적정 다중 프로그래밍 정도를 유지하여 시스템의 성능을 최대한 끌어올려야 하는데, 위에서 설명한 것처럼 Working set 이론은 프로세스들을 Working set이 유지되는 한도에서 메모리에 올림으로써 자연스럽게 부하 조절과 연동되어 있음을 알 것이다.

부하 조절에 대해 잘 알려진 "L = S 법칙"은 부재 간격의 평균(Mean Time Between Faults, MTBF) 값과 부재의 처리에 걸리는 시간의 평균 값을 같도록 하는 것이 CPU의 활용도를 최대로 할 수 있다는 연구 결과이다. 또 다른 "50% 규칙"은 페이징 장치의 활용도를 50%가 되도록 하는 것이 CPU의 활용도를 극대화한다고 알려져 있다. 이 외에도, 교체 정책에서 배운 clock 기법에서 교체 대상을 찾기 위해 포인터가 이동하는 평균 횟수가 너무 적다면 (부재가 드물게 나거나, 참조되지 않아 교체 대상이 되는 페이지들이 많이 적재되어 있다는 판단으로) 다중 프로그래밍의 정도를 올려주는 방법도 있을 것이다.

9.3　몇 가지 고려할 점들

9.3.1 페이지의 크기

페이징에서 페이지의 크기는 여러 가지 측면을 고려하여 결정되며, 일반적

Chapter 09 가상 메모리의 관리

으로 2^{12}에서 2^{22} 바이트 정도의 크기로 사용되고 시스템에 따라 다르다. 페이지의 크기를 작게 했을 때 예측할 수 있는 점들은 다음과 같을 것이며, 크게 할 경우에는 반대의 현상이 생길 것이다.

❶ 프로그램에서 페이지의 개수가 늘어나고 따라서 페이지 테이블의 엔트리 개수도 늘어나게 되어 결국 페이지 테이블의 크기가 커질 것이다. 페이지 테이블이 커질수록 이것을 메모리에 적재해야 하는 부담도 커질 것이다.

❷ 프레임의 크기도 작아지므로 메모리에서 전체 프레임 개수가 늘어나게 되고 결과적으로 이를 관리해야 할 커널의 부담도 커진다.

❸ 페이지 개수가 증가하므로 적재와 교체의 횟수를 증가시켜 잦은 입출력을 발생시킬 것이다. 다만 페이지 하나의 전송 시간은 줄어들 것이다.

❹ 불필요한 내용까지 한 페이지에 들어가지 못하게 되어, 꼭 필요한 내용을 담은 페이지들로 Working set이 구성될 것이다.

❺ 프로그램에서 마지막 페이지의 반은 내부 단편화를 가지는데, 페이지가 작으면 단편화의 크기도 줄어들 것이다.

메모리만 고려한다면 적정 페이지 크기를 판단할 수도 있다. 프로그램의 크기를 s, 페이지의 크기를 p, 페이지 테이블의 엔트리 하나 크기를 e라고 했을 때, 마지막 페이지의 내부 단편화로 낭비되는 평균 크기는 p/2가 되고 페이징을 위해 적재해야 할 테이블의 크기는 s × e/p가 된다. 이 두 가지는 메모리가 부담해야 할 오버헤드가 되므로 p/2 + s × e/p를 최소로 해주는 p값인 $\sqrt{2se}$ 가 최적의 페이지 크기가 될 것이다.

9.3.2 프로그램의 구조

지금까지 사용자는 자신의 프로그램을 실행할 때 시스템의 메모리 운영 방식에 대해 몰라도 상관없다고 하였는데, 이것은 운영체제가 적절히 작동되기 때문이다. 하지만, 실행될 프로그램을 메모리의 특성에 맞춰 잘 작성하면 더 나은 성능을 기대할 수도 있음을 다음과 같은 예를 통해 알아보자. 페이지의 크기가 128 워드이고, 128 × 128 워드 크기의 행렬 MAT[i,j]를 0으로 초기화시키는 프로그램을 C를 사용하여 다음과 같이 작성하였다. C 언어는 행 우선

184

(row-major)이므로 MAT의 각 행은 한 페이지에 들어가게 되는데, 프로그램은 열 단위로 초기화를 하게 되니 결과적으로 모든 초기화마다 부재를 겪게 되어 전부 16384(= 128×128) 번의 부재가 있게 된다.

```
for (j = 0; j<128; j++)
    for (i = 0; i<128; i++)
        MAT[i,j] := 0;
```

만약 이 프로그램을 다음과 같이 바꾼다면 행 단위로 초기화가 진행되고, 한 페이지에 있는 128개는 부재 없이 진행되므로 전체 부재 횟수가 128번으로 훨씬 나은 성능을 보일 것이다.

```
for (i = 0; i<128; i++)
    for (j = 0; j<128; j++)
        MAT[i,j] := 0;
```

9.3.3 프레임 잠금(Frame Locking)

메모리의 프레임 중 일부를 잠금으로써 교체되지 않도록 해주는 것이 요구될 때가 있다. 한 가지 예로, 부재를 처리하는 루틴을 가진 프레임이 교체되어 버리는 일이 생기지 않도록 하려면 커널이 자리한 프레임들은 대부분 잠금 상태를 유지해야함을 이해할 것이다. 이 외에도 입출력해야 할 페이지가 입출력 전에 교체되지 않기 위해, 실시간으로 처리되어야 할 영역을 가지는 프레임이 교체될 경우 겪게 될 부재와 이로 인한 시간 지연을 방지하기 위해 잠금이 필요하게 된다.

9.4 윈도에서의 가상 메모리 관리

윈도에서의 가상 메모리는 가변 할당과 지역 교체로 관리된다. 프로세스가 처음으로 활성화될 때, Working set을 유지할 수 있도록 일정 개수의 프레임이 할당된다. 각 프로세스는 처음 만들어질 때, Working set의 상한치와 하

185

한치가 설정되는데 하한치란 시스템이 보장하는 최소한의 메모리 공간이며 메모리 공간이 충분하다면 상한치까지 줄 수 있다. 상한치보다 적은 메모리를 가진 프로세스가 부재를 일으키면 프레임을 더 주고, 상한치를 채운 프로세스의 부재는 자신에게 할당된 프레임 내에서 교체 대상을 찾아야 한다. 정리해 보면, 메모리가 충분할 경우 부재를 일으킨 프로세스에게 해당 페이지를 적재할 프레임을 하나 더 주되 상한치를 넘기지는 않으며, 메모리가 부족하면 각 프로세스의 Working set을 최근에 덜 사용된 기준으로 줄여 메모리 공간을 확보한 후 일시적으로 하한치 밑으로 내려간 프로세스에게 프레임을 할당해 준다.

이 장에서는 가상 메모리의 관리를 위한 많은 기법들이 소개되었다. 갑자기 너무 많은 내용들을 듣다 보니 약간은 혼란스러울지 모르지만, 도서관에 앉아 하나하나 따져보면 그렇게 어려운 것도 아니라는 것을 느낄 때가 올 것이다. 그렇게 되면...진격의 A학점!

중요한건 필기했음 하는 바램인거죠!

파일시스템

시스템에서 생성되고 저장되는 데이터들은 결국 운영체제에 의해 관리될 텐데, 이때 관리되는 데이터들의 논리적 단위가 파일이라고 보면 될 것이다. 다르게 표현하면 파일이라는 단위로 저장 장치에 쓰이고 읽히게 되는 것이다. 대부분의 응용에서 입력은 파일을 통해 이루어지며, 출력 또한 저장을 위해서나 차후 사용자나 다른 프로그램이 필요할 때 사용하기 위해 파일로 저장된다. 이러한 파일들은 용도에 따라 다양한 종류가 있을 수 있고, 이들의 저장 및 접근, 다시 말해 관리를 위해 시스템 유틸리티 프로그램들이 동원되는데 이것을 파일시스템이라 부른다.

이 장에서는 운영체제의 한 부분인 파일시스템에 관해 설명할 것이다. 즉, 파일들이 어떤 형태로 저장되는지, 어떻게 접근되는지와 함께 파일과 관련된 기타 이야기들을 보탤 것이다. 참고로, 파일시스템과 관련된 많은 부분들의 설명은 그 양만으로도 책 한권은 되지 싶으므로 여기서 모두 다루지는 못하지만, 큰 줄기만 파악해도 우선 필요한 지식과 약간의 응용력은 갖출 수 있으리라 생각한다.

10.1 파일에 대해

앞서 말한 대로 파일이란 저장 장치에 연관된 정보의 논리적 저장 단위라고 정의할 수 있다. 이 설명은 약간 추상적이라 바로 이해되지 못할 수도 있으니 여러분은 그냥 평소 알고 있던 대로의 파일을 생각하면 되며, 물리적으로는 바이트의 나열(Sequence of Bytes)이라 보면 될 것이다.

파일이 지닌 특성으로는 장기로 보존할 수 있다는 점과 프로세스들 간에 공유도 가능하며, 다양한 응용에 맞는 내부구조를 갖게 되는 점이다.

189

Chapter 10 파일시스템

파일이 가지는 속성(또는 상태 정보)은 파일시스템에 따라 차이는 있겠지만 기본적으로 가지는 속성을 몇 가지만 예로 들어보면 파일의 이름이나 유형, 위치, 크기 그 외에 소유자, 제어 정보와 만들어진 시간 등이 있겠다.

파일에 대한 연산으로는 생성(Create), 삭제(Delete), 열기(Open), 닫기(Close), 읽기(Read), 쓰기(Write) 등이 있다. 또한 파일은 저장된 정보의 내용이나 형태에 따라 여러 가지 유형(Type)이 있는데, 내용으로 보면 프로그램 파일과 데이터 파일로 나누어지고 형태에 따라 텍스트파일(Text 또는 ASCII File)과 이진파일(Binary File) 등으로 나눌 수 있을 것이다.

위에서 설명한 파일의 속성, 연산, 유형에 대한 내용은 (이 정도면 되겠다 싶어) 일부분을 예로 든 것이고, 이미 대부분 아는 내용일 것 같다. 더 자세한 내용을 알고 싶다면 적당한 파일 관련 책을 잠시 보거나 수업 시간에 질문을 하도록.

파일을 말할 때 자주 언급되는 필드(Field)란 데이터의 기본 요소로서 단일 값을 가지는 단위이며, 그 다음으로 레코드(Record)란 관련된 필드를 모아놓은 것으로 응용 프로그램에 의해 하나의 단위로 취급된다. 예를 들어, 학생 레코드는 이름, 학번, 소속 학과 등의 필드로 구성된다는 것을 이해하자. 이러한 유사 레코드들의 집합이 하나의 파일을 구성하게 되는데, 흔히 듣게 되는 데이터베이스(Database)란 다수 유형의 파일들로 만들어진다고 보면 된다.

파일에 대한 접근 방법(Access Method)은 파일의 구성 방법과 밀접한 연관이 있으므로 대표적인 몇 개의 구성 방법과 함께 유용한 접근 방법을 같이 알아보자. 참고로, 파일을 어떻게 구성할 것인가에는 빠른 접근 시간, 저장 공간의 효율성, 쉬운 유지 관리 및 신뢰성 등을 고려해야 하는데 어떤 접근이 주로 이루어지는가에 따라 우선순위가 다르기도 하고, 동시에 취할 수 없는 경우도 있다.

↘ 더미(Pile) 파일

레코드는 일련의 연속적인 필드로 구성되며 생성되는 순서대로 추가되는 가장 단순한 형식이라 보면 되겠다. 레코드들은 서로 길이도 다를 수 있고, 가지고 있는 필드들의 개수나 순서도 다르므로 각 필드는 필드 이름과 값을 같이 가져야 한다. 다시 말하면, 더미는 일정한 구조를 가지지 않은 채 수집되는 대로 저장되는 방식이다. 따라서 데이터를 일정한 형태로 구성하기가 어렵거나, 저장될 데이터들의 크기나 구조가 서로 다를 때 사용하면 저장 공간을 아낄 수 있고 전체 레코드들을 검색해야 하는 응용에서는 효율적이지만 그 외의 대부분의 경우에는 적합지 못하다. 있는 그대로를 단순히 모아놓은 데이터들이 보다 정교한 응용(또는 접근)에 대비하여 구성되어 있는 데이터보다 못할 것이라는 점은 쉽게 이해될 것이다.

🔽 순차(Sequential) 파일

가장 일반석인 형태로서 파일은 같은 크기의 레코드들로 구성되며, 각 레코드는 알려진 순서로 나열된 같은 개수와 크기의 필드들로 구성된다. 전체 레코드들에 대한 접근이 요구되는 일괄처리에 적합한 구성이지만, 특정 레코드에 대한 읽기나 갱신이 대부분인 대화형 접근에는 (찾아야 하는 레코드를 처음부터 차례로 탐색해 나가야 하기 때문에) 효과적이지 못하다. 다시 말해 저장되어 있는 레코드들의 순서대로 접근하는 응용에 적합하기 때문에 테이프와 같은 저장 장치에 알맞은 구성이지만, 디스크와 같은 저장 장치에서도 사용하고 있다.

🔽 인덱스(Index) 순차 파일

이 구성은 순차 파일의 특성에다 임의의 레코드를 빨리 접근할 수 있기 위한 파일 인덱스와 레코드의 추가를 위한 오버플로우 파일이 추가된 것이다. 순차 파일의 장점을 살리면서 특정 필드 하나를 키(Key) 필드로 한 인덱스를 이용하여 특정 레코드의 접근 시간도 꽤 줄이는 구성이라 보면 되겠다. 추가되는 레코드들은 오버플로우 파일에 모았다가 적정 시기에 원래의 순차 파일과 합병시켜주면 될 것이다.

🔽 인덱스(Index) 파일

인덱스 순차 파일에서는 키 필드로 되어 있지 않은 필드의 값으로 임의의 레코드를 접근해야 할 경우에는 (순차 파일을 검색할 때와 같은 시간이 필요하므로) 빠른 검색이 되지 못할 것이다. 따라서 레코드의 모든 필드에 대해 인덱스를 만들거나 – 이 경우를 완전 인덱스라 부른다. – 몇 개의 필드에 대해 부분

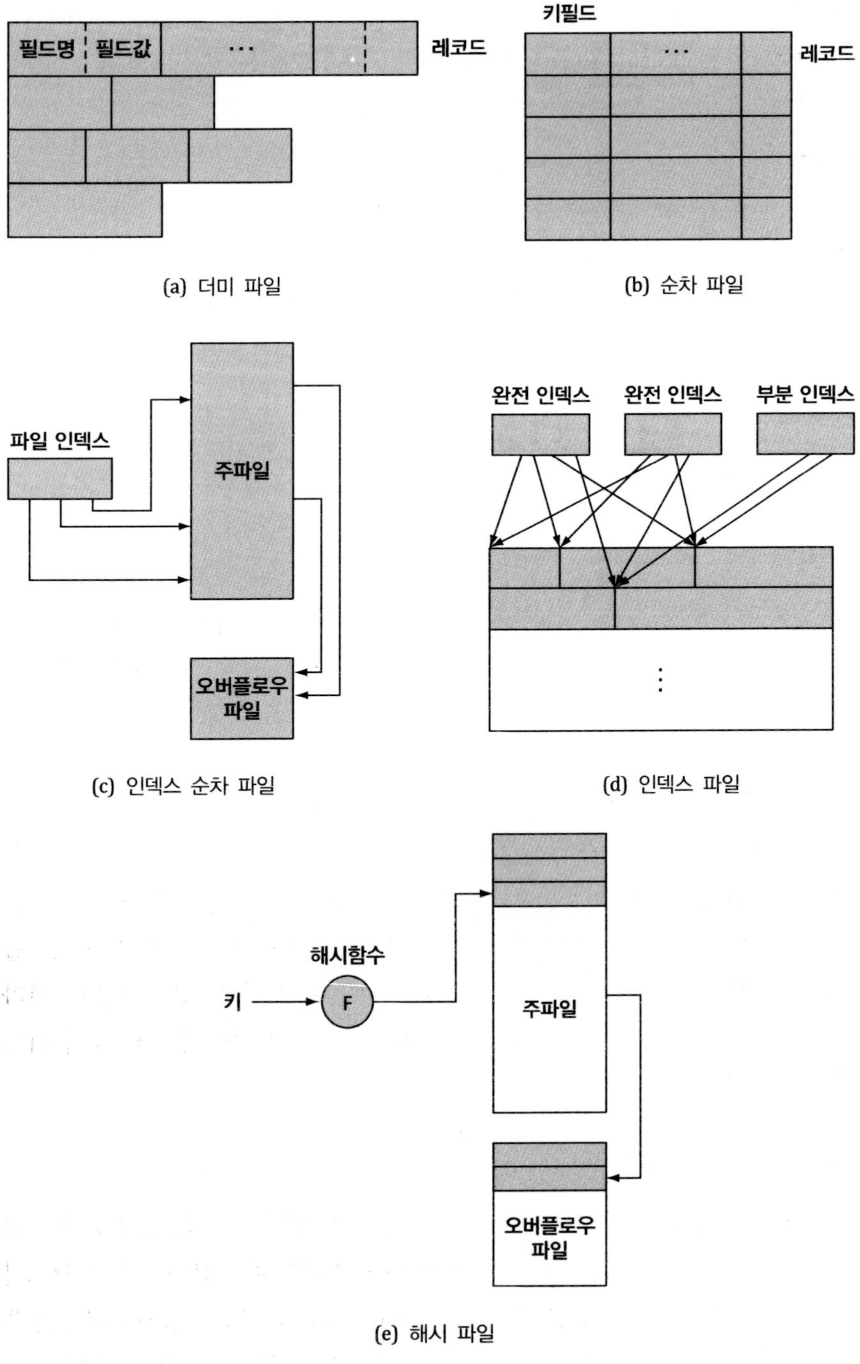

필드명
필드값
···
레코드
(a) 더미 파일
키필드
···
레코드
(b) 순차 파일
파일 인덱스
주파일
오버플로우 파일
(c) 인덱스 순차 파일
완전 인덱스
완전 인덱스
부분 인덱스
(d) 인덱스 파일
해시함수
키
F
주파일
오버플로우 파일
(e) 해시 파일

❖ 그림 10.1 여러 가지 파일 구성

인덱스를 만들어 임의의 레코드에 대한 접근성을 높인 것이 인덱스 파일이다. 이 구성은 인덱스만을 통해 레코드의 접근이 이루어지게 하므로 일괄처리를 할 필요는 없되 임의 레코드에 대한 빠른 접근이 요구되는 응용 – 예를 들어 티켓 예매 시스템 – 에 적합하고, 파일 내 레코드들의 위치나 길이에도 제약이 없다.

◩ 직접 (또는 해시(Hash)) 파일

이 구성에서는 특정 필드를 키 필드로 잡는 것은 인덱스 순차 파일과 같으나 레코드들이 순차적으로 저장될 필요는 없다. 키 필드의 값은 해싱을 통해 임의 레코드를 접근할 수 있도록 해 주는데 빠른 접근이 요구되고 한 번에 한 레코드씩 접근하는 응용에 유용하다.

이상의 몇 가지 파일 구조를 이해하는 데 도움이 될 것 같아 **그림 10.1**을 같이 두었으니 한 번씩 위 설명과 맞추어 보자.

10.2 파일시스템의 구조 – 논리적 관점에서

이 절에서 설명 할 논리적 구조란 사용자에게 파일시스템이 어떻게 보이는 지에 대한 구조를 말한다. 알다시피 운영체제는 파일들을 저장할 수 있는 디렉터리(Directory) 또는 폴더(Folder)를 제공하며, 이들이 논리적으로 보이는 모습에 따라 다음과 같은 구조들이 있겠다.

◩ 평면 (또는 1단계) 디렉터리 구조

가장 간단한 구조이며, 파일시스템 전체에 한 개의 디렉터리가 존재하고 모든 파일들은 이 디렉터리 내에 저장된다. 사용자가 한 명으로 제한되는 시스템이라 할지라도 같은 디렉터리 안의 파일들은 서로 다른 이름을 가져야 식별

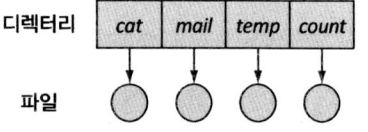

❖ 그림 10.2 평면 디렉터리 구조

Chapter 10 파일시스템

이 가능할 텐데 하물며 사용자가 다수인 시스템이라면 이 문제는 더욱 커질 것이다. 이해를 돕기 위해 각각의 디렉터리 구조를 설명 아래에 그림으로 붙여놓았으니 보면서 가자.

2단계 디렉터리 구조

다중 사용자 시스템에서 평면 디렉터리 구조가 갖는 파일 명 부여의 문제를 완화하기 위해 각 사용자당 하나의 디렉터리 구조를 갖게 한 것이 2단계 구조이다. 사용자들은 각자에게 배정된 디렉터리에 자신의 파일들을 저장, 관리하므로 다른 사용자 디렉터리에 존재하는 파일 명은 신경 쓰지 않아도 되지만, 2단계라는 이름에서 알 수 있듯이 각 사용자는 더 이상의 하부 디렉터리를 가질 수는 없다.

❖ 그림 10.3 2단계 디렉터리 구조

계층 (또는 트리) 디렉터리 구조

2단계에서도 사용자들은 자신의 파일들이 모두 다른 이름을 가져야 하는 제약이 있고, 다양한 파일들을 사용 목적에 따라 여러 개의 디렉터리를 만들어 분류하고 저장할 수도 없다. 이 문제는 계층 디렉터리 구조로 해결할 수 있고 알다시피 여러분은 이 구조에 익숙할 것이다. 계층 구조에서는 루트(Root) 디렉터리라는 최상위 디렉터리가 존재하며 그 아래에 여러 개의 디렉터리와 파일들이 계층적으로 있게 되고, 시스템 내의 모든 파일들은 고유한 경로(Path) 명을 가진다. 시스템은 디렉터리의 생성, 삭제, 변경 및 복사와 같은 기능을 제공하며 각 사용자는 로그인 시 제공되는 홈(Home) 디렉터리나 그때그때의 현재(Current) 디렉터리에서 파일 작업을 하게 될 것이다.

10.2 파일시스템의 구조 – 논리적 관점에서

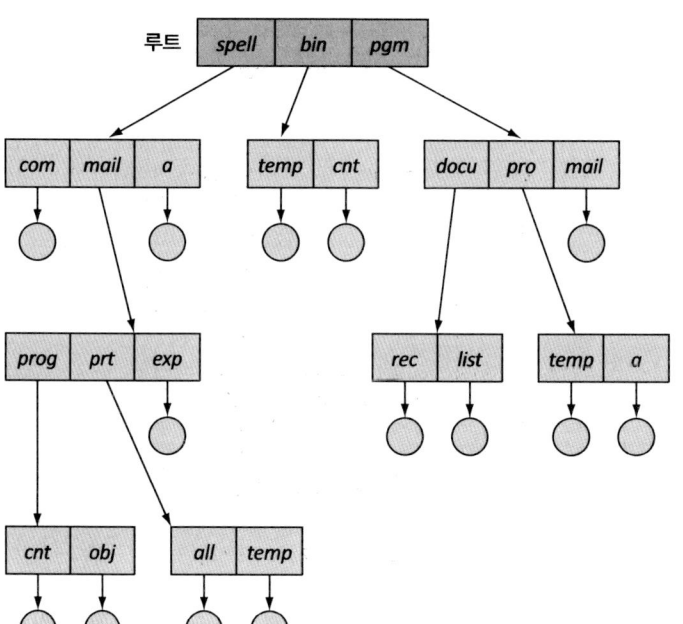

❖ 그림 10.4   계층 디렉터리 구조

↘ 비순환 그래프(Acyclic Graph) 디렉터리 구조

다수의 사용자들에 의해 공유될 필요가 있는 – 대형 소프트웨어를 개발하는 프로젝트 팀을 떠올려 보라. – 파일들을 하나의 디렉터리나 서브트리에 저장하여 같이 사용하도록 할 때 유용한 구조이며 계층구조의 확장이라 보면 되겠다. 다시 말해, 계층구조에서 링크(Link)라는 포인터를 사용해 임의의 디렉터리를 다른 디렉터리와 연결시켜 서로 같이 사용할 수 있도록 한 것이다. 즉, 사용자들이 각자의 위치에서 링크를 거쳐 동일한 디렉터리나 파일로 접근이 될 수 있도록 만들어진 구조라는 것이다.

↘ 일반 그래프(General Graph) 디렉터리 구조

계층구조에 링크를 추가하다 보면 탐색을 시작한 디렉터리로 다시 돌아오는 사이클이 발생할 수 있는데, 이렇게 되면 비순환 구조가 아니라 일반 그래프 구조가 된다. 일반 그래프 구조에서는 파일의 탐색이 무한 루프(Loop)에

195

Chapter 10 파일시스템

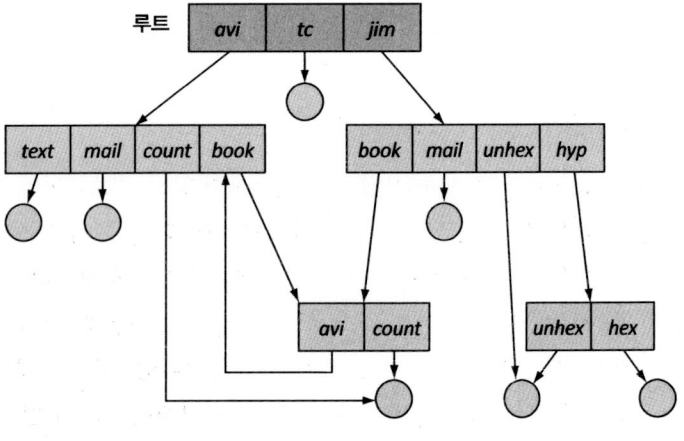

❖ 그림 10.5 비순환 그래프 디렉터리 구조

❖ 그림 10.6 일반 그래프 디렉터리 구조

빠질 수도 있고, 삭제되어야 할 파일이 계속 남아 있을 가능성도 있다. 결론을 말하자면, 일반 그래프 구조보다 비순환 구조로 구현하는 것이 좋으며 이때 링크를 추가할 때마다 비순환이 유지되도록 조심하여야 한다.

196

10.3 파일시스템의 구조 - 물리적 관점에서

이 절에서는 파일을 디스크 공간에 어떻게 저장시킬 것인가에 관한 파일 할당(File Allocation)에 대해, 그리고 디스크 상의 빈 공간들은 어떻게 관리할 것인가에 대해 설명한다.

디스크는 블록들의 나열로 이루어져 있으며, 파일들은 이런 블록 여러 개를 동원하여 저장된다(11장에서 디스크의 구조에 대해 설명하고 있으니 참조하기 바란다). 어떤 할당을 사용하든 할당과 관련된 정보를 위해 파일 할당 테이블이 있으리란 것쯤은 짐작하리라 보고, 흔히 사용되는 세 가지 할당 방식을 비교해 보자.

↘ 연속 할당(Contiguous Allocation)

디스크 상에서 연속된 다수개의 블록들을 동원해 파일을 저장하는 방법으로, 간단하고 순차처리에는 좋은 성능을 보이지만 디스크의 빈 공간 활용은 매우 비효율적이다. 외부 단편화 때문에 시간이 흐를수록 충분한 크기의 연속된 블록을 찾기가 점점 힘들게 될 것이며, 결국은 빈 공간의 통합 작업이 요구될 때가 오게 될 것이다. 이런 상황 즉, 단편화나 통합 등의 설명은 이미 7장에서 다루었으니 알고 있으리라 믿는다. 이해를 돕기 위해 **그림 10.7**을 보자.

↘ 체인 할당(Chained Allocation)

블록들이 연속적일 필요가 없는 비연속 할당이며, 블록 크기만큼 나누어진 파일의 내용이 체인을 따라 차례로 저장되는 방식이다. 이쯤에서 이 방식의 장단점을 떠올려보기를 권하는데 생각이 잘 나지 않는다면 좀 더 분발해야겠다. 블록 단위로 할당해 체인으로 연결시키기 때문에 외부 단편화는 생기지 않아 공간의 활용도는 우수한 반면, 파일이 들어있는 몇 개의 블록을 연속으로 처리할 때 흩어져 있는 각 블록들에 대해 매번 디스크의 다른 부분을 접근해야 하는 시간 지연을 겪게 될 것이다.

↘ 인덱스 할당(Indexed Allocation)

그림 10.7을 보면서 인덱스 할당에 대해 이해하자. 인덱스 할당 역시 비연속

Chapter 10 파일시스템

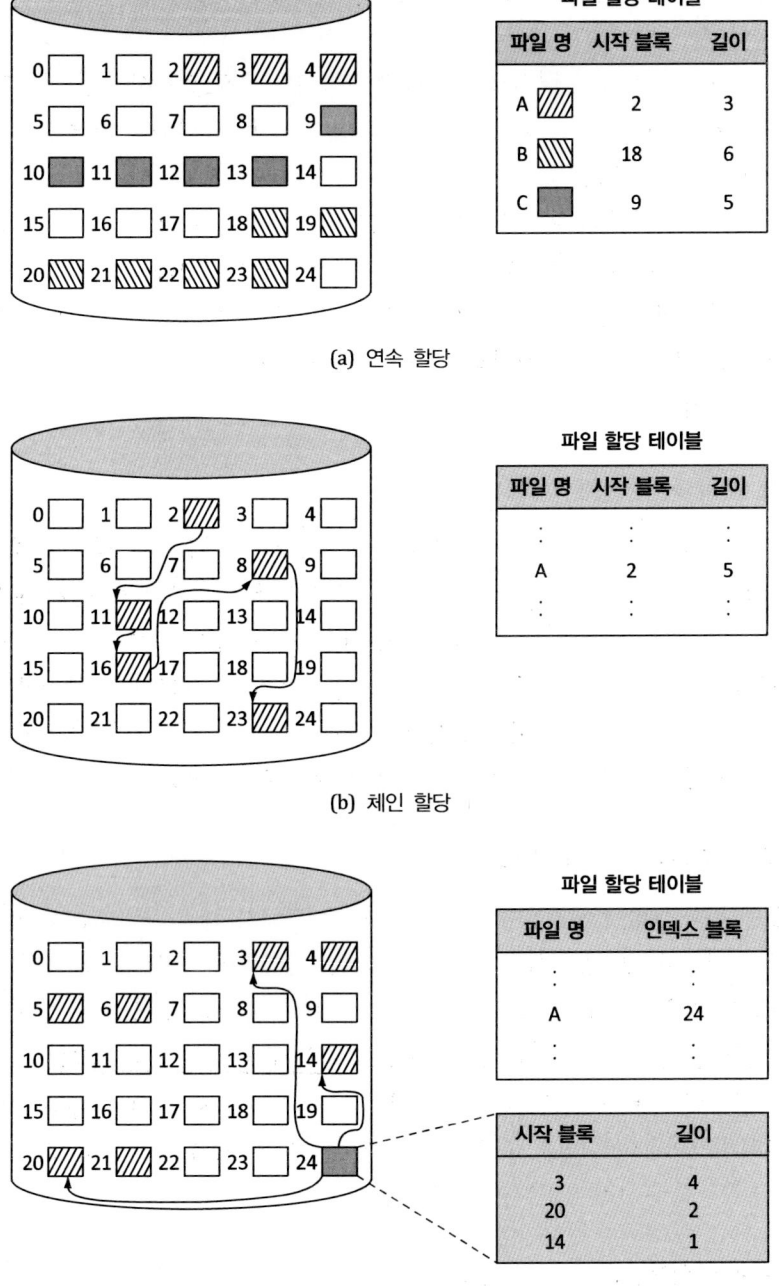

(a) 연속 할당

(b) 체인 할당

(c) 인덱스 할당

❖ 그림 10.7 파일 할당

198

할당이며, 연속 할당이나 체인 할당에서 발생되는 문제점들을 상당 부분 해결할 수 있기 때문에 가장 많이 사용되는 방식이다.

위에서 설명한 파일 할당 방법들을 사용하려면 디스크의 어떤 블록들이 사용 가능한지를 알아야 하므로, 빈 블록들 역시 디스크 할당 테이블과 같은 자료구조를 사용해 관리돼야 한다. 아래에 몇 가지 구현 방법을 적어놓았으니 살펴보기로 하자.

▶ 비트 벡터(Bit Vector)

디스크 블록당 하나의 비트가 대응된 벡터를 두어 각 블록에 대해 1이면 사용 중으로, 0이면 빈 블록으로 판단한다. 비트 벡터는 파일시스템에서 관리하고, 빠른 검색을 위해 메모리에 두는 것이 일반적이다.

▶ 리스트(List)

디스크 상의 빈 블록들을 리스트로 연결하고, 첫 번째 빈 블록에 대한 포인터를 커널이 가지도록 하는 방법이다. 리스트의 각 빈 블록은 다음 빈 블록에 대한 포인터나 블록 번호를 가지도록 한 것이다. 많은 개수의 빈 블록을 할당해 주어야 하는 경우 리스트의 변경에 걸리는 시간이 파일의 생성을 느리게 만드는 약점이 있겠다.

▶ 그룹화(Grouping)

각 빈 블록은 n 개의 빈 블록 번호를 가지도록 한다. 이 중 n-1개는 빈 블록의 번호이며, 나머지 하나는 다음번 n 개의 빈 블록 번호를 가지고 있는 블록 번호이다. 기본적으로 리스트를 사용하는 방식이지만 연결되는 노드의 수가 1/n으로 줄어들게 될 것이다.

▶ 인덱싱(Indexing)

파일 할당에서 설명한 인덱스 테이블을 사용해 디스크 상의 연속된 빈 블록들 당 하나의 인덱스 항목이 설정되어 관리되는 기법이다. 빈 공간 전체가 하나의 파일로 취급된다고 볼 수 있으며, 파일 할당 방법이 어떤 것이든 효과적으로 사용되는 방법이다. 책에 따라 계수(Counting)를 사용한 기법으로 설명하기도 한다.

Chapter 10 파일시스템

10.4 파일에 대한 접근제어

파일에 대한 접근을 제어한다는 말은 파일을 보호한다는 것과 같은 뜻이다. 원하지 않는 경우 자신이 만든 파일에 대한 다른 사용자의 접근을 금지시키거나, 경우에 따라서는 접근을 허용해 공유도 할 수 있어야 한다. 공유를 할 때에도 자신이 허락한 정도의 접근만, 이를테면 읽기만 가능하도록 하는 등의 제어 기능이 있어서 허용 안 된 접근은 사전에 막을 수 있어야 하겠다.

파일에 대한 접근의 종류를 읽기(R), 쓰기(W), 실행(E), 첨부(A)로 나눈 시스템에서 어떤 사용자가 자신의 파일에 대해 다른 사용자들의 접근을 R과 E만 허용했다면, 다른 사용자들은 이 파일을 읽거나 실행할 수는 있지만 내용을 바꾸거나 추가할 수는 없게 되는 것이다. 파일에 대한 접근을 어느 정도로 정교하게 제어하느냐는 시스템마다 다르다는 점을 인식하고, 여기서는 일반적인 수준의 제어 기법들을 소개한다.

10.4.1 패스워드

로그인할 때 패스워드를 입력하게 해 시스템의 접근을 제어하는 것과 같은 개념으로, 파일마다 패스워드를 부여하고 이것을 통과했을 때 접근을 허용하는 방식이다. 자신이 만든 파일들조차도 패스워드를 모두 기억해야 하고, 접근을 하더라도 어느 정도의 접근을 허용할지에 대해 다시 패스워드를 붙여야 하는 – 읽기를 허용하는 패스워드, 쓰기를 허용하는 패스워드 등등 – 부담 백배의 사용하기 힘든 기법이다. 다만, 기본적으로 제어 기법이 갖춰져 있는 시스템에서 소규모의 특정 파일들에 대해 부가 기능으로 쓰일 수는 있겠다.

10.4.2 접근 행렬(Access Matrix)

접근 행렬을 기반으로 조금씩 변형시킨 기법들이 대부분의 시스템에서 채택하고 있는 제어 기법임을 알아두자. 먼저, 접근 행렬을 설명하기위해 몇 가지 용어를 정리해 보면,

- **객체 (Object).** 객체란 제어가 요구되는 대상으로, 여기서는 파일을 말한다.

- **접근 권한**(Access Rights). 지정된 객체에 대해 가능한 접근 권한을 나타낸다. 예를 들어, 〈F, RE〉로 표시되어 있다면 프로세스가 파일 F에 대해 읽기와 실행의 권한을 가진다는 것이다.

- **도메인**(Domain). 같은 접근 권한을 갖는 프로세스들의 집합을 나타낸다. 즉, 프로세스 P가 도메인 D에 속할 경우 P는 D에 적혀 있는 접근 권한을 가진다는 것이다.

그림 10.8과 같은 구체적인 예를 통해 접근 행렬을 파악해 보면 무척 쉬운 말임을 알 것이다. 각 행(Row)은 도메인을, 각 열(Column)은 파일을 나타내며 R, W, E, A는 순서대로 위에서 말했던 읽기, 쓰기, 실행, 첨부를 의미한다. 세 번째 행을 보면 도메인 D3에 속하는 프로세스들은 파일 F1에 대해 읽기와 쓰기 권한을, F3에 대해서는 실행 권한을 가진다는 것을 알 수 있다. 두 번째 열로 보면 파일 F2는 D1에 속한 프로세스들에게는 쓰기가, D2에 속한 프로세스들에게는 읽기가 허용되어 있다는 것이다.

객체 도메인	F₁	F₂	F₃	F₄
D₁	R	W		WA
D₂		R		E
D₃	RW		E	

❖ 그림 10.8 접근 행렬

접근 행렬을 그대로 구현하여 사용할 수도 있으나, 행렬 내의 많은 부분이 빈 칸으로 표시될 가능성이 높기 때문에 비효율적이다. 즉, 권한이 없는 셀들이 많이 생겨나게 되고 대부분의 경우 접근 행렬이 희소 행렬(Sparse Matrix)이 되어 빈 셀로 인한 공간 낭비가 많아지게 되고 결과적으로 메모리를 낭비하게 되는 것이다. 이제 접근 행렬이 가지고 있는 정보를 실제로 구현하여 시스템의 접근 제어 기법으로 사용하기 위한 방법들을 알아보자.

◢ 전역 테이블

시스템 전체에 대한 도메인과 파일들 그리고 접근 권한을 순서대로 세 개의 쌍으로 표현하여 전역 테이블에 저장하고 사용하는 기법이다. 그림 10.9와 같

Chapter 10 파일시스템

도메인 명	파일 명	접근 권한
D_{i1}	F_{j1}	R_{k1}
D_{i2}	F_{j2}	R_{k2}
$\vdots$	$\vdots$	$\vdots$
D_{in}	F_{jn}	R_{kn}

✤ 그림 10.9 전역 테이블

이 전역 테이블을 구성하게 되는데 도메인이나 파일의 개수가 많아질 경우 테이블의 크기가 매우 커지게 되고, 단순한 나열에 기반함으로써 비슷한 유형의 도메인이나 파일들을 묶어 그룹화하여 표현하기가 어렵게 된다.

◥ 접근 리스트 (Access List)

그림 10.8의 접근 행렬에서 각각의 열을 리스트로 표현한 것이라 보면 된다. 즉, 각각의 파일에 대해 도메인별로 접근권한을 리스트의 형태로 나열한 것이다. 그림 10.8로 예를 들자면, 파일 F1에 대한 리스트는 F1 = {⟨D1, R⟩, ⟨D3, RW⟩}의 모양이 된다. 사용자가 파일을 생성하면서 도메인별로 접근 권한을 부여하고 이것을 접근 리스트에 추가하면 되므로 쉽고 자연스러운 기법이다. 하지만, 특정 도메인에 속한 프로세스들이 접근 가능한 파일들을 모두 찾아봐야 할 경우에는 모든 파일에 대한 접근 리스트 전부를 검색해야 하는 문제도 안고 있다. 물론 이런 경우는 자주 발생하는 것이 아니므로 이 문제 때문에 사용하기 어렵다고 할 수는 없으며, 실제로 많이 사용되고 있는 기법이기도 하다. 한 번쯤 들어 봤을 운영체제인 UNIX가 이 기법을 사용하고 있는 좋은 예인데, 조금 더 설명해 보기로 하자.

UNIX에서는 모든 파일에 대해 파일의 소유자(Owner), 그룹(Group), 소유자와 그룹을 제외한 모든 사용자(Others)로 도메인을 나누고, 접근 권한은 읽기(R), 쓰기(W), 실행(X)으로 정한다. 파일을 생성할 때 도메인별로 접근 권한을 줄 수 있고 따로 주지 않으면 기본 값으로 정해지는데, 소유자, 그룹, 모든 사용자 순서로 각각 세 개의 접근 권한이 표시되는 것이다. 특정 파일의 정보를 알아보기 위해 명령어를 입력해 보면 다음과 같은 내용이 화면에 등장하는데,

202

10.4 파일에 대한 접근 제어

```
-rwxr-xr--    1 pbg    staff    1024   Sep  3 08:30   intro.ps
drwxrwxr-x 2 pbg    faculty  512    Feb  8 09:35   lib/
```

intro.ps 파일에 대해 소유자 pbg는 (rwx가 모두 표시되어 있으므로) 읽기와 쓰
기, 실행이 모두 허용되고 그룹인 staff에 속하는 프로세스들은 (r과 x가 있으
므로) 읽고 실행할 수 있으며, 기타 사용자들은 (r만 있으므로) 읽기만이 가능
함을 나타낸다. 두 번째 줄에서 맨 첫 번째 문자 d는 lib가 디렉터리라는 것을
말하며 접근 권한의 표시가 일반 파일과 같은 방식임을 알 수 있다.

◢ 권한 리스트(Capability List)

이 기법은 접근 리스트와는 반대로 접근 행렬의 각각의 행을 리스트로 표현
한 것이다. 이렇게 되면 각 리스트는 도메인별로 그 도메인에 속한 프로세스
들이 접근 가능한 파일들과 접근 권한을 나타내게 된다. 프로세스는 자신이
속하는 도메인이 정해져 있으므로 임의의 파일에 접근할 때 시스템에 의해 권
한 리스트가 검색된 후 접근을 허용할지 결정되는 것이다. 이 기법은 프로세
스 중심의 시각에서 구축된 리스트의 성격을 가지므로 사용자의 입장에서는
접근 리스트보다 부자연스럽지만 다수의 시스템에서 사용하고 있으며, 좀 더
말하자면 대부분의 시스템에서 접근 리스트와 권한 리스트를 같이 사용하고
있다고 보면 된다.

◢ 락-키(Lock-key) 방식

접근 행렬에서 각각의 행이 가지는 정보와 열이 가지는 정보를 비트 패턴으
로 표시하여 접근 권한을 결정하는 기법이다. 즉, 파일들은 각각 락(Lock)이
라는 비트 패턴을, 도메인들은 키(Key)라 불리는 비트 패턴의 리스트를 가지
도록 한 후, 임의의 도메인 D에 속하는 프로세스가 특정 파일 F에 접근할 때
F의 락들 중 하나와 D의 키들 중 하나가 반드시 일치되어야 접근을 허락하는
것이다. 똑같진 않지만 직관적인 예를 든다면, 수험생이 작성한 OMR 답안지
를 락으로, 정답 카드를 키로 간주해 봐도 되겠다. 답안지에 정답 카드를 맞추
어 놓고 까맣게 드러나는 즉, 일치하는 것이 정답이 되는 것을 떠올려 보라.

203

Chapter 10 파일시스템

이제까지 보았던 파일 관련 내용들은 자세한 부분은 **빠져** 있다고 봐야 한다. 이미 본문에서 밝혔듯이 파일 관련 내용만으로도 한 학기 이상의 분량이 되기 때문이다. 우선 기본적으로 필요한 – 필자의 생각에 학부 수준에서 적당하다고 판단되는 – 내용 정도로 이 장을 마치며, 혹시 여러분 중 파일에 대해 좀 더 알고 싶은 부분이 있다면 전문서적이나 수업 시간을 활용하길 권한다.

아무 생각 없이 대충 한번 읽고 공부 다 했다고 생각하면... 스튜핏!

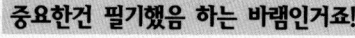

중요한건 필기했음 하는 바램인거죠!

디스크와 스케줄링

컴퓨터 시스템들이 나름대로의 파일시스템(File System) 구조를 가지고 각종 파일들을 저장하거나 접근할 수 있도록 지원한다는 사실은 앞 장에서 배웠다. 이러한 파일시스템은 대부분의 경우 디스크에 저장되며, 결과적으로 이러한 파일시스템에 대한 접근 요청은 디스크 시스템에의 접근을 필요로 하게 된다.

컴퓨터 시스템에는 많은 프로세스들이 동시에 존재할 수 있으며, 이들의 실행 중 저마다의 파일 접근 요청을 하게 된다. 이런 요청들은 커널의 파일시스템을 통하여 디스크 시스템으로 전달될 것이며, 이에 따라 디스크 시스템에는 짧은 기간 동안에도 수많은 접근 요청들이 도착할 수 있게 된다. 이러한 상황에서 디스크 시스템의 성능을 향상시키고 결과적으로 컴퓨터 시스템 전체의 성능을 향상시키기 위해서는 디스크 접근 요청들에 대한 스케줄링이 필요하게 된다.

이 장에서는 먼저 디스크의 구조에 대해 알아본 다음, 디스크 블록들에 대한 접근 요구들에 대해 이를 어떤 순서로 처리하여 디스크 시스템의 성능을 높일 것인가 하는 문제에 대해 다룰 것이다. 본 장의 후반부에서는 일반적인 디스크 스케줄링 기법 외에도 디스크 스트라이핑(Disk Striping)이나 RAID (Redundant Array of Inexpensive Disks) 구조 등 보다 고급의 개념들에 대해서도 간단히 언급하겠다.

11.1 디스크의 구조

흔히 말하는 디스크 시스템이란 데이터를 저장하는 디스크 팩과 저장 또는 저장된 데이터를 읽어내는데 동원되는 구동 장치인 디스크 드라이브(Drive)를

Chapter 11 디스크와 스케줄링

묶어 표현한 것이다. 이 절에서는 앞으로 소개될 여러 내용들을 이해하기 위해 디스크 시스템의 구조를 그림 11.1과 함께 개략적으로 설명하겠다.

알다시피 디스크 팩은 전원이 끊겨도 데이터를 보존할 수 있는 저장 매체이며 여러 장의 원판 디스크로 이루어져 있다. (a)를 보면 두 가지의 기계적인

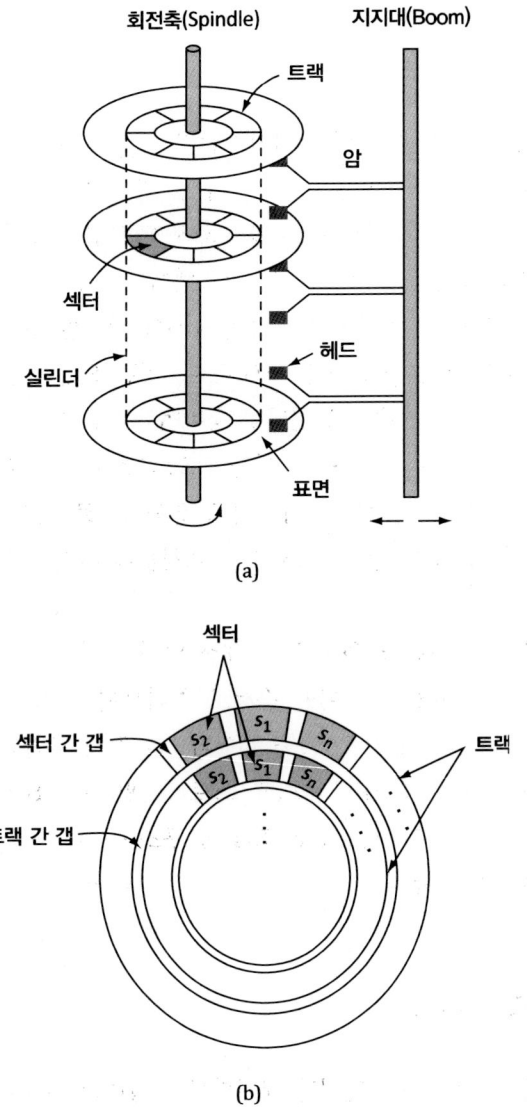

❖ 그림 11.1 디스크의 구조

움직임 즉, 회전축에 의한 회전 동작과 붐(Boom)에 의한 전후 동작이 있는데 이 두 가지 동작이 연동되어 특정 위치에 헤드(Head)를 위치시키고 읽기나 쓰기가 이루어지는 것이다.

디스크의 한 면을 보면 (b)와 같이 여러 개의 트랙(Track)으로 구성되며, 한 트랙은 다시 여러 개의 섹터(Sector)로 이루어진다. 즉, 한 개의 원을 이루는 섹터의 모임이 한 트랙이다. 데이터는 섹터 단위로 디스크에서 쓰이거나 읽히는데, 우리가 블록이라 부르는 것도 일반적으로 섹터의 크기 또는 섹터 크기의 정수배이다. 트랙 사이의 갭(Gap)은 트랙을 구분하기 위해, 섹터 사이의 갭은 데이터의 정상적인 읽기, 쓰기를 위한 – 디스크의 회전 속도를 일정 속도 이상으로 올리기 위한 – 여유 공간이라 보면 될 것이다. 섹터가 모여 트랙을 이루고, 트랙들이 모여 한 면을 이루고 다시 여러 면이 모여 디스크 팩의 전체 공간이 되는 것이다. 암(Arm)의 길이는 같기 때문에 헤드는 각 면의 같은 트랙에 위치하게 되며, 디스크 팩에서 동심원의 모든 트랙을 묶어 실린더 (Cylinder)라 부른다는 것도 알아두자. 일반적으로 디스크에 큰 용량의 데이터를 순차로 저장할 때 실린더 단위로 저장하게 되는데, 이것은 헤드의 이동을 최소로 하기 때문이며 11.3절을 보면 그 이유를 알 수 있을 것이다.

(a)와 같이 헤드가 하나씩 있는 시스템은 데이터가 있는 트랙을 옮겨 다니면서 읽기, 쓰기를 해야 하는데 이 경우를 이동 헤드(Moving Head) 디스크라 부르고 각 트랙마다 헤드가 있는 경우는 고정 헤드(Fixed Head) 디스크라 부른다. 고정 헤드는 헤드가 트랙을 따라 이동할 필요가 없는 대신 가격이 비싸다.

디스크에 대해 조금 더!

디스크의 헤드는 빨리 회전하는 표면에서 미세하게 떨어져 데이터를 감지한답니다. 확대해서 보면 아주 넓은 평원의 10m 위 정도에서 점보 비행기가 나는 것과 비슷하지요. 그래서 가동 중인 시스템을 조금만 충격을 줘도 디스크 표면은 손상되어 오류 블록(Bad Block)이 날 수 있기 때문에 살살 다뤄야 해요.

우리가 같은 거리에서 큰 글씨는 빨리 지나가도 읽을 수 있지만 작아질수록 천천히 움직여 주어야 하는 것처럼, 헤드 역시 같은 간격에서 회전 속도가 빠를수록 섹터 안의 데이터를 더 느슨하게 넣어야 정상적인 읽기가 가능하지요. 물론 같은 속도라면 헤드를 디스크 표면에 더

Chapter 11 디스크와 스케줄링

가깝게 할수록 감지 능력이 뛰어나므로 데이터를 촘촘하게 넣을 수 있겠지요. 헤드와 표면 사이의 불순물과 진동이 거의 없도록 만들어 헤드는 더 밀착시키고, 데이터는 더 촘촘하게 넣어 디스크의 용량을 증가시키는 기술을 윈체스터 디스크(Winchester Disk)라 하는데 여러분이 사용하는 PC의 하드 디스크가 이런 종류에요.

하나 더. 하드 디스크는 회전 속도가 일정하므로 회전축 중심에서 멀어지는 바깥쪽 트랙일수록 헤드 밑을 지나가는 속도가 빨라지게 되지요. 그래서 데이터를 더 느슨하게 넣어야 하는데, 잘 보면 바깥일수록 섹터의 길이는 길어지니까 결국 안쪽과 바깥쪽 섹터에 같은 개수의 비트를 넣으면 바깥일수록 느슨하게 들어가게 되고 읽기와 쓰는데 문제가 없게 된답니다. 이와 같은 경우를 일정 각속도(Constant Angular Velocity, CAV)라고 부르는데, 여러 줄로 운동장의 휘어진 부분을 걸을 때 맨 바깥쪽과 안쪽 줄에 있는 친구들의 움직임을 떠올려보면 이해가 되겠지요. CAV는 바깥쪽으로 나갈수록 데이터의 밀도가 떨어져 디스크의 용량을 떨어트리게 되는데, 이것을 해결하는 CD나 CD-ROM은 다르게 만들어요. 중심에서 바깥까지 나선형의 트랙을 만들고 모든 섹터의 밀도를 같게 하는 거지요. 그렇게 되면 바깥쪽 섹터일수록 더 많은 비트가 촘촘하게 들어가니까 회전 속도를 더 천천히 하여 헤드가 감지할 수 있도록 하는 거랍니다. 즉, 모든 섹터의 밀도를 같게 하여 용량을 올리되 회전 속도를 조절하는 이런 방식을 일정 선형 속도(Constant Linear Velocity, CLV)라 불러요.

디스크 시스템에서 특정 섹터에 대한 주소지정은 실린더(또는 트랙)번호, 표면번호, 섹터 번호의 순서로 이루어진다. 물론, 표면번호를 실린더 번호보다 먼저 지정할 수도 있으나 이것은 대량의 데이터를 순차적으로 저장할 때 실린더 단위로 하는 것이 유리하다는 점을 생각해보면 전자의 주소지정이 더 일반적이다. 이런 물리적 주소는 사용하기 복잡한 측면이 있어 논리적인 상대 주소를 사용하기도 하는데, 디스크 시스템의 데이터 전체를 블록들의 나열(Sequence of Blocks)로 보고 각 블록들에 대해 번호를 부여함으로써 임의의 블록에 접근할 수 있도록 하는 것이다.

디스크에서 특정 데이터 즉, 특정 섹터에 접근하고 입출력이 이루어지는 과정은 어떨까? 일차로 주어진 주소로부터 실린더 번호를 보고 헤드를 해당 트랙으로 이동시켜야 하는데, 이때 소요되는 시간을 탐색 시간(Seek Time)이라 하며 그림 11.2에서 ①에 해당한다. 다음으로 지정된 섹터가 회전하여 헤드 밑으로 오는데 걸리는 시간을 회전 지연 시간(Rotational Delay 또는 Latency Time)이라 하고 ②에 해당하는 시간이다. 탐색 시간 즉, 헤드가 이동 중일 때도

210

11.1 디스크의 구조

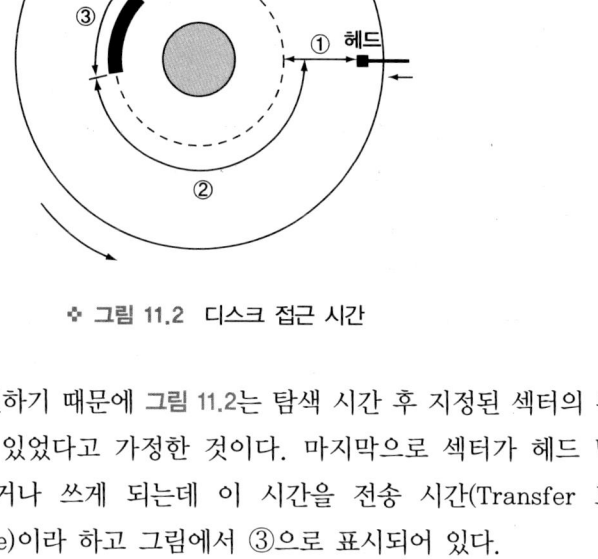

❖ 그림 11.2 디스크 접근 시간

디스크는 계속 회전하기 때문에 **그림 11.2**는 탐색 시간 후 지정된 섹터의 위치
가 ②만큼 떨어져 있었다고 가정한 것이다. 마지막으로 섹터가 헤드 밑을
회전하는 동안 읽거나 쓰게 되는데 이 시간을 전송 시간(Transfer 또는
Transmission Time)이라 하고 그림에서 ③으로 표시되어 있다.

디스크에서의 접근 시간이란 위 세 가지 시간이 합쳐진 것이다. 회전 지연
이나 전송 시간은 회전 속도에 달린 반면, 탐색 시간은 접근 시간에서 제일 큰
비중을 차지하고 처리하기에 따라 성능을 높일 수 있는 포인트가 된다. 디스
크의 각 트랙에 산재한 입출력 요청들에 대한 탐색을 어떤 순서로 처리할 것
인가가 디스크 스케줄링이며, 다음 절에서 하나하나 알아볼 것이다. 참고로,
고정 헤드 디스크 시스템은 모든 트랙에 헤드가 있으므로 탐색 시간이 필요
없고, 따라서 디스크 스케줄링을 말할 필요가 없다.

우선 디스크 스케줄링 기법의 평가 기준을 먼저 살펴보자.

- **단위 시간당 처리량(Throughput).** 디스크 스케줄링 기법은 단위 시간당
  처리량을 최대화할 수 있어야 한다. 즉, 가능하면 같은 시간에 보다 많은
  디스크 입출력 요구들에 대해 서비스를 할 수 있어야 한다는 의미이다.

- **평균 응답 시간(Mean Response Time).** 디스크 스케줄링 기법은 각 요구
  들에 대해 평균 응답 시간을 최소화할 수 있어야 한다. 즉, 각 디스크 입출
  력 요구들에 대해 가능하면 빠른 시간 내에 서비스를 제공할 수 있어야 한

211

Chapter 11 디스크와 스케줄링

다는 의미이다. 이를 위해서는 각 요구들의 평균 대기 시간(Mean Waiting Time)을 최소화해야 한다.

- **응답 시간의 예측성 (Predictability).** 응답 시간의 예측성이란 디스크 입출력 요구를 보낸 측에서 자신의 요청에 대한 서비스가 언제 끝날 것인지를 추측할 수 있는가 하는 점과 관련된 성능 평가 지표이다. 예측성을 판단하기 위한 요소로는 보통 응답 시간들의 분산(Variance)을 사용한다. 응답 시간의 분산이 작은 경우에는 예측성이 좋다고 할 수 있으며, 응답 시간의 분산이 큰 경우에는 예측성이 좋지 않다고 할 수 있다. 즉, 분산이 큰 경우에는 특정 요구에 대한 응답 시간이 어느 정도일지를 미리 추측하기가 어려워지는 것이다. 응답 시간의 분산을 줄이고 예측성을 높이는 스케줄링 기법을 사용하게 되면 궁극적으로 무기한 연기(Indefinite Postponement) 등의 상황도 방지할 수 있게 된다.

11.2 디스크 스케줄링

여러분들 중에는 어릴 때 운동회에서 엄마와 함께 한쪽 발을 묶고 뛰는 이인삼각 달리기를 해 본 사람이 있을 것이다. 엄마가 어릴 적 육상선수 출신이라 해도 달리는 속도는 결국 아이에게 달렸다. 이 상황을 컴퓨터로 옮겨보자. 디스크는 근본적으로 기계적 속도에 달렸으므로 CPU나 메모리 같은 전자적 속도에 비하면 매우 느린 하드웨어이다. 대부분의 프로그램이 실행 중 디스크 입출력을 한다고 보면 전체 실행 시간의 대부분은 디스크의 속도에 의해 결정될 것이다. 따라서 기계적 속도의 한계를 가진 디스크에서 입출력 요구들에 대한 처리 성능을 조금이라도 높여, 사용자들에 대한 시스템의 성능을 개선할 생각이 있다면 탐색 시간에 대한 처리 방법을 고민해야할 것이다.

◣ FCFS 스케줄링

FCFS(First Come First Served) 스케줄링 기법은 디스크 입출력 요청들을 도착한 순서대로 서비스하는 기법이며, 그 외의 어떤 형태의 최적화 기법도 사용하지 않는다. 요청이 도착한 순서대로 서비스한다는 점에서 매우 공평한

212

11.2 디스크 스케줄링

(Fair) 기법으로 볼 수 있으며, 스케줄링으로 인한 오버헤드가 작기 때문에 디스크 입출력에 대한 부하가 작을 경우에 적합한 기법이라 할 수 있다.

● **FCFS 스케줄링의 예**

총 256개의 실린더(실린더 번호 0 ~ 255)로 구성되어 있는 디스크 시스템에서 현재 큐에 다음과 같이 쓰인 순서대로 디스크 입출력 요구들이 도착해 있고, 현재 디스크 헤드는 100번 실린더에 위치해 있다고 가정하자. 이들을 서비스하는 동안 다른 추가의 요구가 도착하지 않는다는 가정 하에 이 요구들이 서비스되는 – 헤드가 이동하는 – 순서는 그림 11.3에서 보이는 바와 같다. 이 예제에서 보이는 디스크 입출력 요구들에 대해서는 편의상 디스크 주소 중 실린더 번호만을 표시하도록 한다.

그림 11.3과 같이 FCFS 기법으로 큐에 있는 요구들을 모두 서비스하기 위한 디스크 헤드의 총 이동 거리 D는 다음과 같음을 알 수 있다.

$$D = 10 + 70 + 95 + 65 + 100 + 85 + 65 + 130 + 170 = 790$$

FCFS 기법은 디스크 대기 큐에 먼저 들어온 요청이 먼저 서비스를 받는 매우 단순한 기법이며, 요청의 실행 예정 순서가 고정되므로 공평하다. 이 기법은 디스크의 부하가 적은 시스템인 경우에 적당하다고 알려져 있다.

대기 큐:

90	160	65	130	30	115	180	50	220

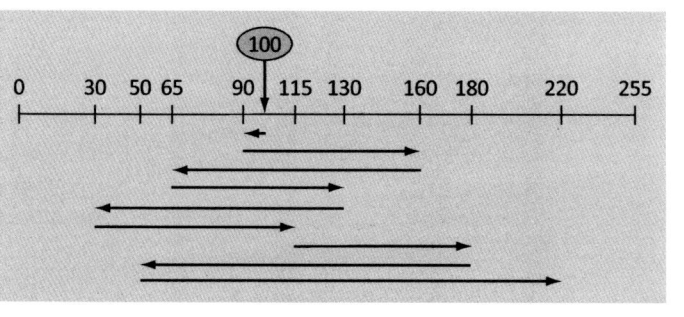

❖ 그림 11.3 FCFS 스케줄링 기법의 처리 과정

213

Chapter 11 디스크와 스케줄링

↘ SSTF 스케줄링

SSTF(Shortest Seek Time First) 스케줄링 기법은 현재 큐에 도착해 있는 요구들 중 현재 헤드의 위치로부터 가장 가까운 요구를 먼저 서비스하며 이와 같은 과정을 반복하면서 서비스를 계속하는 기법이다. 다시 말해, 처리 중에 새로 들어오는 요청까지 포함해서 "아무것도 묻지도 않고, 따지지도 않고 헤드에서 제일 가까운 요청부터 처리해 주겠습니다."이다. 이 기법은 큐의 요구들을 처리하는 동안 헤드가 이동해야 하는 거리를 최소화하며, 따라서 단위 시간당 처리량을 극대화하는 기법이다. 또한 이 기법을 사용할 경우 디스크 시스템 측의 부하가 크지 않은 경우에는 평균 응답 시간도 어느 정도 낮게 유지할 수 있다. 하지만, 디스크 입출력 요구들에 대한 응답 시간의 분산이 커짐으로 인하여 응답 시간에 대한 예측성이 저하된다는 단점을 가진다.

• SSTF 스케줄링의 예

위 FCFS의 예에서 주어진 요청과 같은 상황을 가정했을 때 SSTF 기법에 의해 큐에 있는 다음의 요구들을 처리하는 과정은 그림 11.4와 같다. 처음 헤드의 위치는 100번 실린더에 있으므로 이 위치에서 가장 가까운 90번 실린더에 대한 요청을 먼저 처리한다. 다음으로는 헤드의 위치가 90번 실린더로 이동하였으므로 이로부터 가장 가까운 115번 실린더에 대한 요구를 처리하며, 이와 같은 과정을 계속 반복하게 되는 것이다.

SSTF 기법으로 위의 큐에 있는 요구들을 모두 서비스하기 위한 디스크 헤드의 총 이동 거리 D는 다음과 같음을 알 수 있다.

$$D = 10 + 25 + 15 + 20 + 85 + 15 + 30 + 20 + 40 = 260$$

❖ 그림 11.4 SSTF 스케줄링 기법의 처리 과정

위 예에서는 큐에 더 이상의 요구가 도착하지 않는 상황을 가정하였으나 실제 시스템에서는 시간이 지남에 따라 계속해서 디스크 입출력 요구가 도착하게 된다. 이러한 상황에서 부하가 커지는 경우 SSTF 기법을 사용하면 헤드가 일정 영역을 벗어나지 못하고 그 영역 안의 실린더들에 대한 요구들만을 계속해서 처리하게 됨으로써, 헤드에서 먼 다른 요구들에 대해서는 서비스의 기회가 주어지지 않는 무기한 연기라는 상황이 나타나기도 한다. 이러한 상황을 제거하는 기법으로 다음에 소개될 SCAN 기법이 제시되었다.

공 줍기의 달인. 안 해봤으면 말을 하지 마세요.

우리 학과는 MT를 가서 게임을 하나 했었는데...바구니 하나를 들고 방 한가운데서 시작해 떨어져 있는 공을 많이 주워 담는 사람이 우승하는 거였다. 공은 뚫려 있는 천장에서 방 안 골고루 계속해서 떨어진다고 했을 때, 누가 우승 하였을까? 가운데서 계속 주위의 공을 담은 친구가 방 안을 이리저리 다니며 주워 넣었던 친구보다 더 많이 담았을 것이다. 왜냐하면, 공은 계속 떨어지므로 이리저리 다니는 시간만큼 공 담는데 투자할 수 있으니까.

떨어지는 공이 요청, 속도가 부하이고 시작하는 자리가 현 헤드의 위치라고 보면 이제 SSTF가 처리량은 우수하고, 안쪽이나 바깥쪽 트랙일수록 서비스가 지연된다는 의미를 짐작할 수 있지 않을까?

SSTF 기법은 FCFS에 비해 단위 시간당 처리량이 많고 평균 응답 시간이 짧다. 하지만 응답 시간의 예측성이 떨어지므로 일괄처리에는 유용하나 대화형 시스템에는 부적합하다.

◪ SCAN 스케줄링

SCAN 스케줄링 기법은 SSTF 기법과 비슷한 형태로, 즉, 현재 헤드의 위치와 가장 가까운 위치에 대한 요구를 먼저 서비스하지만, 현재 헤드의 진행 방향으로만 입출력 요구들을 처리하며, 마지막 실린더, 즉 양 끝의 실린더에 도착했을 때에만 방향을 전환하여 나머지 요구들을 처리하는 기법이다. 이 기법은 SSTF 기법을 사용할 경우 응답 시간의 분산이 너무 커져서 응답 시간에 대한 예측성이 저하된다는 단점을 해결하기 위해 제시되었으며, 대체적으로 단

Chapter 11 디스크와 스케줄링

위 시간당 처리량이나 평균 응답 시간의 면에서도 만족할만한 성능을 보이는 것으로 평가되고 있다. 이 기법은 실제 디스크 시스템에서 사용되는 스케줄링 기법들의 근간을 이루는 기법이다.

- **SCAN 스케줄링의 예**

위에서 주어진 예와 같은 상황을 가정했을 때, SCAN 기법에 의해 큐에 있는 다음의 요구들을 처리하는 과정은 **그림 11.5**에서 보이는 바와 같다. 여기서 현재 헤드는 100번 실린더에 위치하고 있으며, 헤드가 현재 바깥쪽(255번 실린더 방향)으로 이동하고 있는 중이라고 가정한다.

처음 헤드의 위치는 100번 실린더에 있으므로 이 위치에서 바깥쪽 방향으로 가장 가까운 115번 실린더에 대한 요청을 먼저 처리한다. 다음으로는 헤드의 위치가 현재 115번 실린더에 위치한 상태에서 또다시 바깥쪽 방향으로 가장 가까운 130번 실린더에 대한 요구를 처리한다. 이후 헤드는 160번 실린더 서비스, 180번 실린더 서비스, 220번 실린더 서비스 이후 255번 실린더까지 이동하며, 이곳에서 방향을 바꾸어 안쪽 방향으로 가장 가까운 90번 실린더에 대한 요구를 처리하고 이와 같은 과정을 계속 반복하게 되는 것이다.

그림 11.5와 같이 SCAN 기법으로 위의 큐에 있는 요구들을 모두 서비스하기 위한 디스크 헤드의 총 이동 거리 D는 다음과 같음을 알 수 있다.

D = 15 + 15 + 30 + 20 + 40 + 35 + 165 + 25 + 15 + 20 = 380

이 예에서도 큐에 더 이상의 요구가 도착하지 않는 상황을 가정하였으나,

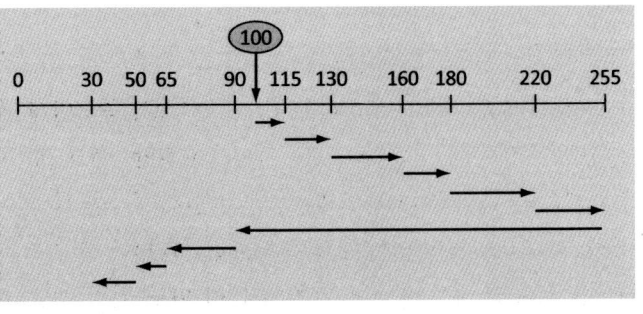

❖ **그림 11.5** SCAN 스케줄링 기법의 처리 과정

실제 시스템에서는 시간이 지남에 따라 계속해서 디스크 입출력 요구가 도착하게 된다. 디스크 헤드가 진행하는 도중 헤드의 앞쪽에 추가로 다른 요구들이 도착하면 SCAN 기법은 이 요구들을 처리하면서 헤드를 계속 진행시킨다.

⬛ LOOK 스케줄링

LOOK 스케줄링 알고리즘은 다른 말로 엘리베이터 알고리즘(Elevator Algorithm)이라고도 한다. – 엘리베이터가 동작하는 방식과 매우 닮았다고 해서 붙여진 이름이다. SCAN 기법과 같은 방식으로 운영되나, 한 가지 다른 점은 헤드가 진행하는 도중 진행 방향의 앞쪽으로 더 이상의 요구가 없으면 양끝의 실린더까지 진행하지 않고 그 자리에서 방향을 바꾸도록 한다는 것이다. SCAN을 이해했다면 굳이 따로 예를 들지 않아도 되겠다.

SCAN 스케줄링 기법과 LOOK 스케줄링 기법은 SSTF 스케줄링 기법에 비해 응답 시간의 예측성 측면에서 우수한 기법이며, LOOK 스케줄링 기법은 SCAN 스케줄링 기법이 진행 방향으로 더 이상 디스크 접근 요구가 없음에도 불구하고 디스크 헤드를 양끝의 실린더까지 이동시키는 단점을 해결하는 기법이다. 그러나 이 두 기법은 새로운 디스크 접근 요구가 입출력 헤드 진행 방향으로 앞쪽 방향에서 발생하면 즉시 서비스하지만, 바로 뒤에서 발생하는 경우에는 입출력 헤드가 진행 방향의 끝까지 이동한 후에 다시 되돌아올 때까지 기다려야 한다는 특성을 갖는다. 또한, 입출력 헤드의 진행 방향의 앞쪽으로 계속해서 디스크 접근 요구가 발생하는 경우에는 반대 방향의 요구들의 대기 시간은 계속 길어지게 되는 단점을 갖는다. 더불어 양 끝에서 발생하는 입출력 요구는 디스크의 중앙 부분 실린더에서 발생하는 입출력 요구에 비해 서비스 기회를 적게 갖게 된다는 단점도 갖는다. 이러한 단점들을 해결하기 위한 기법들을 다음에서 설명한다.

⬛ N-step SCAN 스케줄링

N-step SCAN 스케줄링 기법은 기본적으로 SCAN 스케줄링 기법과 같은 기법이지만 디스크 헤드가 방향을 바꾸는 시점에서 큐에 대기 중인 요구들만을 대상으로 서비스를 진행하며, 이처럼 서비스가 진행되는 도중에 큐에 추가로

Chapter 11 디스크와 스케줄링

도착하는 요구들에 대해서는 다음번 방향을 바꾼 후에 처리하도록 하는 점이
SCAN 기법과 다르다.

- **N-step SCAN 스케줄링의 예**

  같은 상황을 가정했을 때 현재 헤드의 위치가 100번 실린더에 있고 헤드가
  현재 바깥쪽(255번 실린더 방향)으로 이동하고 있는 중이라고 가정하자. 다
  음번 요구를 서비스하기 위해서는 헤드가 115번 실린더로 이동해야 한다.
  헤드가 115번 실린더로 이동하는 도중에 또는 115번 실린더의 요청을 처리
  하는 도중에 120번 실린더에 대한 요구가 추가로 도착한다면 SCAN 기법은
  115번 실린더의 요구를 처리한 후에 120번 실린더로 이동하여 추가로 도착
  된 이 요구를 처리하고 계속 진행한다. 하지만 N-step SCAN 스케줄링 기
  법을 사용할 경우에는 이러한 상황에서 120번 실린더에 대한 요구를 처리
  하지 않고 바깥쪽 진행을 시작할 시점에 큐에 있었던 요구들만 처리하면서
  진행하게 되며, 120번 실린더에 대한 요구는 헤드가 255번 실린더에 도착
  하여 방향을 바꾼 후에 다시 안쪽으로 진행하면서 처리하게 되는 것이다.

  N-step SCAN 스케줄링 기법을 사용하는 경우 SSTF 기법이나 SCAN 기
  법보다 응답 시간의 분산이 작아지게 되며, 따라서 응답 시간의 예측성이
  좋아지게 된다. 또한, N-step SCAN 스케줄링 기법을 사용하는 경우에는
  어떤 요청이든 유한 시간 내에 서비스를 받게 되며, 따라서 무기한 연기의
  가능성은 완전히 사라지게 된다. SCAN 기법에서 서비스 진행 방향 앞으로
  계속해서 요청들이 들어올 경우 오래전에 도착했지만 맨 끝에 있었던 요청
  이 겪게 될 기다림을 생각해보라.

↘ C-SCAN 스케줄링

C-SCAN(Circular SCAN) 스케줄링 기법은 기본적으로 N-step SCAN 스
케줄링이나, 디스크 헤드가 한쪽 방향으로 진행할 때에만 큐의 요구들을 처
리한다는 점이 다르다. 즉, 서비스 방향을 안쪽 또는 바깥쪽 중 한쪽으로 미
리 정해놓고, 정해진 방향으로 헤드가 이동할 때에만 큐의 요구들을 처리하
는 것이다.

11.2 디스크 스케줄링

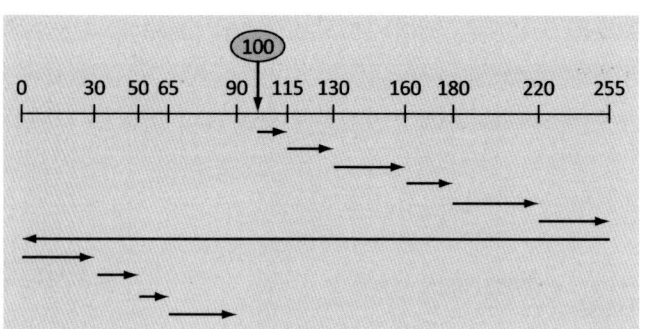

✤ 그림 11.6   C-SCAN 스케줄링 기법의 처리 과정

● **C-SCAN 스케줄링의 예**

역시 같은 상황을 가정했을 때 C-SCAN 기법에 의해 큐에 있는 요구들을 처리하는 과정을 그림 11.6에서 보였다. 여기서 서비스 방향은 바깥쪽(255번 실린더 방향)이고, 현재 헤드는 100번 실린더에 위치하고 있으며, 헤드가 현재 바깥쪽 방향으로 이동하고 있는 중이라고 가정한다.

이 예에서 처음 헤드의 위치는 100번 실린더에 있으므로 이 위치에서 바깥쪽 방향으로 가장 가까운 115번 실린더에 대한 요청을 먼저 처리하고 다음으로 130번, 160번, 180번, 220번 실린더에 대한 요구를 순서대로 처리한다. 이후 헤드는 255번 실린더까지 이동하며, 이곳에서 방향을 바꾸어 가장 안쪽의 0 실린더까지 요구에 대한 처리 없이 직접 이동하고, 이곳에서부터 다시 바깥쪽 방향으로 이동하면서 큐에 남아 있는 요구들을 처리한다.

C-SCAN 기법으로 위의 큐에 있는 요구들을 모두 서비스하기 위한 디스크 헤드의 총 이동 거리 D는 다음과 같음을 알 수 있다.

$$D = 15 + 15 + 30 + 20 + 40 + 35 + 255 + 30 + 20 + 15 + 25 = 500$$

SCAN 스케줄링 기법은 방향을 바꿔가며 서비스하므로, 양끝 부분의 트랙에 대한 접근 요구들에 비해서 중앙 부분 트랙에 대한 접근 요구들이 빠르게 서비스되는데 반해, C-SCAN 스케줄링 기법은 한쪽 방향으로만 서비스를 진행하므로 양끝 부분의 트랙과 중앙 부분 트랙을 균등하게 서비스하는 기법이다. 즉, 응답 시간의 편차를 극소화하는 기법으로, 따라서 응답 시간에 대한 예측

219

Chapter 11 디스크와 스케줄링

성이 매우 높은 기법이라 할 수 있다. 참고로 SCAN과 LOOK의 관계처럼 C-SCAN 기법과 기본적으로 같은 방식이지만, LOOK 기법에서와 같이 헤드의 진행 방향으로 더 이상의 요구가 없으면 즉시 방향을 전환하는 기법을 C-LOOK 이라 부른다.

공부만 했고! 그래서 눈 치우는 방법을 잘 몰랐을 뿐이고!

눈 내리는 겨울 어느 날. 나는 넓은 나무판을 사용해 우리 집에서 길 맞은편에 있는 친구 집 사이를 오가며 눈을 치우기 시작했다. 나무판을 밀며 몇 번을 오가다가 문득 우리 집에서 친구 집으로 한번 눈을 치우며 간 후, 뒤돌아 우리 집까지 길을 자세히 쳐다보았다. 눈은 어떻게 쌓여 있을까? 내가 서 있는 곳에서 우리 집까지 계속 내리는 눈으로 또 쌓여 있는데 우리 집으로 갈수록 조금씩 더 높지 않은가! 내 발 앞의 눈은 방금 전에 온 것이고, 우리 집 앞의 높은 눈에서 맨 아래에 있는 눈은 높이만큼 오래전에 온 눈인 것이다. 내가 만약 여기서 우리 집까지 눈을 치우며 가면, 방금 전에 온 눈은 바로 치워지고 우리 집 앞의 아까 온 눈은 그만큼 늦게 치워지게 될 것이다. 그렇다면?... 우리 집까지는 그냥 가서 다시 친구 집 쪽으로 눈을 치우며 간 다음 우리 집까지는 그냥 가고를 반복한다면?... 높아진 쪽부터 치우게 되니까 쌓인 시간에 공평한 치우기가 아닌가!

눈을 치우며 왕복하는 첫 번째 방법과 한쪽으로만 눈을 치우는 두 번째를 SCAN과 C-SCAN으로 빗대어 보면서 이론과 실생활이 동떨어진 것이 아님을 느껴보자.

↘ Eschenbach 스케줄링

여러 장의 디스크 원반을 갖는 디스크 팩 형태의 디스크 시스템에는 한 실린더 안에 여러 개의 트랙이 있을 수 있다 (예를 들어, 8장의 디스크 원반을 갖는 디스크 팩에서는 하나의 실린더에 16개의 트랙이 존재하는 것이다). 디스크 시스템의 입출력 요구들이 대기하고 있는 큐에는 같은 실린더에 대한 서비스를 원하는 요구들이 여러 개 있을 수도 있다. 더구나 한 실린더 내의 서로 다른 표면(Surface)에 대한 같은 번호의 섹터(Sector)들을 대상으로 하는 입출력 요구들도 큐에 동시에 존재할 수 있는데 이러한 경우에 해당 실린더에 대한 요구들을 모두 처리하기 위해서는 헤드가 실린더로 이동한 후에 디스크 팩이 여러 번 회전하는 동안 기다려야 한다. 지금까지 언급한 각 기법들은 이러한 요구들을 모두 처리하면서 헤드가 진행하도록 하는 기법이었다.

Eschenbach 기법은 헤드가 진행하는 과정에서 각 실린더에 대해 디스크 팩의 한 번 회전시간 동안만 입출력 요구들을 처리하는 기법이다. 즉, 한 회전 동안 서비스를 받지 못하는 요구들에 대한 처리는 다음으로 미루는 것이다. 이를 위해서는 한 실린더 내의 트랙이나 섹터들에 대한 요구들을 별도로 순서화하는 메커니즘이 필요할 것이다. 이는 회전 지연 시간의 최적화를 위한 스케줄링 기법과 관련이 되며, 이에 대해서는 다음 절에서 언급한다. 결국, Eschenbach 기법은 탐색 시간의 최적화와 회전 지연 시간의 최적화를 동시에 추구하는 기본적인 기법이라 할 수 있다.

지금까지 여러 종류의 탐색 시간 최적화를 위한 스케줄링 기법들에 대해 알아보았다. 이들이 각각 나름대로의 장단점을 가지겠지만 일반적으로는 SCAN(LOOK) 스케줄링 기법이나 C-SCAN(C-LOOK) 스케줄링 기법이 많이 사용되며, 이 기법들의 성능이 일반적인 부하 상태에서 적절한 성능을 보인다는 사실이 밝혀져 있다.

11.3 회전 지연 시간의 최적화

회전 지연 시간을 최적화하기 위한 스케줄링 기법은 탐색 시간을 필요로 하지 않는 고정 헤드 디스크(Fixed Head Disk) 시스템이나, 각 트랙마다 헤드를 갖는 드럼(Drum) 등의 보조기억 장치에서 사용되며, 때에 따라서는 같은 실린더나 트랙에 여러 개의 디스크 입출력 요구가 있을 경우를 대비하여 일반적인 이동헤드 디스크 시스템에서도 사용된다.

회전 지연 시간을 최적화하기 위해서는 주로 섹터 큐잉(Sector Queueing)이라는 기법을 사용하며 이 기법을 다른 말로 SLTF(Shortest Latency Time First) 기법이라고도 한다. 이 기법은 **그림 11.7**과 같이 디스크 시스템의 각 섹터별로 별도의 큐(Queue)를 두어 관리하며, 하나의 실린더 또는 트랙에 대한 여러 개의 입출력 요구가 도착할 경우 이들을 각 섹터별로 설정되어 있는 큐에 삽입한다.

Chapter 11 디스크와 스케줄링

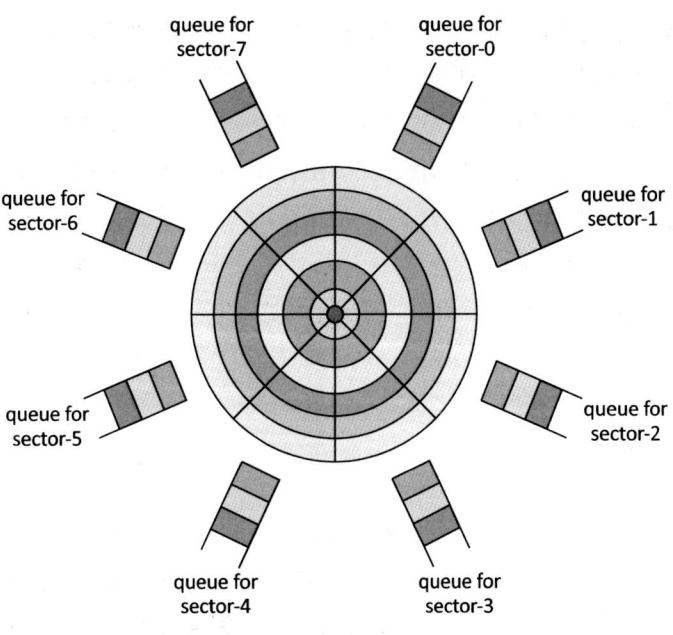

❖ 그림 11.7 섹터 큐잉

　섹터 큐잉 기법은 이와 같은 상태에서 디스크 헤드의 탐색 시간이 끝나고 헤드가 특정 실린더에 도착한 뒤에 헤드 아래에 먼저 도착하는 순서대로 각 섹터에 대한 서비스를 진행한다. 이 기법은 회전 지연 시간에 대한 스케줄링 기법으로서 거의 최적에 가까우며, 더 이상 다른 기법이 필요하지 않은 상황이어서 대부분의 시스템에서는 필요한 경우 이 섹터 큐잉 기법을 사용한다.

　만일 디스크 컨트롤러(Disk Controller) 측에 디스크의 한 트랙에 기록된 데이터를 모두 저장할 수 있을 정도의 충분한 가용 기억 공간이 있다면 이와 같은 회전 지연 시간 스케줄링 기법은 필요하지 않을 것이다. 이러한 경우에는 한 트랙의 정보를 모두 디스크 컨트롤러의 기억 공간에 저장한 후 디스크 컨트롤러로 하여금 필요한 섹터의 정보를 원하는 곳으로 전송하는 기법을 사용할 수 있을 것이다.

11.4 디스크 관리를 위해

⬇ 버퍼링

이제까지 언급한 디스크 스케줄링 기법 외에 디스크 시스템의 성능을 증대시키기 위한 대표적인 기법으로는 버퍼링(Buffering) 기법을 들 수 있다. 이 기법은 디스크에서 자주 참조되는 데이터를 주기억 장치 커널 공간의 버퍼(Buffer) 영역에 저장하여 관리하는 기법이다. 이에 따라 버퍼 영역에 적재되어 있는 디스크 블록에 대해서는 프로세스에 의한 읽기나 쓰기 연산이 있을 때 디스크에 접근하지 않고 주기억 장치에 접근하는 것만으로 연산이 수행될 수 있으므로 디스크 입출력 횟수가 적어지게 되고 따라서 시스템 전체의 성능을 증대시킬 수 있는 것이다. 이런 목적으로 UNIX 운영체제에서는 커널 공간 내에 버퍼 캐시(Buffer Cache), inode 캐시 등을 두어 버퍼링 기법을 사용하고 있으며, 이 외의 다른 운영체제에서도 유사한 기법을 사용하고 있다.

다만, 이처럼 버퍼 영역에 저장되어 있는 디스크 블록이 분산 데이터베이스 시스템 등에서와 같이 다른 호스트나 프로세스에 의해 접근 가능한 경우에는 데이터의 일치성 문제를 고려하여야 할 것이다. 또한 프로세스의 데이터 참조 패턴에 지역성(Locality)이 없는 경우에는 프로세스가 원하는 데이터가 주기억 장치 공간에 적재되어 있을 확률, 즉, hit ratio가 매우 낮을 수 있으므로 버퍼링 기법이 큰 효과를 주지 못할 수도 있음을 고려하여야 한다.

이 외에도 디스크 시스템의 성능을 증대시키기 위한 다른 방법들로는 다음과 같은 기법들이 있을 수 있다.

- **하드웨어 기반의 기법**
  ① 디스크의 저장 밀도를 높인다.
  ② 디스크 팩의 회전 속도를 증가시킨다.
  ③ 고정 헤드 디스크를 사용한다.

- **운영체제 기반의 기법**
  ① 같은 데이터 블록을 디스크의 여러 곳에 중복 배치시킨다.
  ② 순차 데이터들을 디스크의 트랙에 격(Alternate) 섹터별로 배치시킨다.
  ③ 디스크 데이터들을 필요할 때 재구성(Reorganization)한다.

Chapter 11 디스크와 스케줄링

④ 데이터 압축(Data Compression) 기법을 사용한다.

- **응용 시스템 기반의 기법**

  ① 인덱스(Index)를 사용한다.

  ② 보조기억 장치 해싱(Hashing) 기법을 사용한다.

▣ 디스크 스트라이핑

디스크 스트라이핑(Disk Striping)이란 디스크 시스템의 성능을 개선하기 위한 한 가지 방법으로서 디스크 인터리빙(Disk Interleaving)이라고도 하며 현재 많은 시스템에서 실제로 사용하고 있는 기법이다. 이러한 시스템에서는 여러 개의 디스크 시스템을 묶어서 이들이 논리적으로 하나의 디스크 시스템의 역할을 하도록 한다. 즉, 여러 개의 디스크 시스템들을 논리적인 하나의 디스크 시스템으로 보이도록 하는 것이며, 이에 저장될 데이터는 스트립(Strip)이라는 작은 단위로 나뉘어져 각 디스크 시스템에 번갈아가며 순차적으로 저장되도록 함으로써 데이터들이 접근될 때 모든 디스크 시스템들에게 입출력이 공평하게 분배되도록 하는 것이다.

이 기법에서는 **그림 11.8**과 같이 일반적인 디스크 시스템에서 한 블록에 저

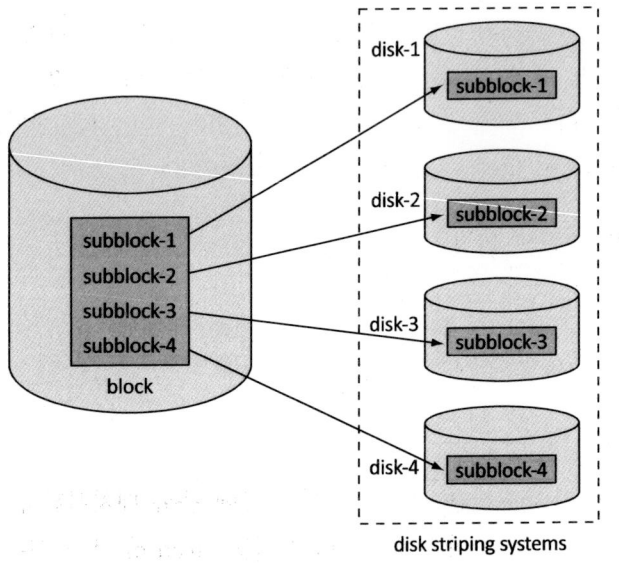

❖ 그림 11.8 디스크 스트라이핑

장될 데이터를 여러 개의 서브블록(Sub-block, 또는 스트립)들로 나누어 이 서브블록들을 디스크 스트라이핑 시스템의 각 디스크 시스템에 하나씩 배치시키도록 할 수도 있다. 이후에 특정 블록이 접근될 경우에는 각 디스크 시스템의 서브블록들이 독립적으로 그리고 병렬로(Parallel) 접근되기 때문에 전체 디스크 시스템에의 블록 접근 시간이 크게 단축될 수 있는 것이다. 이러한 디스크 스트라이핑 시스템의 성능은 이에 속한 각 디스크 시스템들이 서로 동기화(Synchronize)되어 작동한다면 각 디스크 시스템으로부터 전달되는 서브블록들이 동시에 접근될 것이며 따라서 성능의 향상을 보장할 수 있다.

디스크 스트라이핑 시스템은 저가의 여러 개의 디스크 시스템들을 사용하여 논리적으로 하나의 디스크 시스템처럼 보이게 함으로써 고가의 대형/고성능 디스크 시스템을 대체하는 효과를 내게 된다.

↘ RAID 구조

RAID(Redundant Array of Inexpensive Disks)란 디스크 시스템의 성능뿐만 아니라 비용과 신뢰성(Reliability) 등을 모두 고려하여 구성한 디스크 시스템의 형태를 말하며, 기본적으로 비용이 낮은 소규모 디스크들을 여러 개 사용하여 이를 배열 형태로 구성한다.

RAID 구조는 데이터 저장 방식에 따라 RAID-0(디스크 스트라이핑), RAID-1(미러링), RAID-2(ECC), RAID-3(패리티), RAID-4(패리티), RAID-5(분산 패리티), RAID-6, RAID-7, RAID-10, RAID-53, 그리고 RAID-0+1 등의 형태로 제시되고 있으며, 향후에도 이들을 응용하여 개발된 새로운 RAID 레벨이 계속 제시될 것으로 보인다. 현재, RAID-0, RAID-1, RAID-0+1, RAID-5 등이 많이 사용되는 방식이며, 이들의 각 특성에 대하여 간단히 알아보자.

RAID-0인 디스크 스트라이핑 시스템에서는 낮은 비용으로 높은 성능을 내기 위한 기법을 제시하였으며, 데이터의 중복 등과 관련된 개념을 사용하지 않음으로써 신뢰성에 대해서는 어떠한 고려도 하지 않고 있다.

RAID-1에서는 스트라이핑과 함께 미러링(Mirroring) – 거울에 비춰 본 듯 똑같은 복사본이 있다는 의미 – 개념을 추가하여, 두 개 이상의 디스크에 같은 데이터 블록들을 중복, 저장하는 기법을 사용한다. (관점에 따라 RAID–1을 미러링만 하는 것으로 분류하기도 한다.) 즉, 이 형태는 하나의 디스크가 고장

Chapter 11 디스크와 스케줄링

이 나더라도 다른 디스크를 통해 데이터 블록들이 유지되므로 신뢰성이 높으며, 하나의 블록에 접근하기 위해 두 개 이상의 디스크에 접근이 가능하므로 가용성(Availability) 역시 높다는 특성을 갖는다. 그러나 실제로 필요한 디스크 용량보다 2배 용량의 디스크 시스템을 구축하여야 하므로 가격이 비싸다는 단점을 갖는다. RAID-1은 실제로 읽기 연산을 주로 하는 응용에 많이 사용되는 RAID 레벨이며, 다중 사용자 시스템에서 좋은 성능 및 신뢰성을 제공한다.

RAID-0+1은 RAID-0과 RAID-1을 조합한 형태로, 디스크 스트라이핑과 디스크 미러링의 장점을 함께 취한 형태라 할 수 있다.

RAID-2와 RAID-3에서는 섹터 스트라이핑 개념을 사용한다. RAID-2에서는 일부 디스크에 해밍코드를 사용한 ECC 정보를 별도로 저장하도록 하지만 최근의 대부분의 디스크들이 ECC 정보를 내부적으로 갖도록 되어 있기 때문에 많이 사용되지 않는다. RAID-3에서는 디스크 배열 내의 한 디스크로 하여금 패리티(Parity) 정보를 저장하도록 한다. 참고로, 패리티는 훼손된 스트립을 복구할 수 있기 때문에 중복의 효과를 가진다. 데이터가 각 디스크에 걸쳐 저장되도록 함으로써 접근 속도를 증가시키는 특성이 있지만, 여러 입출력 요구들을 동시에 처리하는 능력이 없어서 주로 단일 사용자(Single User), 단일 태스킹(Single Tasking) 시스템에서 사용된다.

RAID-4에서는 RAID-3에서와 같이 데이터를 보호하기 위하여 스트라이핑된 블록들의 패리티 정보를 디스크 배열 내에 있는 별도의 한 디스크에 저장한다. 이는 디스크 배열 내의 각 디스크들에 대한 독립적인 접근이 가능하도록 하기 때문에 대량의 데이터 전송보다는 트랜잭션 처리 시스템 등에 적합하지만 패리티 정보를 저장하는 디스크에 대한 병목현상(Bottleneck)이 나타나기 때문에 많이 사용되지 않는다.

RAID-5에서는 회전 패리티 배열(Rotating Parity Array) 개념을 사용한다. 여기에서도 실제 데이터 외에 이들 데이터에 대한 패리티 정보를 별도로 저장하지만 RAID-4에서와 같이 패리티 정보를 저장하는 디스크를 하나로 고정시키지 않음으로써 병목현상의 발생을 억제한다. 또한 대규모의 스트라이프(Stripes)를 사용함으로써 여러 입출력들이 겹쳐(Overlapped) 진행될 수 있도록 하며, 디스크의 고장이 있을 경우에도 어느 정도는 이를 복구할 수 있는 가능성을 제공한다. RAID-5는 다중 사용자(Multiuser) 환경 및 큰 규모의 응용

226

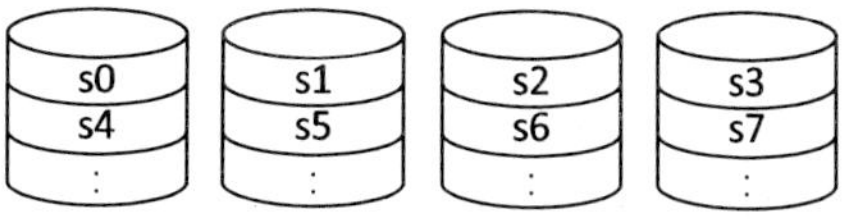

11.4 디스크 관리를 위해

(a) RAID 0 : 중복 없는 스트라이핑 (s : 스트립)

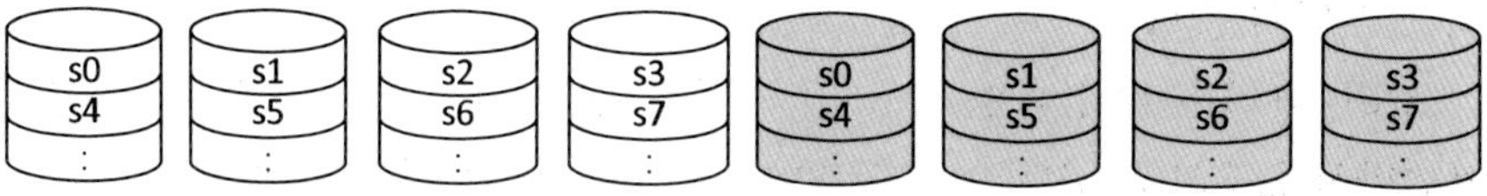

(b) RAID 1 : 스트라이핑과 미러링

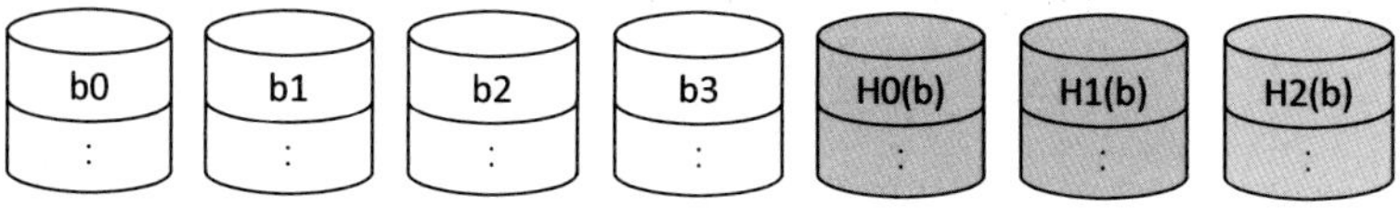

(c) RAID 2 : 해밍 코드를 사용한 중복 (b : 바이트 또는 워드 크기의 스트립)

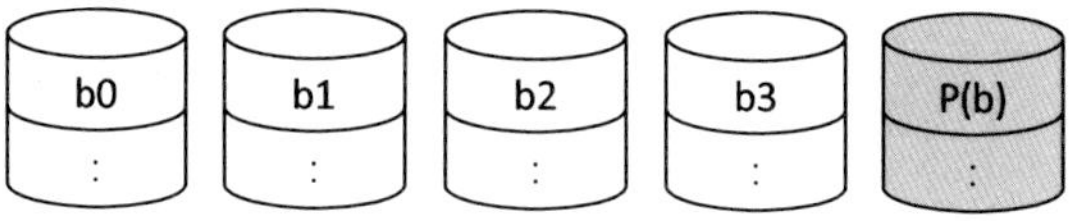

(d) RAID 3 : 비트 인터리브드 패리티

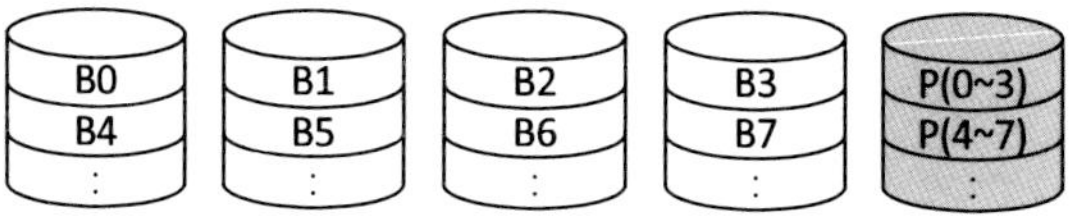

(e) RAID 4 : 블록 인터리브드 패리티 (B : 블록)

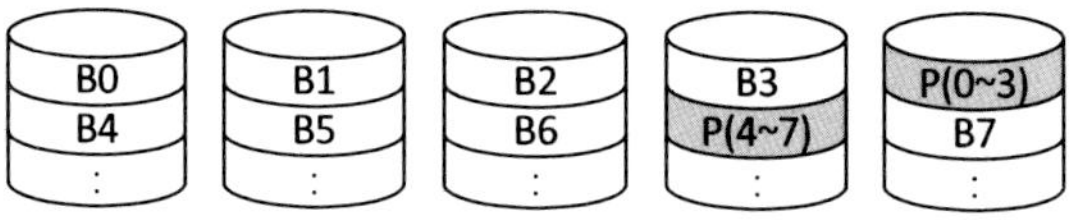

(f) RAID 5 : 블록 인터리브드 분산 패리티

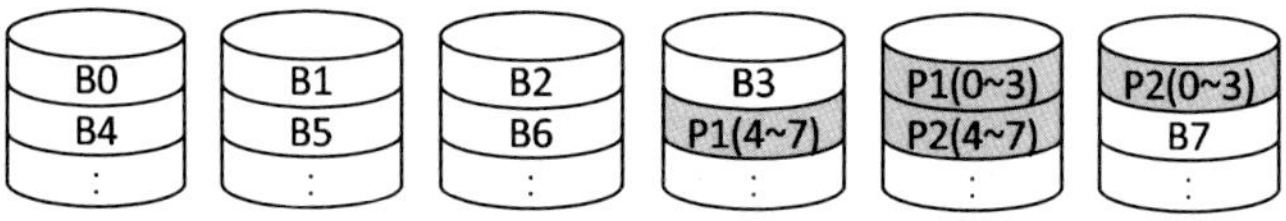

(g) RAID 6 : 블록 인터리브드 분산 이중 패리티

❖ 그림 11.9 RAID 레벨

Chapter 11 디스크와 스케줄링

시스템에 적합하다.

RAID-6은 회전 패리티 배열을 기반으로 하되, 두 개의 다른 패리티 계산을 수행하여 서로 다른 디스크의 블록에 저장한다. RAID-6은 매우 높은 가용성을 제공하는 반면, 데이터를 기록할 때마다 두 개의 패리티 블록에 반영해야 하는 부담이 있다.

RAID 레벨은 각각 독립적으로 유지되며, 높은 레벨이 낮은 레벨의 형태를 포함하지 않으므로, RAID 구조를 이용하기 위해서는 각 응용에 최적인 RAID 레벨을 선택하거나 몇 가지의 RAID 레벨을 복합하여 구성하는 것이 바람직하다. 그림 11.9는 이해를 돕기 위해 RAID-0부터 RAID-6까지를 간단하게 그려본 것이다.

디스크와 관련된 내용은 이쯤 하면 적당해 보인다. 혹시 공부하다가 모르는 부분이 있다면, 필자에게 메일을 보내 질문하는 것도 좋은 방법이니 기억해 두자.

중요한건 필기했음 하는 바램인거죠!

컴퓨터 보안(Security)

1970년대 전 세계의 네트워크들이 하나로 통합/연동되는 인터넷(Internet) 환경이 등장하게 된 후, 1980년대에는 사용자의 편리성 등을 고려하여 네트워크 환경의 전체 구조를 단일 컴퓨터 환경으로 볼 수 있도록 뷰(View)를 제공하는 분산 컴퓨팅(Distributed Computing) 환경이 출현하였다. 그 후 분산 운영체제(Distributed Operating System) 기반 분산 컴퓨팅 기술 및 클라이언트-서버 기반 기술, 분산 객체(Distributed Object) 기술, P2P 컴퓨팅 기술 등 다양한 형태의 분산 컴퓨팅 기술들이 개발, 사용되기 시작하였다. 더불어 무선통신 및 이동통신 기술의 발전과 휴대용 컴퓨터 기술의 발전에 따라 네트워크 접속 상태에서 호스트의 이동성을 지원하는 이동 컴퓨팅(Mobile Computing) 기술 및 이동 단말에 대한 데이터 서비스 기술이 소개되면서, 이러한 기반 기술들을 바탕으로 유비쿼터스 컴퓨팅(Ubiquitous Computing) 같은 응용도 흔한 일이 되었다.

이처럼 빠르게 발전해온 컴퓨팅 및 네트워킹 기술은 다양한 형태로 인간에게 서비스를 제공하는 도구로서의 역할을 하고 있지만, 때에 따라서는 그러한 서비스가 적시에 적절한 형태로 제공되지 않을 경우 오히려 불편을 초래할 수도 있고, 게다가 컴퓨터 시스템 또는 각종 컴퓨팅 기기들에 저장된 각종 정보가 유출될 경우 사회적으로 커다란 혼란을 초래할 가능성도 높아질 수밖에 없다. 다시 말해, 일반 사용자들로 하여금 손쉽게 컴퓨터에 접속하고 서비스를 받을 수 있는 기회를 제공한 반면, 내부 또는 외부의 공격으로부터 시스템 자원과 정보를 보호해야 하는 문제를 함께 가져 온 것이다.

일반적으로 시스템에 대한 공격의 목적은 불법적인 행위를 통하여 시스템의 자원을 마비시키거나, 정보를 유출시키거나 혹은 서비스를 방해하려는데 있다. 앞서 말했듯이 보안의 문제는 컴퓨터 및 네트워크 환경의 일반화와 함

231

Chapter 12 컴퓨터 보안(Security)

께 더욱 심각해질 것이 분명하며, 실제로 피해의 정도 또한 계속 증가하고 있는 실정임은 이미 잘 알고 있을 것이다. 이 장에서는 보안의 필요성과 위협에 대하여 설명하고, 이러한 보안 관련 문제점들을 해결하는 각종 보안 메커니즘들도 소개할까 한다. 보안과 관련한 부분 역시 많은 내용이 있으나, 여기서는 깊게 다루기보다는 보편적인 내용을 개략적으로 설명할 것이므로 굳이 외우려 긴장하지 말고 전체적인 흐름을 읽어 가면 되겠다.

12.1 보안의 개념

컴퓨터에서의 보안이란 컴퓨터 시스템에 내장된 정보의 유출, 오용, 악용들을 방지하고 네트워크를 통한 안전한 정보 전달을 유지하는 행위라 보면 되겠다. 컴퓨터 보안 기술은 크게 암호 기술, 시스템 보안 기술, 그리고 네트워크 보안 기술 등으로 분류할 수 있다. 암호 기술이란, 송신자가 전달하고자 하는 평문을 암호 알고리즘과 암호 키를 이용하여 암호문으로 변환하고 이 상태에서 문서를 수신자에게 전달하며, 수신자는 복호키를 이용하여 이 암호문을 다시 원래의 평문으로 변환할 수 있도록 지원하는 기술을 말하는데 실제로는 이와 같은 문서의 암호화 외에도 다양한 보안 기술 분야에 사용되고 있다.

시스템 보안 기술이란 이미 컴퓨터 내에 접근하였거나 접근하려고 시도하는 침입의 행위로부터 컴퓨터 자원(프로세서, 메모리, 보조기억 장치, 파일 등)들을 보호하는 기술을 말하며, 네트워크 보안 기술이란 전산망을 통한 침입, 전달되는 정보의 조작, 절도들로부터 무형의 정보를 보호하는 기술을 말한다. 정보 시스템 환경의 특성상 시스템 보안 기술과 네트워크 보안 기술은 서로 중첩되는 많은 부분을 가지고 있다. 예를 들어, 운영체제는 네트워크 보안 기능을 통하여 컴퓨터의 자원인 주기억 장치를 보호할 수도 있으며, 반면 컴퓨터의 불법 사용을 방지함으로써 네트워크의 오용을 미리 막아낼 수도 있다.

보안의 필요성은 오래 전부터 강조되어 왔다. 최근에는 네트워크 및 인터넷의 급속한 성장에 따라 기업과 단체는 물론 일반 사용자까지도 인터넷에 접속하여 정보를 제공받고 서버를 구축하여 업무 및 홍보를 겸하는 사례가 점점 늘어나고 있는데, 이러한 상황에서 보안 기능이 결여된 네트워크와 컴퓨터 시스템들은 매우 커다란 취약성을 침입자들에게 노출시키게 된다. 한 예로 몇

12.1 보안의 개념

몇 사용자들이 국가기관의 시스템을 침입하여 중요한 정보들을 조작하고 지우는 등 세계의 이목을 집중시킬만한 중요한 사건들이 빈번하게 일어나고 있는데, 이러한 현상이 발생하는 대표적인 이유들을 살펴보면 다음과 같다.

- **인터넷의 개방성.** 인터넷에서는 편리한 UI를 통하여 사용자들 상호 간의 정보 공유 및 교환 기능을 제공하며 전 세계 어디서나 연구/개발 정보 등을 자유롭게 전달받을 수 있는 환경을 제공한다. 이는 침입자들에게도 침입을 위한 정보를 얻을 수 있는 좋은 기회를 주게 된다. 예를 들어, 일반적인 서버들이 guest, sonnim 등의 임시 계정을 만들어 자신의 시스템을 누구나 사용할 수 있도록 허용하는 경우가 많이 있는데, 이는 침입자에게 시스템 침입을 위한 좋은 기회를 제공하게 되는 것이다.

- **UNIX, TCP/IP 등의 소스 개방.** IBM/SNA 등과 같은 업체 프로토콜에서는 개발 업체만이 소스를 독점하고 있으므로 보안의 측면에서 문제점이 적을 수도 있지만, TCP/IP 프로토콜이나 UNIX 시스템은 학교나 연구소 등에서 쉽게 소스를 소유하고 있을 뿐 아니라 연구나 실습용으로 자주 공개되어 사용되고 있으므로 보다 많은 보안 취약성을 가질 수밖에 없다. 더구나 서점에서는 관련 서적들이 많이 제공되고 있고, 따라서 이를 통해 인터넷과 운영체제에 대한 지식의 습득이 쉬우므로 선의의 연구 대상으로뿐만 아니라 악의적 연구 대상으로 인터넷을 이용할 수 있는 환경이 제공되고 있는 것이다.

- **침입자들의 상호 정보 교환 용이성.** 정보 통신 환경에서는 검열이라는 것이 불가능할 정도로 너무나 많은 전자게시판(BBS)과 온라인 정보 교환을 위한 방법들이 제공되므로, 침입자의 새로운 침입 방법 등이 손쉽고 은밀하게 서로 교환되어 침입을 확산시키는 경우가 많다. 순식간에 많은 사람들에게 전달되는 BBS의 게시판과 IRC(Internet Relay Chatting), 전자 우편, 네트워크 뉴스 그룹 등을 통하여 침입의 방법과 사례 등이 알려지므로, 새로운 침입 기술이 쉽게 파급되며 심지어는 이를 실험하는 경우들도 증가하게 된다.

이러한 환경에서 보안의 목적은 예기치 못한 침입으로부터 자료의 무결성(Integrity), 자원의 가용성(Availability), 정보의 비밀성(Security) 등을 유지하는 데 있다. 즉, 시스템 내부 혹은 외부의 침입으로부터 위에 적어놓은

233

Chapter 12 컴퓨터 보안(Security)

목적들을 달성함으로써 사용자들이 안전하게 시스템을 사용할 수 있도록 하는 것이다. 자료의 무결성이란 자료에 대한 불법 변경으로부터의 보호, 자료의 오용으로부터의 보호, 탐지되지 못한 공격으로 인한 자료의 변조로부터의 보호 등을 의미한다. 또한, 자원의 가용성이란 시스템의 오용, 남용, 혹은 불법 사용으로 인하여 실질적인 사용자가 서비스를 받지 못하도록 하는 공격으로부터의 보호를 의미하며 하드웨어의 가용성, 소프트웨어의 가용성, 그리고 응용 프로그램의 가용성 및 파일의 가용성 등으로 나누어 생각할 수 있다. 마지막으로 정보의 비밀성이란 접근이 허용된 사용자 혹은 프로세스만이 특정 정보를 취득할 수 있도록 보장하는 기능을 말하는데, 이러한 비밀의 정도 (Degree of Security)는 정보 보안 메커니즘에서 기본적으로 사용하는 사항이기도 하다.

12.2 보안을 위협하는 유형

요즈음의 컴퓨터 시스템은 심각한 재정적 피해와 정보 손실을 야기하는 많은 종류의 위협 요소에 직면해 있다. 보안 측면에서의 위협 요소는 의도하지 않은 오류 및 누락으로 인하여 생기는 데이터 무결성에 대한 소극적인 위협에 서부터, 시스템을 파괴하려고 하는 해커들의 적극적인 위협에 이르기까지 매우 다양하다. 컴퓨터 보안 측면에서의 일반적인 위협은 다음과 같은 네 가지로 분류된다.

- **방해 (Interruption).** 컴퓨터의 가용성에 대한 위협을 의미하며, 시스템의 정상적인 동작을 방해하는 행위로서 이러한 위협의 대표적인 사례로서는 하드웨어의 파괴, 시스템 파일이나 주요한 특정 파일의 삭제나 수정 등을 들 수 있다.

- **가로채기 (Interception).** 정보의 비밀성에 대한 위협을 의미하며, 불법적인 사용자가 중요한 전산 자원에 접근하는 행위를 말한다. 이는 불법 접근하는 사람일 수도 있으며, 프로그램일 수도 있다. 예를 들어, 프로그램이나 파일의 불법적인 복사, 전산망에서의 감청과 와이어태핑(Wiretapping) 등을 들 수 있으며, 이러한 행위는 대부분 흔적을 남기지 않는다는 특성을 갖

는다.

- **수정 (Modification).** 정보의 무결성에 대한 위협을 의미하며, 전산망을 통해 전산 자원의 일부분이나 어떤 중요한 내용을 불법으로 수정하는 경우이다. 이러한 종류의 위협은 하드웨어 구성 파일을 바꾸기도 하고 시스템 소프트웨어의 구성 내용을 바꾸기도 하는데, 결과적으로 시스템의 정상적인 운영을 방해하거나 정지시킬 우려가 있다.

- **위조 (Fabrication).** 이 역시 정보의 무결성에 대한 위협을 의미하며, 불법 사용자가 정상적인 사용자로 위장하거나 불법 코드 등을 시스템에 삽입하여 수행하는 행위를 의미한다. 이러한 침입 역시 찾아내기가 무척 어려운 일 중의 하나이다.

12.3 보안 메커니즘

보안 정책과 보안 메커니즘은 유형과 무형의 자원을 보호하는 관점에서 무엇을 어떻게 보호할 것인지를 명시하는 것을 말한다. 여기서 보안 정책은 주로 어떻게 시스템에 접근해서 어떤 권한을 갖고 무엇에 접근할 수 있는가 하는 점과 무엇을 규제할 것인가 하는 점 등을 규정하고 있다. 물론, 보안 시스템을 구성하는 환경에 따라 서로 다른 정책을 설정하게 되지만 일반적인 경우에는 다음에 설명하는 내용을 중심으로 보안 정책을 설정하게 된다.

첫째로, 각 사용자로 하여금 자신의 작업을 위해 꼭 필요한 최소 정보(Least Privilege)만을 접근하도록 한다. 이때, 한 사용자는 가능하면 한 가지 업무에 관련된 사항들만을 접근하게 함으로써 전체적인 파괴를 방지할 수도 있다. 둘째로, 임의 접근 제어(Discretionary Access Control) 정책 또는 강제 접근 제어(Mandatory Access Control) 정책을 사용하는 것이다. 임의 접근 제어 정책을 사용할 경우에는 자신의 권한을 양도하여 다른 사용자가 자신의 권한을 사용하게 할 수 있으며, 이 경우 침입자가 쉽게 합법적인 사용자로 가장하여 트로이 목마와 같은 침입을 감행할 수 있게 된다. 강제 접근 제어 정책을 사용하는 경우에는 사용자와 데이터에 등급을 주고 등급에 따라 접근을 허용하는 것으로 이러한 정책에서는 자신의 권한을 다른 사용자에게 넘겨줄 수 없게 된다.

Chapter 12 컴퓨터 보안(Security)

이러한 보안 정책을 어떻게 실현하는가 하는 문제는 보안 메커니즘에서 다루게 되는데, 보안 메커니즘의 설계를 위해서는 일반적으로 Saltzer와 Schroeder가 1975년에 제안한 원칙이 많이 언급되고 있다. 이 원칙에는 보안의 분권화를 보장하는 최소 권한과 업무 분할(Separation of Duty)의 원칙, 다수 사용자에게 의존하게 하는 최소 공통(Least Common) 메커니즘의 원칙, 경제성과 만족성의 원칙, 완전 중재(Complete Mediation)의 원칙, 개방성의 원칙, 장애에 대한 안정성의 원칙 등이 있다. 이러한 원칙을 만족하는 형태로 보안 정책을 실현하기 위해서 일반적으로 인증(Authentication), 접근 제어(Access Control), 흐름 제어(Flow Control), 감사(Audit), 암호화 등의 메커니즘이 사용되고 있으며, 여기서는 암호 및 인증, 접근 제어, 시스템 보안, 네트워크 보안 등에 대해서 살펴보자.

12.3.1 암호 및 인증

12.3.1.1 암호(Cryptography)

정보 시스템 상에서의 정보 보호를 위한 여러 가지 기법들이 있지만, 이 가운데 가장 경제적이면서도 컴퓨터 및 정보 시스템이 요구하는 정보의 보안 수준에 따라 효율적이면서 계층적인 보안 대책을 제공할 수 있는 방법이 암호 시스템을 이용하는 방법이다.

잘 알겠지만 고대 봉건 사회에서는 황제나 왕 등이 지방 관리에게 보내는 문서나 비밀 정책의 통보, 국가 비밀문서 보관, 그리고 전쟁 중 작전지시나 군사 훈련 중 지휘관의 명령이나 보고 사항들과 관련된 비밀을 적으로부터 보호/유지하기 위해 주로 암호를 사용하였다. 그 후 산업 사회의 발전과 전기 통신의 발달에 따라 유통되는 정보의 양이 급증하면서 암호 사용도 증가하였으며, 20세기 들어 무선 통신의 개발로 암호의 사용은 뺄 수없는 수단이 되었다. 특히, 두 차례의 세계 대전을 거치면서 암호의 수요가 크게 증가하였고 이에 따라 암호 기술이 발전하기 시작하였으며 더불어 암호 장비의 개발도 활발해졌다. 최근에는 컴퓨터의 보급과 정보 통신 기술의 발전으로 정보 시스템을 통한 정보의 처리, 축적, 전달이 널리 확산됨에 따라 정보 시스템 내에서의 정보 보호와 통신 상태의 합법성 확인을 위한 방법으로 암호가 크게 주목을 받게

236

된다. 산업 사회가 정보화 사회로 전환되면서 개인의 프라이버시, 기업의 경영 비밀 등 제 삼자로부터 보호해야 할 정보가 급증하고 있으며, 정보 보호를 위한 대책으로 암호의 사용이 보편화되고 있는데, 이러한 암호 기술은 다음과 같은 목표를 지향하고 있다.

- **정보의 보안 (Security).** 불법적인 정보 내용의 노출을 방지하여 합법적인 수신자에게 정보 내용을 안전하게 전달한다.
- **정보인증 (Authentication).** 송신자가 보낸 정보가 불법조작 없이 합법적인 수신자에게 안전하게 전달되도록 한다.
- **사용자 인증 (User Authentication).** 정보를 교환하는 상대방을 서로 확인한다.

정보라는 용어가 추상적인 개념을 가지고 있기는 하지만 이를 살펴보면 정보의 내용과 정보 내용을 전달하는 정보 캐리어(정보 전달자)로 나누어 생각할 수 있다. 정보 전달자는 부호, 전파, 시간, 공간, 물질 등의 다양한 형태를 가지고 있다.

암호 방식이란 정보 내용과 정보 전달자 사이에 존재하는 다양성을 이용해서 정보 내용과 정보 전달자의 대응 관계를 침해자(Eavesdropper 혹은 Cryptanalyst)에게 비밀로 하여 정보를 교환하는 방법을 말한다. 물론, 정보를 교환하려고 하는 사람은 정보와 정보 전달자의 대응 관계 즉, 키를 사전에 알고 있어야 한다. 더불어 정보를 교환하는 사람이 비밀리에 보관하고 있는 비밀 키가 침해자에게 알려지지 않도록 해야 한다.

암호 시스템에서 송신자는 통신하고자 하는 내용 즉, 평문(Plaintext)을 암호화 알고리즘과 암호화 키(Encryption Key)를 사용하여 암호문(Cipertext 혹은 Cryptogram)으로 변환한다. 이렇게 생성된 암호문은 공중 통신 채널을 통하여 수신자에게 전달되는데 혹시 그 과정에서 공중망의 침입자가 이 내용을 수신한다 해도 복호화가 이루어지기 전에는 전혀 의미 없는 내용이므로 쓸모 없게 된다. 수신자는 수신된 암호문을 복호화(Decryption) 알고리즘과 복호화 키(Decryption Key)를 사용하여 다시 송신자가 보낸 원래의 평문으로 복원하게 된다.

침해자는 복호화 키와 복호화 알고리즘을 알 수 없는 경우 암호문의 통계적

Chapter 12 컴퓨터 보안 (Security)

성질이나 여러 가지 부대 정보를 동원하여 암호문으로부터 평문을 얻으려고 노력한다. 이와 같은 침해자의 위협으로부터 정보를 보호하는 것을 암호 기술이라 하며, 어떠한 방법으로도 복호화 키와 복호화 알고리즘이 없이 복호화를 불가능하게 하기 위한 연구가 지금도 계속 진행되고 있다.

암호 시스템을 구성하는 기본 요소인 암호 알고리즘은, 암호화 키와 복호화 키가 동일한 공통 키(Shared Key) 암호 방식(혹은 관용 암호 방식)과, 암호화 키와 복호화 키가 서로 다르게 하여 복호화 키는 비밀리에 보관하고 암호화 키를 공개하는 공개 키(Public Key) 암호 방식이 있다. 이제 각 알고리즘의 특성과 내용에 대해 알아보자.

↘ 공통 키/대칭 키 암호 방식

공통 키 암호 방식은 교환하려는 송신자와 수신자가 사전에 공통 키를 침입자에게 노출되지 않게 나누어 가진 다음, 송신자는 공통 키로 평문을 암호화하여 공중 통신 채널을 통해 수신자에게 전송하고, 수신자는 똑같은 공통 키를 가지고 암호문으로부터 평문을 복호화하는 암호 방식(대칭 암호계)이다. 그림 12.1을 보자.

그림 12.1은 공통 키 암호 시스템의 정보 전달 과정을 보여주고 있다. 우선 송신자는 통신하고자 하는 내용, 즉, 평문(Paintext) M을 암호화 알고리즘 E와 암호화 키 k를 사용하여 암호문(Cipertext 혹은 Cryptogram) C로 변환한다.

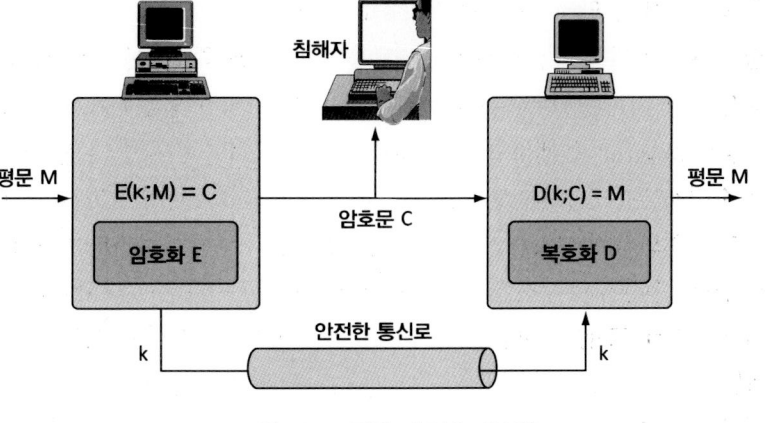

❖ 그림 12.1 공통 키 암호 시스템

그 이전에 키 k는 안전한 방법으로 수신자에게 전달되어 있어야 한다. 이렇게 생성된 암호문은 공중 통신 채널을 통하여 수신자에게 전달되는데 이때 공중 망의 침해자가 암호문을 탈취한다 해도 복호화 알고리즘 D와 키 k가 없는 한 평문 M을 알아낼 수 없다. 수신자는 이 암호문 C를 수신하여 복호화(Decryption) 알고리즘 D와 이미 수신한 키 k를 사용하여 평문 M을 복원한다.

공통 키 암호 방식은 오래전부터 사용되어 왔기 때문에 여러 가지 알고리즘 이 개발되어 있으며 알고리즘 특성상 암호화와 복호화의 계산량이 적은 장점 을 갖고 있다. 그러나 통신을 하려는 상호 간에는 암호 통신을 하기 전에 제 삼자에게 도청되지 않게 키를 전송해야 하며, 모든 상대 통신자에 대하여 비밀 키 하나씩을 준비해야 하므로 키의 개수가 많아지는 단점을 갖는다. 대표적인 방식으로는 DES(Data Encryption Standard)가 있는데, DES 알고리즘은 수 학적으로 해결하기 불가능한 암호화 방식을 사용하기 보다는 검색 공간 (Search Spae)을 크게 하여 암호 해독에 걸리는 시간을 극대화시킴으로써 침 입을 방지하는 방법이다. 참고로, 이 방법은 암호화의 전통적인(Conventional) 방법으로 파괴되지 않는다고 알려져 많이 사용되어 왔으나 최근 들어 해독되 는 경우들이 있어서, 두 개의 키를 사용하는 triple DES 등의 방법이 제시되기 도 했다. triple DES는 두 개의 키를 가지고 암호화, 복호화, 암호화를 반복하 는 방법을 사용한다. 복호화 과정은 역시 암호화 알고리즘의 정확한 역순으로 수행된다고 보면 되겠다.

📉 공개 키/비대칭 키 암호 방식

공개 키 암호 방식은 1976년 이후 개발된 방식으로 **그림** 12.2에서와 같이 암 호 통신을 하려는 가입자 전체가 암호화 키와 복호화 키 한 쌍씩을 생성시켜, 암호화 키는 공개 파일에 등록하고 복호화 키는 비밀리에 보관하는 방식(비대 칭 암호계)이다. 따라서 암호화 키를 공개 키, 복호화 키를 비밀 키라고 하며 이 둘을 위하여 서로 다른 키를 사용한다. **그림** 12.2는 비밀 키인 kd와 공개인 ke를 사용하여 정보를 송수신하는 과정을 보여준다. 이 과정에서 대칭 키 방 식과 다른 점 하나는 암호화 키와 복호화 키가 서로 다르다는 것과 암호화 키 ke는 공개되어 있다는 것이다. 따라서 대칭 키의 경우처럼 모든 키를 비밀리 에 가지고 있을 필요는 없다.

Chapter 12 컴퓨터 보안(Security)

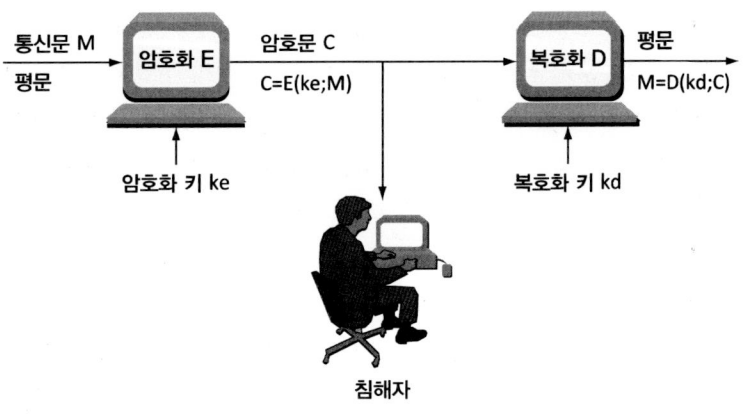

❖ 그림 12.2 공개 키 암호 시스템

　　암호 통신을 하려는 가입자는 공개 파일에서 상대방 가입자의 공개 키 ke를 받아 그 공개 키로 평문 M을 암호화 알고리즘 E로 암호화하여 암호문을 전송하며, 수신자는 자신이 비밀리에 보관하던 복호화 키 ke로 평문을 복원한다. 따라서 비밀리에 키를 전송할 필요가 없어 키 전송 문제를 해결할 수 있고, 가입자 증가에 따라 키 종류가 크게 많아지지 않는다는 점과 인증 기능을 가진다는 점을 장점으로 갖는다. 그러나 알고리즘의 특성상 암호화, 복호화를 위한 계산량이 많아 고속의 연산기를 필요로 한다는 단점도 있다.

　　공개 키 암호 시스템의 공통적인 특징은 송신자의 신원 확인이 어려우며, 따라서 별도의 방법을 통하여 신원 확인을 해야 한다는 것이다. 공개 키 암호 시스템의 대표적인 예로는 RSA(Rivest Sharmir, Adelman)가 있다. 1978년 Rivest, Shamir와 Adleman에 의해 제안된 RSA는 수치해석 이론에 근거한 최초의 공개 키 암호 시스템으로서 매우 큰 정수의 인수분해(Factorization)가 어렵다는 가정 하에서 설계되었으며 부분적으로 모듈러 연산에 기초하고 있다.

　　RSA는 평문의 암호화와 함께 디지털 서명 방식에서 자신의 서명을 수신자에게 안전하게 전달하기 위해서도 사용된다. 예를 들어, A가 B에게 A의 서명이 포함된 암호문을 보낸다고 가정할 때 다음과 같은 과정으로 암호화와 복호화가 일어난다. 즉, A는 보내고자 하는 메시지를 자신의 비밀 키를 사용하여 암호화하고 그것을 다시 B의 공개 키를 사용하여 암호화한 후 그 결과를 B에게 전송한다. B는 수신한 메시지를 자신의 비밀 키와 A의 공개 키를 사용하여 복호화한다. 이때 A의 비밀 키는 A 이외의 사람이 알 수 없다는 특성을 이용하여 A의 신원 확인이 가능해지는 것이다.

RSA에서 암호 시스템의 해독은 소인수분해를 요구하며, 이를 위해서는 현재의 아무리 빠른 컴퓨터를 사용할지라도 200자리 숫자 정도인 경우 수억 년 정도가 필요하게 된다. 또한, 더욱 빠른 컴퓨터가 나온다 해도 자리수를 크게 함으로써 계산 시간을 쉽게 증가시켜버릴 수 있다. 문제는 인수분해 이외의 방법으로 RSA를 해독할 수 없다는 학문적 증명이 아직 없으므로 다른 방법의 암호 파괴가 충분히 있을 가능성이 있다는 점인데, 다행이도 아직 인수분해의 방법으로 140 비트 이상의 숫자를 파괴하지 못하고 있다.

◪ 암호 해독

송수신자가 아닌 제 삼자가 암호문을 평문으로 변환하려고 하는 경우 이러한 행위자를 침해자 혹은 암호 해독자(Analyst)라고 한다. 물론 침해자는 정규 수신자가 아니기 때문에 복호화 키를 가지고 있지 않고, 따라서 기본적으로 암호문에서 평문을 얻을 수 없지만 평문의 통계적 성질과 암호에 관한 지식, 장비, 그 밖의 여러 가지 부대 정보 등을 이용하여 암호문으로부터 평문을 찾는 경우도 있다.

침해자는 수신자에게 전달되는 암호문을 도청할 수 있으므로 이미 암호문을 알고 있다고 전제하며, 암호문에서 비밀의 평문과 키를 찾을 수 있거나 또는 알려진 평문과 암호문으로부터 비밀 키를 찾을 수 있는 경우 그 암호는 해독되었다고 한다. 암호 해독을 시도하는 기본적인 공격 형태에는 다음과 같은 유형이 있다.

- **암호문 만에 의한 공격 (Cyphertext-only Attack).** 가장 일반적인 암호 해독법으로 침해자가 암호화 알고리즘, 평문 언어, 통신문의 빈도가 많은 어구 등을 알지 못하므로 암호문만으로 비밀의 평문과 키를 찾아야 하는 가장 공격하기 어려운 방법이다.

- **알려진 평문 공격 (Known-plaintext Attack).** 침해자가 다소의 암호문에 대응하는 평문을 알고 있어 그 지식을 이용하여 비밀 키를 찾아내고, 이를 기반으로 임의의 암호문에 대응하는 평문을 찾는 방법이다.

Chapter 12 컴퓨터 보안 (Security)

- **선택 평문 공격 (Chosen-plaintext Attack).** 침해자가 임의로 선택한 평문을 암호 알고리즘에 적용하여 암호문을 얻은 다음 이 암호문과 평문으로부터 키를 찾는 방법으로 침해자들이 즐겨 쓰는 암호 해독 방법이다.

12.3.1.2 인증

인증(Authentication)이란 특정 사용자가 합법적인 사용자인지, 유형 혹은 무형의 자원을 사용할 전반적인 권한을 가지고 있는 사용자인지 등을 확인하는 제반 행위를 말한다. 최근 들어서는 정보통신 분야에 보다 세부적인 보안 기능이 필요하게 됨에 따라 기존의 사용자 인증뿐만 아니라 데이터에 대한 무결성을 확인하는 데이터 인증에 대한 개념까지도 새로이 정립되고 있다.

인증의 결과는 허용과 거부로 나타나며, 허용과 거부의 적합한 정도를 나타내기 위해 오류 허용률(Fault Acceptance Rate)과 오류 거부율(Fault Rejection Rate)을 사용한다. 오류 허용률이란 인증받지 못해야 할 사용자를 잘못 검증하여 인증하는 비율을 나타내며, 오류 거부율이란 인증받아야 하는 사용자에게 인증을 거부하는 비율을 나타내는 데, 각각 다음과 같은 식을 사용해 표현해 볼 수 있다.

$$오류\ 허용률 = \frac{잘못\ 허용된\ 건수}{전체\ 인증\ 대상\ 건수}$$

$$오류\ 거부율 = \frac{잘못\ 거부된\ 건수}{전체\ 인증\ 대상\ 건수}$$

따라서 오류 허용률과 오류 거부율을 합하면 전체적으로 잘못된 인증의 정도가 얻어지며, 이 값이 작을수록 정확한 인증 작업을 하고 있는 것이 된다. 이때, 오류 허용률이 높으면 시스템의 보안성이 약한 것을 의미하며, 오류 거부율이 높으면 사용자의 불편이 클 것임을 의미한다. 이러한 인증을 위하여 사용되는 방법은 여러 가지가 있으나 컴퓨터 보안 분야에서 사용하는 방법으로는 대표적으로 다음과 같은 세 가지가 있다.

◪ 패스워드를 사용한 인증

가장 보편적으로 사용되는 인증 기법으로, 패스워드(Password)를 공유하

242

고 이를 서로 확인함으로써 인증이 이루어진다. 운영체제는 미리 사용자가 설정한 패스워드를 기억하고 사용자가 인증을 필요로 할 때 입력되는 패스워드와 미리 저장된 값을 비교하여 인증을 수행한다. 이 방법은 상대적으로 구현하기가 간단하며 특별한 하드웨어를 사용하지 않는다. 일반적으로 오류의 정도는 낮으나 일단 패스워드가 침입자에게 노출되어 알려진 경우 혹은 침입자가 사용자의 패스워드를 추측해 알아낸 경우 탐지하기 어렵다는 단점이 있다. 특히, 컴퓨터의 계산 속도가 점점 빨라지고 패스워드를 추측하는 여러 프로그램들이 개발되고 있으므로 패스워드를 사용한 보안의 효과가 점점 낮아지고 있다.

잘 알겠지만 패스워드를 이용한 침입을 방지하기 위해서는 먼저 침입자가 쉽게 추측하기 힘든 패스워드를 사용하는 것이 가장 중요하다. 이를 위해서는 긴 패스워드를 사용하는 것이 좋으며, 일반적으로 흔히 쓰는 단어는 피하는 것이 좋다.

반갑습니다. 패스워드에 대해 모르는 게 없는....

먼저, 패스워드 한 문자를 알아내는데 1.25 millisecond가 걸린다고 가정하지요. 이 경우 5개의 영어 소문자를 사용하면 알아내는데 대략 4시간 정도가 걸리지만 6개의 영어 소문자를 사용하면 107시간쯤이 걸리는 걸 알 수 있어요. 이 시간은 한 개를 더 알아내는데 (소문자의 개수인) 26배의 시간이 걸리는 것으로 계산해보면 될 거에요. 문자의 범위를 늘려, 4개의 ASCII 문자를 사용하면 93시간, 5개의 ASCII 문자면 500일이 걸리게 된답니다. 만약 6개의 ASCII 문자를 사용하게 되면 174년이라는 긴 시간이 걸리게 될 테니까, 더 많은 종류의 문자를 길게 사용하는 것이 바람직한 패스워드의 사용법이 되겠지요.

흔히 쓰는 단어를 사용하면, 침입용 프로그램을 사용하여 추측하는 것이 가능하므로 사전에 수록된 단어, 개인과 연관이 있는 전화 번호, 생년월일, 가족의 이름 등의 사용을 피해야 한다. 그러나 사용자에게 이러한 절차를 전적으로 요구하는 것이 불가능하므로 철저한 패스워드 보안을 위하여 운영체제가 특정한 패스워드들을 기억하고 사용자들은 이처럼 기억된 패스워드를 사용할 수 없도록 인위적으로 조정하기도 한다.

Chapter 12 컴퓨터 보안(Security)

이런 방법만으로는 완벽한 보안성을 기대하기 힘들기 때문에 또 다른 보안 기법이 요구되며, 가장 많이 사용되는 방법 중의 하나가 무제한적인 추측을 할 수 없도록 시스템을 조정하는 것이다. 즉, 동일한 사용자의 인증 시도를 제한하여 그 제한된 수의 시도가 실패하는 경우 더 이상 인증 시도를 불허하는 것인데, 이 경우 운영체제는 사용자의 계정을 무효화하고 관리자로 하여금 그 계정을 점검한 후 회복하도록 하여 패스워드 침입의 가능성을 더욱 낮출 수 있을 것이다.

➥ 물리적 기반의 인증

패스워드를 사용한 인증의 효과를 높이기 위하여 문자의 조합 대신 인조물을 사용하는 방법이 있다. 인조물로는 기계 판독이 가능한 전자석 물질을 입힌 띠나 혹은 하드웨어 칩(Chip)을 내장한 스마트카드 등이 사용된다. 사용자는 이러한 인조물을 판독기(Card Reader)에 제시하고 패스워드를 입력하여 시스템으로부터 인증을 받게 되는 데 일반 패스워드를 사용한 인증에 비해 추가 비용의 부담이 있다. 이러한 인증 형태는 보안이 더욱 중요시되는 은행의 금전 출납기, 단말기, 혹은 특수 보안 지역의 사용자 인증을 위해 사용된다. 최근에는 판독기가 점점 보편화 되고 스마트카드의 활용 범위도 넓어져서 컴퓨터 시스템의 로그인(Login) 인증을 위해서, 심지어는 특정 소프트웨어의 활성화를 위한 인증을 위해서 사용되기도 한다.

스마트카드는 카드 안에 사용자의 패스워드까지 기억하고 있으므로 시스템이 사용자들의 패스워드를 일일이 기억하고 있을 필요가 없고, 따라서 많은 사용자들의 패스워드를 저장해야 하는 경우 효율적이며 패스워드가 독립적으로 스마트카드의 소지자에 의해 관리되므로 침입이 더욱 어려워진다. 그러나 이러한 패스워드까지도 인위적으로 조작이 가능하며, 특히, 패스워드가 인조물을 불법으로 습득한 자에게 노출되면 보안은 거의 불가능하게 될 것이다.

➥ 생체인식 기반의 인증

생체인식 기반의 인증 기법이 상기한 방법들과 다른 점은 사용자의 유일한 특성에 기반을 두므로 다른 사용자가 전혀 사용할 수 없게 된다는 것이다. 생물학적으로 이용되는 특성 중에는 지문, 홍채, 음성의 파장, 서명 형태, 손의

244

형상, 제스처 등이 있는데 현재는 이들 중 지문과 홍채를 이용한 인증에 대한 연구가 활발히 이루어지고 있다. 이러한 경우 인증을 위한 기기는 일반적으로 운영체제와는 독립적으로 구성되는 것이 대부분이며, 고가 비용과 개인 프라이버시의 침해, 개인적 사용의 거부 등의 사회적인 문제와 맞물려 있으므로 일상적인 사용에 민감한 부분도 있다.

12.3.2 접근 제어

컴퓨터 시스템 보안 및 제어의 수요한 대상 중 하나는 주기억 장치와 보조기억 장치이다. 다중 프로그래밍 시스템에서는 프로세스들이 주기억 장치와 보조기억 장치를 공유하기 때문에 이들을 불법 사용, 오용, 파괴 행위로부터 보호하지 못하면 정보의 유실뿐만 아니라 시스템 전체의 마비 현상을 가져올 수도 있는 것이다.

주기억 장치의 보호는 경계 레지스터(Limit Register)와 같은 하드웨어의 지원을 받아 이루어진다는 사실을 7장에서 배웠다. 보조기억 장치는 파일시스템에 의해 관리되므로 보조기억 장치 보안 문제는 결국 파일시스템에 대한 보안의 문제로 귀결된다. 파일시스템의 보안에 관한 기본적 개념은 10장에서 다루었던 접근 제어 기법들에 바탕하고 있으므로 여기서는 더 깊게 다루지 않겠다.

12.3.3 시스템 보안

시스템 보안 기술이란 이미 컴퓨터 내에 접근하였거나, 접근하려고 시도하는 침입의 행위로부터 컴퓨터 자원(프로세서, 메모리, 보조기억 장치, 파일 등)들을 보호하는 기술을 말한다. 시스템 보안 기술이 전체 보안 기술에 있어서 차지하는 위치는 매우 중요한데, 이는 네트워크나 응용 수준에서 완벽한 보안 기능이 제공된다 하더라도 시스템 측면에서 보안 허점이 발생할 경우에는 이와 같은 보안 기능들이 모두 무용지물이 되기 때문이다. 시스템 보안은 운영체제 보안 기술과 시스템 서비스 및 운용 보안 기술, 그리고 개인용 시스템 보안 기술 등으로 분류해 볼 수 있다.

Chapter 12 컴퓨터 보안(Security)

운영체제 보안 기술

운영체제 보안 기술 분야는 안전한 운영체제를 위한 보안 운영체제 기술과 파일시스템 보안 기술, 그리고, 접근 통제/인증 기술, 서버 보안 기술 등의 분야를 포함한다.

보안 운영체제 기술은 컴퓨터 운영체제의 보안상 결함으로 인하여 발생 가능한 각종 보안 위협 요소로부터 시스템을 보호하기 위하여 기존의 운영체제 내에 보안 기능을 통합시킨 기술을 의미한다.

파일시스템 보안 기술은 파일 및 저장 장치에 대한 접근을 제어하는 기술과 파일시스템 내의 정보를 보호하기 위한 여러 가지 기술들을 포함하는 분야이다. 파일시스템 자체를 위한 보안 기술로는 파일시스템을 암호화하는 기술, 파일시스템 중복 배치 기술 등이 있으며, 파일에 대한 접근을 제어하는 기술에는 접근 리스트, 권한 리스트 등의 파일 접근 제어 기술이 있겠다.

접근 통제/인증 기술은 컴퓨팅 자원, 통신 자원 및 정보 자원 등에 대하여 허가되지 않은 접근을 방어하는 분야이다. 허가되지 않은 접근이란 불법적인 자원의 사용, 노출, 수정, 파괴와 불법적인 명령 실행을 포함한다. 즉, 접근 통제는 각 자원에 대한 기밀성, 무결성, 가용성 및 합법적인 이용과 같은 정보보호 서비스에 직접적으로 기여하게 되며 이러한 서비스들의 권한부여를 위한 수단이 된다. 접근 통제의 종류에는 강제적 접근 통제 기법과 임의적 접근 통제 기법이 있다. 강제적 접근 통제 기법은 시스템의 관리자가 설정한 보안 규칙에 따라 자원에 대한 접근 권한을 결정하는 방식이며, 임의적 접근 통제 기법은 시스템의 각 사용자가 자원에 대한 자신의 접근 권한을 결정하는 방식이다.

서버 보안 기술은 보안 사고의 대부분에 해당하는 내부자 소행을 방지할 목적으로 개발된 것으로 시스템 운영 관리자의 루트 권한 보호와 사내 구성원들에 대한 차별적 접근 권한 등을 포함한다. 서버 보안 기술은 보안의 초점을 네트워크 중심으로부터 서버 시스템 중심으로 이동시켜 내부 사용자의 실수, 부주의 또는 고의로 인한 불법적인 정보 유출 및 오용을 예방 및 탐지하고 통제하는 역할을 한다.

시스템 서비스 및 운용 보안 기술

시스템 서비스 및 운용 보안 기술 분야는 호스트 기반 침입 탐지 기술과 취

12.3 보안 메커니즘

약성 분석/점검 기술, 그리고 데이터베이스 보안 기술 등을 포함하는 분야이다. 침입 탐지(Intrusion Detection) 기술은 시스템 내부에 설치되어 사용자들의 활동을 감시하고 해킹 등의 시도를 탐지해 내는 기술이며, 특정 시스템에서 발생하는 변화에 대하여 보안 관련 문제가 발생한 징후를 모니터링하고 분석하는 기술이다. 침입이란 시스템에 대한 고의적 불법적인 행위를 말하며 시스템에 대한 불법 침입, 중요 정보의 유출/변경/훼손 및 불법적 사용, 그리고 컴퓨터 바이러스 및 서비스 거부 등과 같은 구체적인 형태로 나타난다. 침입 탐지 기술은 간단하게는 로그 파일을 분석하는 기술에서부터 복잡한 실시간 침입 담지 기술까지 다양하게 존재한다.

취약성 분석/점검 기술은 시스템에 존재하는 알려진 버그나 공격에 이용될 수 있는 취약성을 진단하는 분야이다. 시스템상의 버그나 취약성은 악의적인 공격자에 의해서 언제든지 악용되어 정상적인 서비스가 제공되지 못하도록 시스템을 다운시키거나 시스템에 침입하기 위한 발판으로 사용되므로 이로 인해 시스템 내의 중요한 정보들이 훼손되거나 또는 도용당할 가능성이 있다. 시스템 관리자는 시스템의 보안성을 높이기 위하여 다양한 보안 정책을 수행해 나가며 지속적으로 발견되는 보안상 취약 부분들을 수정함으로써 시스템의 보안 수준을 높이는 작업을 하게 된다.

데이터베이스 보안 기술은 데이터베이스 또는 데이터베이스 내에 저장된 개별 데이터의 불법적인 변경이나 파괴, 노출, 그리고 비일관성을 발생시키는 사건 등으로부터 보호하는 분야이다. 데이터베이스 보안 기술의 요구사항에는 부적절한 접근 방지, 데이터의 무결성 유지, 그리고 추론 방지 등이 존재한다.

🔁 개인용 시스템 보안 기술

개인용 시스템 보안 기술 분야는 컴퓨터 바이러스나 악성 코드와 같은 프로그램으로부터 시스템을 보호하는 기술과 PC 보안 기술을 포함한다. 컴퓨터 바이러스 백신 기술은 컴퓨터 바이러스를 예방, 진단, 치료할 수 있는 프로그램에 관한 기술이다. 컴퓨터 바이러스란 일반적으로 자기 자신을 스스로 복제하여 다른 프로그램 등을 감염시키는 프로그램으로서 자기 복제 능력 외에도 프로그램이나 파일을 변경, 손상, 또는 삭제시키는 파괴적 행위를 하게 된다.

PC 보안 기술이란 개개인의 클라이언트 PC의 안전한 컴퓨팅 환경을 유지

Chapter 12 컴퓨터 보안(Security)

하는 기술로 정의할 수 있다. 초창기의 PC 보안 제품은 특별히 보안을 요하는 일부 특수 기관의 필요에 따라 특수한 형태의 요구에 맞는 제품으로 출시되었지만 지금은 모든 사람들이 편리하게 사용할 수 있는 일반적인 제품으로 발전하게 되었다. 대부분의 경우 PC 보안 기술은 일반 컴퓨터 환경의 보안 기술과 유사하다. 그러나 개인용 컴퓨터의 보안 문제는 사용자들이 보안 위험을 종종 정확히 이해하지 못하거나 보안 도구 부족 등의 이유로 인해 중대형 컴퓨터에서보다 더욱 심각하다는 것이다.

12.3.4 네트워크 보안

네트워크 보안 기술은 네트워크상에서 전송되는 패킷 분석을 기반으로 보안 기능을 수행하게 하는 것으로써 여기에는 다양한 형태의 기술들이 존재한다. 네트워크 보안 기술은 크게 네트워크 보안 요소 기술과 네트워크 보안 기반 기술, 그리고 네트워크 응용 보안 기술 등으로 분류할 수 있다.

◢ 네트워크 보안 요소 기술

네트워크 보안 요소 기술 분야에는 보안 프로토콜 기술, 패킷 필터링 기술, 그리고 VPN 기술 등이 포함된다. 보안 프로토콜 기술에는 IPSec, SSH, SSL, WTLS 등이 포함된다. IPSec은 인터넷 IP 프로토콜이 효율적인 전송만을 염두에 두어 보안성을 고려하지 않고 개발된 것이기 때문에 IP Spoofing, IP sniffing과 같은 보안 허점이 발생하고, 이를 악용하는 사례가 빈번하게 발생하여, 이러한 문제점을 해결하기 위해 IP 계층에서 보안 서비스를 제공하기 위해 등장하였다. IPSec의 장점은 응용 계층에 투명성을 제공한다는 것이다. SSH(Secure Shell)는 원격 작업을 하는 데 있어서 보안성을 유지하기 위해 개발된 보안 쉘이라 할 수 있다. SSH의 기본 개념은 데이터의 흐름에 있어서 직접적인 데이터의 송수신이 아니라 데이터를 암호화하여 송수신하거나 데이터의 유출이나 변조를 막는 방법을 사용함으로써 보안성을 높이는 것이다. SSL(Secure Socket Layer)은 특별한 보안 운영을 위해 제안된 프로토콜이 아니며, 일반적인 인터넷 보안 프로토콜로서 TCP 프로토콜을 사용하여 신뢰성 있는 종단 간의 보안 서비스를 제공한다. WTLS(Wireless Transport Layer Security)는 SSL이라 불리던 TLS(Transport Layer Security) 프로토콜에 기반한 무선 보안 프로토콜이다. WTLS는 WAP(Wireless Application Protocol) 프로토콜과 함께 사용되고 있다. WAP은 휴대폰이나 PDA와 같은 각종 무선 단말기를 통해 인터넷 서비스를 제공하도록 하는 무선 통신 기술 중 하나로 웹 아키텍처를 무선 단말기에 맞게 확장한 것이며 웹 프로그래밍 모델에 기초 하고 있다.

패킷 필터링 기술은 네트워크의 패킷 흐름을 일정한 필터링 규칙에 기반하 여 제어하는 기술로서 일반 호스트 또는 라우터 등에 주로 적용되는 기술이다. 이 기술은 일반적으로 침입 탐지 시스템이나 침입 차단 시스템 등에서 침입에 대한 규칙(Rule-set)들을 정해 놓고 이 규칙에 매치되는 경우 해당 패킷을 필 터링하는 형태로 구현된다. 침입 탐지 시스템이나 침입 차단 시스템 등에 대 해서는 나중에 설명하기로 한다.

VPN(Virtual Private Network) 기술은 기업의 네트워크를 구성할 때 전용 임대 회선 대신에 공중망을 이용하되 이것을 사설망처럼 직접 운용 관리할 수 있도록 지원하는 기술이다. 최근에는 기업들이 비즈니스 비용 절감을 위한 수 단, 업무 및 기술 아웃소싱 시장 활성화, 기업의 상거래 전략 확대, 그리고 기 존 기업 사설망과 인터넷의 통합화 등을 요구하면서 VPN을 활용하는 경우가 늘고 있다.

◪ 네트워크 보안 기반 기술

네트워크 보안 기반 기술 분야에는 침입 차단 기술(방화벽 기술), 침입 탐 지(Intrusion Detection) 기술, 침입 방지(Intrusion Prevention) 기술, 침입 허용(Intrusion Tolerance) 기술 등이 포함된다. 이 중 침입 차단 기술과 침입 탐지 기술은 현재 인터넷 환경에서 네트워크상의 보안 기능을 담당하는 양대 축이라 할 수 있다. 침입 차단 기술은 이미 보편적으로 사용되고 있으며 인터 넷과 내부 통신망 사이에 설치되어 내부로 들어오는 패킷 가운데 허용된 패킷 만을 통과시키는 역할을 하는 기술이다. 침입 탐지 기술은 침입의 패턴 데이 터베이스 등을 이용하여 네트워크나 시스템의 사용을 실시간 모니터링하고 침 입을 탐지하는 기술을 말한다.

침입 차단 기술이나 침입 탐지 기술은 침입자의 공격으로부터 정보를 보호 하기 위하여 설치되어 운영되는 수동적인 방어 시스템인 반면, 침입 방지 기술

Chapter 12 컴퓨터 보안(Security)

은 침입을 탐지함과 동시에 공격에 대해 실시간 대응을 가능하게 하는 기술이
다. 이 기술은 네트워크에 상주하면서 패킷을 모니터링할 뿐만 아니라 악성으
로 예상되는 패킷을 차단시키고 의심스러운 세션을 종료시키거나 공격에 대처
하기 위한 기타 조치들을 취하는 등 적극적으로 개입하는 기능을 갖는다. 침입
허용 기술은 공격에 대응하여 시스템의 가용성을 지속적으로 제공하기 위한
기술로 결함 허용 기술을 응용한 시스템 신뢰성 제공 방법 등을 사용한다.

▶ 네트워크 응용 보안 기술

네트워크 응용 보안 기술 분야에는 웹 보안 기술과 전자상거래 보안 기술,
전자우편 보안 기술, 그리고 취약성 분석 기술 등이 포함된다. 웹 보안 기술은
인터넷의 근간이 되는 TCP/IP와 웹 프로토콜인 HTTP가 데이터에 대한 보안
서비스를 제공하지 않은 데에서 비롯되었다. 웹 보안 기술에는 서버의 설치와
운영 방법에 대한 보안 기술과 CGI나 Java에 대한 보안 기술도 포함되며 기존
서버와 결합하여 보다 보안성이 강화된 프로토콜을 사용하는 기술도 포함된
다. 웹 보안 프로토콜로는 Netscape사에서 제안한 SSL, HTTP에 보안 기능을
추가·확장한 Secure-HTTP라는 프로토콜 등이 있다.

전자상거래 보안 기술에는 전자 상점이나 금융 기관의 정보 시스템을 안전
하게 보호하는 기술과 거래 대금의 지불 서비스와 관련된 사용자, 전자상점,
금융기관의 인증 기술, 그리고 지불 수단의 유효성과 개인 정보 보호를 위한
기술 등이 포함된다. 이러한 전자상거래 보안 기술은 전자 지불 서비스, 전자
화폐 및 수표, 소액 지불 서비스, 인터넷 뱅킹, 인터넷 주식거래, 인터넷 경매
및 복권 서비스 등에 적용될 것이다.

전자우편 보안 기술은 전자우편을 위협하는 요소인 컴퓨터 바이러스, 스팸,
전자우편 남용, 메시지의 비밀성 등을 해결하는 기술과 전자우편을 위한 보안
프로토콜 기술 등을 포함한다. S/MIME(Secure Multipurpose Internet Mail
Extension)과 PGP(Pretty Good Privacy)는 최근에 가장 많이 쓰이는 전자우
편을 위한 보안 프로토콜이다. 네트워크 취약성 분석 기술은 관리자가 네트워
크 서비스의 설정을 확인하기 위해 이용할 수도 있지만, 침입자가 공격 대상
네트워크에 관한 정보를 입수하기 위해 실행하는 일도 있다.

12.4 보안 시스템

여기까지 언급한 각종 보안 요소 기술들 외에도 최근에는 통합 보안 관리 시스템, 보안 관제 시스템 등에 대한 연구/개발이 많이 이루어지고 있으며, 더불어, 최근 콘텐츠의 중요성이 부각되면서 디지털 워터마킹(Digital Watermarking), 핑거프린팅(Fingerprinting) 등의 콘텐츠 보안 기술 등에 대한 기술 개발도 많이 이루어지고 있다.

지금껏 여러 이야기들이 나열되어 있어서 자칫 지루할 수도 있겠다만, 하나하나를 외우려하지 말고 큰 틀에서 이해한다는 기분으로 정리해 두자. 물론, 다음에 나올 이야기들도 마찬가지로 가벼운 마음으로 읽어도 되겠다.

12.4 보안 시스템

12.4.1 침입 차단 시스템

침입 차단 시스템(Firewall System)은 그림 12.3에서 보이는 것처럼 외부 네트워크로부터 내부 네트워크로 침입하는 네트워크 패킷(Packet)을 찾아 제어하는 기능을 가진 소프트웨어를 말한다. 침입 차단 시스템은 일반적으로 내부 네트워크로 들어오는 모든 패킷이 지나가는 경로에 설치되며, 호스트의 IP 주소, TCP/UDP의 포트 번호, 사용자 인증 결과 등에 기반을 두고 외부 침입을 차단하는 역할을 한다. 즉 허용되지 않은 사용자나 서비스에 대해서는 접근을

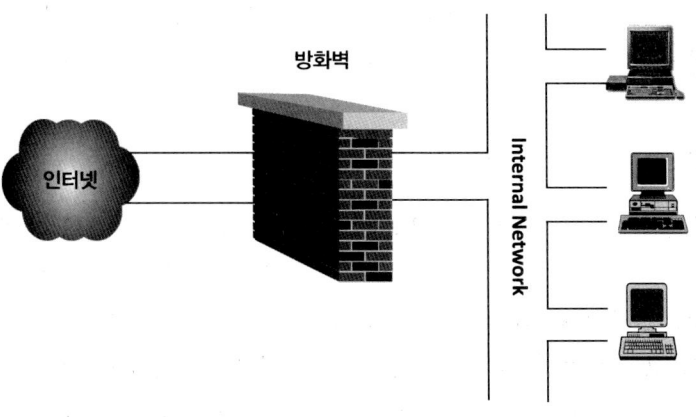

❖그림 12.3 침입 차단 시스템 환경

Chapter 12 컴퓨터 보안(Security)

거부하고 이에 대한 기록을 남기게 된다.

내부자원 보호를 위해 두 가지의 정책을 생각해 볼 수 있는데, 그중 하나는 명백히 금지되어 있지 않은 것을 허용하는 정책과 또 하나는 명백히 허용되지 않은 것을 금지하는 것이다. 대부분의 방화벽에서는 철저한 내부 보안을 위해서 후자의 정책을 선택한다. 방화벽은 일반적으로 다음과 같은 중요한 기능을 담당한다.

❶ 외부 네트워크에서 유입되는 패킷들과의 연결점이 되는 창구(Gateway)의 역할을 한다.

❷ 주어진 정책과 사용자의 요구에 따라 서비스를 거부하거나 허용하는 역할을 한다.

❸ 사용자 인증과 데이터 인증의 기능을 담당한다.

❹ 내부 혹은 외부로 상호 접속된 네트워크 사이의 트래픽을 감시하고 기록한다.

현재까지는 방화벽이 외부의 침입을 차단하는 최선의 선택으로 여겨지고 있다. 그러나 방화벽이 네트워크 환경에서 모든 보안 문제를 해결하는 방법이 될 수는 없으며, 때에 따라서는 서비스를 일괄적으로 제한하여 사용자의 불편을 유발하거나, 방화벽을 통하지 않는 침입과 내부자의 침입 등을 방지할 수 없고, 바이러스와 같은 내용물을 통한 침입을 감지할 수 없으며, 모든 네트워크 패킷이 방화벽을 통과하게 함으로써 성능 저하를 가져올 수 있다는 단점을 갖는다. 또한, 모든 보안의 문제를 방화벽에 의존하는 경우 방화벽의 붕괴는 내부망 전체에 심각한 보안의 문제를 가져오기도 한다. 따라서 이러한 문제들에 대한 보완책으로 침입 탐지 시스템을 함께 사용하기도 한다.

12.4.2 침입 탐지 시스템

침입 탐지 시스템(Intrusion Detection System, IDS)은 크게 네트워크 기반 침입 탐지 시스템과 호스트 기반 침입 탐지 시스템, 그리고 이 두 기법이 모두 적용된 혼합형 침입 탐지 시스템으로 나누어진다. 네트워크 기반 침입 탐지 시스템은 네트워크를 통해 전송되는 트래픽을 검사하여 침입을 탐지하는 반면, 호스트 기반 침입 탐지 시스템은 로컬 호스트에서 사용자의 행위나 프로세스들을 검사하여 침입을 탐지한다.

호스트 기반의 침입 탐지 시스템으로는 COPS, Tiger, SATAN, ISS 등이 있으며, 부수적인 보안 도구로서 passwd+, Crack, Tripwire 등이 있다. 이들 외에도 상당히 많은 종류의 호스트 기반 보안 도구들이 있으나, 대부분의 보안 도구들의 실행 시간이 길고 오버헤드가 상당히 큰 단점이 있으며, 알맞은 시스템 환경을 설정하기 위한 준비 작업도 상당한 투자를 필요로 한다. 네트워크 기반의 침입 탐지 시스템으로는 Netlog, Tcpwrapper, Drawbridge, RealSecure 등이 있다. 이들은 패킷 분석을 통하여 침입 탐지에 따른 빠른 응답 시간을 제공하며, 침입에 대한 적극적인 대응과 실패한 접속에 대한 정보 수집을 가능케 한다. 그러나 로그 파일에 대한 용량 문제나 정보 분석에 걸리는 시간적 오버헤드 문제 등이 지적되고 있다.

일반적으로 IDS에서 사용하는 침입 탐지 기법에는 두 개의 상보적인 흐름이 존재하는데, 이는 각각 오용 탐지 기법(Misuse Detection Model)과 비정상 행위 탐지 기법(Anomaly Detection Model)으로 알려져 있다.

오용 탐지 기법은 지식 기반 침입 탐지 기법으로, 알려진 침입 행위에 관한 축적된 지식을 이용하여 정해진 모델과 일치하는 경우를 침입으로 간주한다. 이를 구현하기 위하여 전문가 시스템(Expert System), 시그너처 분석(Signature Analysis), 페트리넷(Petri-net), 상태 전이 분석(State Transition Analysis), 신경망(Neural Network), 유전 알고리즘(Genetic Algorithm)과 같은 방법들을 적용한 기법들이 존재하며, 이러한 방식들은 알려진 침입 기법에 대해서는 비교적 높은 정확성으로 침입을 탐지하지만 새로운 패턴의 공격들은 탐지하기 힘들다는 단점을 지니고 있다. 이에 반하여 비정상 행위 탐지 기법은 정상적인 행위에 대한 참조 모델을 생성한 후 그 행위에서 벗어나는 경우가 있을 경우 이를 침입으로 간주함으로써 새로운 공격에 대한 탐지가 가능하게 되나, 공격과 정상 행위를 구별하기 위한 임계 값을 설정하기 힘들다는 어려움이 존재한다. 이를 구현하기 위하여 통계적(Statistical) 방법, 전문가 시스템(Expert System), 신경망(Neural Network), 컴퓨터 면역학(Computer Immunology), 데이터 마이닝(Data Mining), HMM(hidden Markov Model), 기계학습(Machine Learning) 등을 적용한 기법들이 제시되어 있다.

침입 탐지 기법은 침입 탐지를 위한 분석을 수행하는 방식에 따라 다시 정적 및 동적 침입 탐지 기법으로 나눌 수 있다. 정적 침입 탐지 시스템은 시스

Chapter 12 컴퓨터 보안(Security)

템의 스냅샷을 잡아서 분석한 후 취약한 소프트웨어나 구성 오류 등을 찾아주는 역할을 하며, 동적 침입 탐지 시스템은 시스템에 영향을 미치는 이벤트를 발생하는 즉시 획득함으로써 실시간 분석을 수행한다는 특징을 갖는다.

12.4.3 보안 운영체제

최근에는 운영체제의 개방형 시스템 지향과 더불어 시스템을 보호할 수 있는 기능이 아주 중요한 기능으로 인식되고 있다. 따라서 과거의 보안 기능 이외에 더욱 보강된 기능들을 필요로 하게 되었고, 선진국을 중심으로 기존의 컴퓨터 운영체제에 보안 기능을 추가한 보안 운영체제(Secure OS)의 연구 및 개발이 활발하게 진행되고 있다. 미국과 유럽에서는 이미 운영체제의 보안 기능 평가기준안이 마련되어 새로운 운영체제의 보안 기능을 평가하고 보안 등급을 부여하고 있다.

보안 운영체제란 컴퓨터 운영체제의 보안상 결함으로 인하여 발생 가능한 각종 해킹으로부터 시스템을 보호하기 위하여 기존의 운영체제 내에 보안 기능을 강화/통합시킨 운영체제를 말하며, 세부적으로 다음과 같은 기능들을 강화하여 발생 가능한 각종 해킹 시도로부터 정보 시스템을 보호하는 목적으로, 그리고 기밀성을 요구하는 각종 시스템용 운영체제로 사용될 수 있도록 하고 있다.

❶ DAC, MAC, RBAC 등을 이용한 접근 제어 기능
❷ 해킹 대응 기능
❸ 감시 추적 기능
❹ 사용자 인증 기능

보안 운영체제는 주로 Unix 또는 Linux 기반으로 개발되고 있으며, 이는 Unix와 Linux 운영체제가 현재 많은 정보 시스템용 운영체제로 사용되고 있고 두 운영체제 모두 개방형 운영체제라는 점으로 인하여 많은 보안 취약점이 노출되고 있다는 점과 소스 코드의 공개로 인하여 운영체제의 내부 구조 파악 및 개발이 상대적으로 쉽다는 점에 의한 것으로 보인다.

앞서 설명한 침입 탐지 시스템과 침입 차단 시스템 외에도 최근 연구/개발이

시도되고 있는 보안 기술로 침입 방지 시스템(Intrusion Prevention System)과 침입 허용 시스템(Intrusion Tolerance System)이 있다.

침입 방지 시스템은 침입 탐지 시스템과 유사한 기능을 가지고 있기는 하지만, 시스템 로그 및 네트워크 트래픽 분석을 통해 수집된 데이터를 통해 외부로부터의 혹은 내부 사용자의 불법적인 시스템 접근 및 권한을 초과하는 행위를 감지해내고, 이에 대한 로깅, 경고뿐만 아니라 적극적 대응 기능을 갖춘 보안 시스템을 말한다. 또한, 침입 허용 시스템은 침입 탐지/방지 시스템 및 침입 차단 시스템을 통과한 공격이 있을 경우에도 시스템이 정상적으로 운영되고 필요한 서비스를 제공할 수 있도록 하는 기술로서, 이미 말한 대로 대부분이 결함 허용(Fault Tolerance) 기술을 응용하여 개발되고 있다.

12.5 기타 보안 위협

12.5.1 웜과 바이러스

컴퓨터 웜(Worm)이란 컴퓨터 네트워크를 통하여 자신을 복제하고 번식하는 불법 프로그램을 말한다. 초기에는 자원의 활용을 극대화하기 위해 컴퓨터 웜이 개발되었으나, 현재는 네트워크에 연결된 컴퓨터들에 자신을 번식시키는 일을 하게 되었다. 컴퓨터 웜은 침입한 컴퓨터나 프로그램, 파일 등에 직접적으로 손상을 입히지는 않지만, 자신을 번식시키는 일에 컴퓨터의 자원을 사용하여 서비스 기능을 마비시키기도 하며, 사용자들이 원하지 않는 자료나 파일들을 시스템에 남겨 놓기도 한다.

통상적으로 메일 시스템이 컴퓨터 웜의 증식을 위해 이용되는 경우도 많다. 즉, 메일 시스템을 사용하여 자신의 복사물을 메일링 목록에 있는 다른 시스템으로 보내는 것이다. 자신의 복사물 자체가 프로그램이므로 침입한 시스템에서 자신을 수행함으로써 자신을 복제하고 가능한 다른 시스템으로 다시 침입하게 된다. 이러한 행위가 반복되면 결과적으로는 네트워크 안에 있는 많은 컴퓨터가 침입한 컴퓨터 웜에 의해 프로세서의 자원을 낭비하게 되며, 또한 통신 대역폭을 이를 위해 소모하게 되므로 결과적으로 장애를 가져오게 되는 것이다.

Chapter 12 컴퓨터 보안(Security)

컴퓨터 웜을 방지하기 위해서는 자신의 컴퓨터에 웜이 침입하지 못하도록 보안 시스템을 사용하거나 일단 침입한 웜의 확산을 막도록 해야 한다. 즉, 메일링 시스템의 보안 유지, 파일시스템의 접근 제어 등과 같은 방법을 사용하여 침투의 시도를 적극적으로 방지할 수 있으며, 통신 시스템 내의 체크포인트(Checkpoint) 등을 통하여 웜의 확산을 방지할 수도 있다.

컴퓨터 웜이 직접적으로 시스템에 해를 입히지 않는 것에 반해 컴퓨터 바이러스는 다른 프로그램에 기생하여 프로그램 또는 파일을 삭제하거나 프로그램을 수행할 수 없게 만드는 등 시스템 자체를 해롭게 할 목적으로 만들어진다. 일부 바이러스는 부팅 블록(Booting Block)을 손상시켜 시스템 자체를 사용할 수 없게 만들기도 한다.

컴퓨터 바이러스는 다른 프로그램에 기생하는 일단의 코드이므로 다른 프로그램이 복사될 때에 함께 복사되는 것이 일반적인 감염 패턴이다. 바이러스의 확산을 방지하기 위해서는 무단의 프로그램 복제를 삼가해야 하며, 복사된 프로그램을 사용할 때에는 백신 프로그램들을 통하여 감염 여부를 확인하는 것이 중요하다. 그러나 완벽한 백신은 존재하지 않으므로 감염 여부가 불확실한 프로그램은 수행하지 않는 것이 좋다. 바이러스에 대한 일반적인 예방법으로는 무결성 검사기(Integrity Checker), 감시 프로그램(Monitoring Program), 바이러스 제거기(Virus Remover) 등이 있으며, 예기치 않은 바이러스의 감염에 대처하기 위해 자주 백업을 수행하는 것도 중요하다.

12.5.2 해킹과 크래킹

인터넷에서의 위협사항으로는 전산망에서 발생할 수 있는 모든 위협들을 생각 할 수 있다. 이들 중 인터넷에서 가장 우려되는 위협은 인터넷 침입자(Cracker)에 의한 침입(Break-in)이라고 볼 수 있다.

해킹에 대하여 정의하기 전에 해커란 누구인가에 대한 물음이 먼저 선행되어야 할 것이다. 어원적으로, 해커란 컴퓨터 시스템의 내부 구조 및 동작 과정 등에 심취하여 이를 알고자 노력하는 사람으로서 대개 뛰어난 컴퓨터 및 통신 기술 관련 실력을 가진 사람을 가리킨다. 그러므로 엄밀히 따져 임의의 컴퓨터 시스템에 불법으로 침입하여 자료의 불법 열람, 변조, 파괴 등의 행위를 하는 침입자와 파괴자를 부를 때는 크래커라고 하는 것이 맞으며, 이들이 저지르는 모든 불법적인 행위들을 전산망 보안 침해 사고라고 본다.

일반적으로 해커라 불리는 침입자(Cracker, Intruder)는 모두 법적 징계의 대상이 될 수 있으나, 다음에 열거된 해커의 종류 중에서 범죄형, 파괴형 등이 크래커라 불리며 주요 위협의 대상이라고 볼 수 있다.

- **학구형.** 컴퓨터 시스템의 구조나 운영체제 등의 동작에 대해 관심이 있어 이에 대한 공부를 목적으로 하는 해커들을 일컫는다.

- **침입형.** 다른 컴퓨터에 침입할 수 있는 방법만을 연구하여 침입에 몰두하는 해커로서 침입의 성공 여부에만 관심이 있으므로 큰 피해를 입히지는 않는다.

- **파괴형.** 다른 컴퓨터에 침입하여 정보나 중요한 시스템을 파괴, 훼손하는 해커를 일컫는다.

- **범죄형.** 다른 컴퓨터의 중요한 기밀 정보를 빼내 경쟁사나 경쟁 국가에 팔아 불법적 이익을 얻고자 하는 해커를 지칭하는데 다른 사용자의 계정을 도용하여 위조하는 등의 불법도 저지른다.

- **암호형.** 상용 프로그램의 락(Lock)을 푸는 데에만 전념하는 해커를 일컫는다.

해커들이 인터넷상의 다른 기관의 컴퓨터에 침입하는 수법은 다양한데, 이들 수법을 잘 이해함으로써 좋은 대처 방안을 수립할 수도 있으므로 아래의 내용을 참고하자. 굳이 외우려 하지 말고 편안하게 보라는 말을 기억하면서.

- **사회 공학적 (Social Engineering) 침입 수법.** 시스템 관리자를 속이는 방법으로서 가령 전화를 걸어 정당한 사용자인 것처럼 속이고 패스워드를 잊어버렸다고 하면서 접속을 부탁하는 등의 경우이다. 이 경우의 대비책은 매우 어려운 편인데 운영자들에 대한 교육과 잘 정의된 신분 확인 절차 등이 필요하다.

- **사용자 도용 (Impersonation).** 정당한 사용자의 계정을 도용하는 경우로서 예를 들어 스니퍼(Sniffer) 등을 이용하여 네트워크 접근에 사용되는 사용

Chapter 12 컴퓨터 보안(Security)

자 계정과 패스워드 등을 훔치는 방법 등이 있다. 이 경우의 대책으로는 물리적인 사용자 확인, 링크 계층의 암호화 등을 들 수 있다.

- **시스템 취약점 공격 (Exploits).** 시스템의 오류를 이용하여 이를 보안 취약점으로 활용하는 경우이다. 이러한 취약점은 지속적으로 발견되고 있으므로 시스템 개발 시 보안 기법의 구현이 요구되며 항상 최신 버전으로 패치(Patch)하는 것이 중요하다.

- **호스트 위장 (Transitive Trust).** 목표 호스트가 신뢰하는 시스템이나 네트워크로 잠시 위장하는 수법이다. 예를 들면 Unix에서 신뢰하는 호스트를 지정하기 위해 사용되는 .rhosts 파일에 불법 호스트를 정의할 수 있으며, NFS 등으로 불법 신뢰하는 시스템을 만들 수도 있으므로 시스템이 신뢰하는 시스템의 정의와 구성 등을 주의 깊게 설정해야 한다.

- **데이터에 의한 공격 (Data Driven Attack).** 불법 프로그램을 이식하는 경우로서, 예를 들어, 포스트스크립트(Postscript) 파일을 전자우편으로 보낸 경우 수신자가 이에 대한 파일 변환 시 불법 명령들이 실행될 수 있는 것이다. 방화벽 시스템을 이용한 스크린(Screening), 서비스의 제한 등이 요구된다.

- **구조적 공격 (Infrastructure Attack).** 시스템이나 네트워크 프로토콜 등의 구조적인 문제점을 공격하는 수법으로서 도메인 네임 스푸핑(DNS Spoofing), ICMP 폭탄(Bombing), 소스 라우팅(Source Routing), TCP Sequence Guessing 등이 있다.

- **서비스 방해 공격 (DoS Attack).** 시스템의 정상적인 동작을 방해하는 공격 수법으로서 대량의 데이터 패킷을 네트워크로 보내거나 전자우편으로 보내 타겟 시스템의 정상적인 동작이나 서비스를 막는 형태의 공격이다.

- **미래의 공격 수법 (Magic).** 아직은 알 수 없는 미래의 침입 수법들에 대해서는 암호화나 보안 프로토콜 등을 사용하는 것이 필요하다.

12.5 기타 보안 위협

해커들의 침입을 추적해 보았습니다.

해커들의 침입은 세 가지 단계로 나누어져 있었는데요. 먼저, 첫 번째 단계는 원격 시스템에서 목표로 하는 호스트의 쉘 접근 권한을 얻으려고 시도하는 과정입니다. 일반적으로 원격 호스트의 버그 수는 로컬 호스트 (Local Host) 운영체제의 버그 수에 비해 상당히 적게 알려지기 때문에 이러한 기술은 상당 수준에 이른 해커들만이 구사할 수 있는 방법인데요. 원격지에서 조작을 하여 루트(Root) 권한을 얻는다 해도 해커는 증거를 지우기 위해 침입을 해야 하기 때문에 시스템 안으로의 침입을 강행하게 됩니다. 두 번째 단계는 로컬 호스트 침입 후 루트 권한을 얻으러 시도하는 과정으로 이러한 방법은 원격 호스트에서 로컬 호스트로 침입한 후에 운영체제의 오류를 이용하거나 또는 시스템의 잘못된 구성(Misconfiguration)을 이용하여 시스템의 루트 권한을 얻는 방법이 되겠습니다. 마지막으로, 세 번째 단계에서는 일반적으로 증거 인멸 후 재침입을 위해 백도어(Backdoor)를 설치하는 것이지요.

정리해보면, 컴퓨터 보안이란 불법적인 침입, 절도, 파괴 등의 행위로부터 유형의 자원과 무형의 정보를 보호하는 일련의 정책과 행위를 말한다. 계속적인 침입의 시도는 새로운 보안 정책과 메커니즘을 만들어낼 필요를 느끼게 하며, 암호 시스템의 지속적인 발전을 요구해 왔다. 그러나 모든 침입에 대응할 수 있는 보안 시스템은 존재할 수 없으며, 여러 가지 유형의 보안 체계가 있으므로 각 시스템에 맞는 정책과 메커니즘을 사용하여야 할 것이다. 이번 장에서 배운 일반적인 원칙과 방법들을 잘 응용하고 변형해 본다면, 대상 시스템 및 응용 분야에 알맞은 보안 시스템을 구성하는데 도움이 되겠다.

다중처리 시스템과 운영체제

지금까지 본 내용들이 특별히 언급하지 않는 한 하나의 프로세서(또는 처리기)와 하나의 메모리를 갖는 단일 처리기 시스템에서 운영되는 운영체제의 여러 기능들이었다면, 이 장에서는 다중처리 시스템과 여기서 운영되는 운영체제에 대해 설명하겠다. 값싸고 우수한 성능의 처리기의 개발과 방대하고 복잡한 계산의 빠른 실행을 위한 욕구 등이 맞물려 80년대 이 후 다중처리에 대한 연구가 활발하게 진행되어 지금은 많은 다중처리 시스템들이 등장하였는데 운영체제 역시 다중처리를 위해 여러 가지 기능이 수정 또는 추가되어야 한다.

다중처리란 한 계산의 서로 다른 부분들을 실질적으로 동시에 수행하기 위해 다수의 처리기(Processor)를 사용하는 것을 말하는데 좁은 의미로는 병렬처리를, 넓은 의미로는 분산처리를 포함하는 것이라 이해하면 되며 지금부터 차례대로 보도록 하자.

13.1 약결합(Loosely coupled)과 밀결합(Tightly coupled) 시스템

약결합 시스템에서는 두 개 이상의 독립된 시스템들을 통신선으로 연결한다. 그림 13.1과 같이 각 시스템은 자신의 운영체제와 메모리를 가지고 독립적으로 운영되며 필요할 때 메시지 전달(message passing)이나 원격프로시저 호출(remote procedure call, RPC)로 통신을 한다. 통신선을 통하여 서로 다른 시스템의 파일을 참조할 수도 있으며, 파일의 전송이나 부하가 적은 처리기로 작업을 보낼 수도 있다.

밀결합 시스템은 그림 13.2와 같이 여러 처리기 간에 하나의 메모리를 공유하며 공유메모리에 있는 운영체제가 모든 처리기들과 시스템 하드웨어를 제어

Chapter 13 다중처리 시스템과 운영체제

하는 구조이다. 처리기 간의 통신도 공유메모리에 의해 이루어지는데 공유메
모리에 대한 접근 경쟁(memory contention)이 빈번할 수밖에 없고 이를 해결
하기위해 결합 스위치(combining switch)라는 하드웨어 기법을 사용한다.

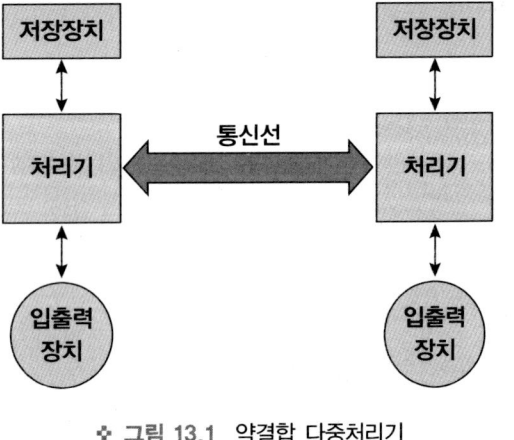

✤ 그림 13.1 약결합 다중처리기

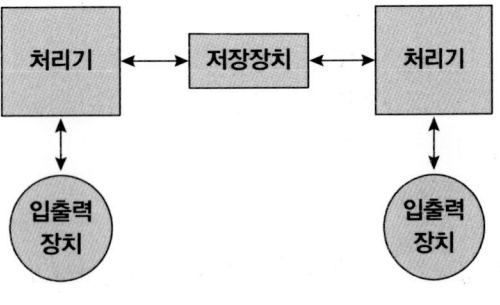

✤ 그림 13.2 밀결합 다중처리기

때로는 메모리에 대한 접근시간(access time)으로 약결합과 밀결합을 설명
하기도 하는데, 약결합은 접근하고자하는 데이터가 있는 메모리와 접근하려는
처리기의 위치에 따라 편차가 심하다는 것이다. 다시 말해 처리기 각자는 자
신의 메모리에 대한 접근시간은 매우 빠르나 다른 처리기의 메모리는 통신선
을 통해 접근해야 하므로 늦을 수밖에 없다. 반면에 밀결합은 모든 처리기가
공유메모리에 대한 접근밖에 없으므로 편차 없이 매우 빠르다.

262

13.2 병렬처리 시스템

약결합과 밀결합 모두 다중처리 시스템임은 분명하나 위 그림에서와 같이 구조적으로 봤을 때 차이가 있고 이것은 운영방식도 달라짐을 의미한다. 따라서 일반적으로 밀결합 시스템을 병렬처리 시스템으로, 약결합 시스템을 분산처리 시스템으로 분류하는 경우가 많으며 지금부터 이들에 대한 설명을 이어가겠다.

13.2 병렬처리(Parallel processing) 시스템

컴퓨터를 병렬구성의 정도에 따라 데이터 스트림과 명령어 스트림을 기준으로 병렬성이 증대되는 순서에 따라 구분한 Flynn의 분류에 따르면 병렬처리 시스템은 SISD부터 MIMD까지 4가지 형태로 나뉜다. SISD(single instruction stream, single data stream)는 폰 노이만 구조로서 병렬처리가 없는 단일 처리기 시스템을 말하며, SIMD(single instruction stream, multiple data stream)는 배열 프로세서(array processor)라 불리는 것으로 여러 개의 처리기에 동일한 명령을 전달하여 각 처리기는 서로 다른 데이터에 대해 연산을 실행하는 – 예를 들어 한 배열의 모든 원소에 대해 동일한 연산을 동시에 수행하는 – 것으로 벡터 프로세서나 파이프라인 프로세서도 여기에 속한다고 볼 수 있다. MISD(multiple instruction stream, single data stream)는 현실적으로 구현되지 않으며, MIMD(multiple instruction stream, multiple data stream)는 각 처리기들이 서로 다른 데이터에 대해 서로 다른 연산을 실행할 수 있도록 한 것으로 제대로 된 병렬처리 시스템이 여기에 속한다. 이제 현존하는 많은 병렬처리 시스템을 구조적 특성에 따라 하나씩 간단하게 살펴본 후 이어지는 절에서 병렬처리 시스템에서 병렬성의 탐지와 병렬 프로그램 언어 구조 그리고 병렬처리용 운영체제의 종류를 살펴보자.

▶ 다중처리기(multiprocessor) 구조

이 구조는 MIMD에 속하며 대부분의 경우 위에서 설명한 밀결합 시스템이라 보면 된다. 처리기 간의 연결 방법이나 운영체제의 유형 등은 차차 설명하도록 하고, 다중처리기 구조의 대표적 장점중의 하나는 한 처리기가 고장날 경우 나머지 처리기들이 통상적인 작동을 계속할 수 있는 결함허용(fault

263

Chapter 13 다중처리 시스템과 운영체제

tolerant)이 있다는 점이다. 물론 고장난 처리기의 탐지와 실행 중이던 일의 정상 처리기로의 분배 등이 요구되며 필요할 경우 복구 기능도 있어야 하겠지만 결함허용은 일부의 고장으로 시스템의 성능은 약간 떨어지더라도 여전히 사용가능하다는 면에서 인간이 끼어들어 고장을 고칠 수 없는 환경에서는 특히 중요하다.

캐시 일관성 문제(Cache coherency problem)는 다중처리기 구조에서 해결해야 하는 대표적인 것으로서, 성능을 위해 메모리의 일부 내용을 각 처리기의 캐시에 중복 적재한 후 각자가 쓰기 작업을 하도록 허용하되 이 경우 발생 가능한 처리기 캐시 간과 캐시와 메모리 간의 불일치성을 어떻게 해결할 것인가의 문제이다. 중복된 모든 곳은 가장 최근의 내용으로 같이 갱신되어 있도록 하기위한 여러 정책이 있으나 여기서는 생략하겠다.

▶ 파이프라인(Pipeline) 구조

다수의 명령들이 동시에 서로 다른 실행단계에 있게 하여 성능을 향상시키는 구조이다. 예를 들어 명령어의 실행단계를 반입(fetch), 해독(decode), 실행(execution), 저장(store) 단계로 나눈다면 첫 번째 처리기가 반입을 처리하고 해독을 두 번째 처리기로 넘기면서 첫 번째 처리기는 다음 명령의 반입을 처리함으로서 4개의 처리기를 동원할 경우 그림 13.3과 같이 4개의 명령이 동시에 처리되는 결과를 낳는다. 책에 따라서는 벡터(Vector) 레지스터를 사용하여 시간 병렬성(Temporal parallelism)을 구현하는데 적합한 벡터 프로세서 구조도 파이프라인 구조에 포함시키기도 한다.

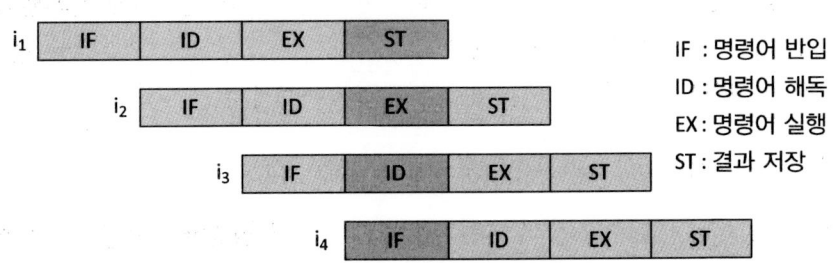

❖ 그림 13.3 파이프라인 처리

264

▶ 배열 프로세서(Array processor) 구조

처리할 모든 원소들에 대해 동일한 명령을 동시에 수행하는 구조로서 위에서 말한 대로 SIMD 구조이며 공간 병렬성(Spatial parallelism)의 구현에 적합하지만 독립적인 태스크들을 각기 다른 명령으로 병렬 수행해야 하는 환경에는 적합하지 않다.

▶ Systolic 배열구조와 Superscalar 구조

Systolic 배열구조는 배열 프로세서 구조와 유사하나 처리기들 중 맨 처음과 마지막만 메모리에 접근할 수 있도록 제한함으로서 메모리에 대한 접근경쟁을 해소하는 구조이며, Superscalar 구조는 파이프라인 구조를 여러 개 사용하여 한 싸이클에 하나 이상의 명령들이 동시에 실행되도록 한 구조이다.

▶ 데이터 플로우(Data flow) 컴퓨터

처리기가 다음에 해야 할 일은 프로그램 카운터가 가리키는 이른바, 폰 노이만 구조의 시스템들이 제어흐름(Control flow)에 기반 하는 순차 처리기인데 반해, 명령의 실행에 필요한 데이터(피 연산자)들이 이용 가능해지는 시점에서 실행되는 방식을 데이터 플로우 컴퓨터라 하며 여러 연산을 병렬로 수행할 수 있다. 데이터 플로우 컴퓨터의 명령어 처리 순서는 데이터 플로우 그래프로 표현되는 데이터의 종속성(Dependency)에 의해 정해지는데 주어진 지정문을 데이터 플로우와 순차처리로 했을 때의 성능비교를 그림 13.4에 보였다. 순차처리에는 7번의 계산단계가 필요하며 그 중 세 번은 다소 느린 곱셈과 나눗셈 연산인데 반해 데이터 플로우에서는 4번의 계산단계와 두 번의 곱셈과 나눗셈을 가지고 있다. 참고로 데이터 플로우 컴퓨터는 새로운 프로그래밍 언어와 컴파일러를 필요로 하며, 아직 상업적으로 구현되지 않았다.

Chapter 13 다중처리 시스템과 운영체제

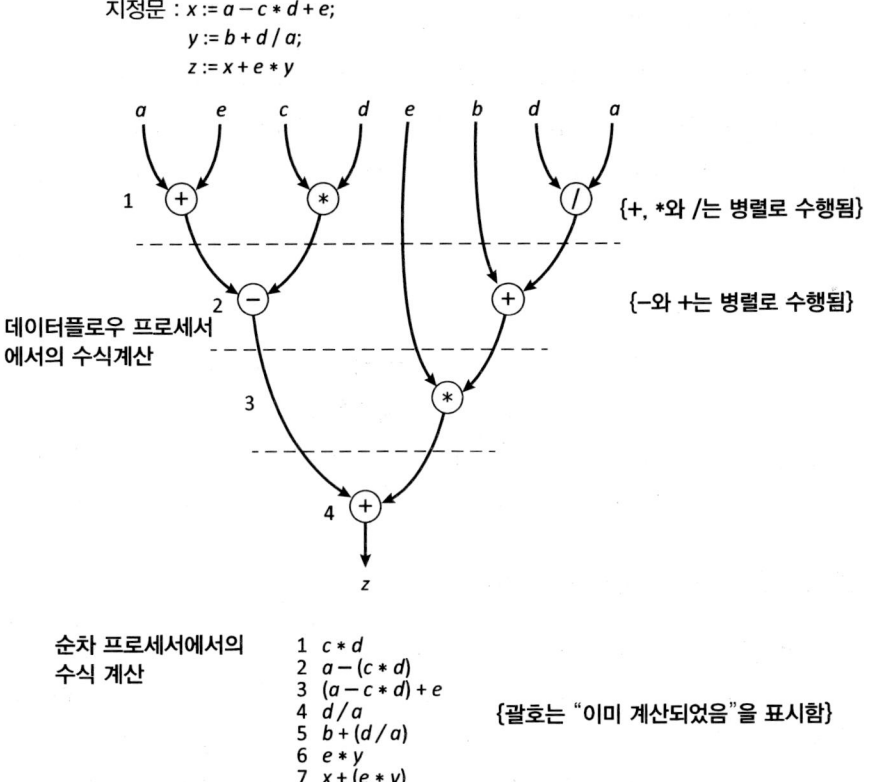

✤ **그림 13.4** 데이터 플로우 처리

　병렬처리 시스템에서 프로세서들과 메모리와 같은 각 장치들의 물리적 연
결은 기본적으로 네트워크 수업시간에 다뤄지는 내용이라 자세하게 설명하진
않겠으나 기본적인 종류들을 나열해 보면 공유버스(Shared bus) 구조, 크로스
바 스위치(Crossbar switch) 구조, 트리(Tree) 구조, 하이퍼 큐브(Hyper cube)
구조, 다단계 망(Multistage network) 등이 있다. 각 구조는 나름의 특성과
함께 비용, 신뢰성, 효율성에 대한 장단점을 가지므로 더 궁금하면 관련 책을
찾아보기 바란다.

13.2 병렬처리 시스템

반갑습니다. 메모리 모듈에 대해 모르는 것이 없는...

병렬처리 시스템에서 공유 메모리에 대한 접근은 한 번에 한 프로세스로 제한됩니다. 이것은 병렬처리를 통해 빠른 실행을 기대하는 사용자에게 더 늘어난 프로세스가 메모리에 병목현상을 증가시켜 그 기대를 만족 시켜줄 수 없는 상황을 만들 수도 있지요. 그래서 하나의 논리적인 메모리를 여러 개의 메모리 모듈로 나누어 구성하는 방법 즉, 메모리 인터리빙 (Memory interleaving)을 사용할 수 있습니다.

논리적으로는 하나의 메모리이지만 물리적으로 여러 개의 메모리 모듈로 구성함으로서 여러 프로세스들이 서로 다른 메모리 모듈들에 동시에 접근할 수 있도록 지원하는 것이지요. 메모리 인터리빙은 데이터들을 메모리 모듈의 개수만큼 인접주소 순으로 흩어 저장하는데 이것은 11장에서 배운 디스크 스트라이핑과 같은 개념이라 생각하면 됩니다.

13.2.1 병렬성의 탐지

병렬처리를 위해서는 프로그램에서 동시에 실행될 수 있는 부분들을 찾아내고 이것들이 실제로 동시에 실행될 수 있도록 해주는 것이 중요하며, 이와 같이 병렬성을 찾아내는 방법은 두 가지가 있다.

13.2.1.1 병렬성의 명시

이 방법은 프로그래머가 병렬 실행이 가능한 부분을 찾아내 프로그램에 명시(또는 표현)하는 것이다. 프로그래밍 언어는 병렬성을 표현할 수 있는 구조를 가져야하며 이 언어를 위한 컴파일러도 있어야한다. 하지만 병렬성을 명시하는 일은 프로그래머의 시간을 더 소모하며, 병렬성을 전부 다 찾아내지 못할 수도 있고 잘못 찾을 수도 있으며 디버깅과 정확성 증명 또한 어렵다. 병렬성의 표현을 위해 제공되는 언어 구조는 다음과 같은 것들이 있다.

◪ parbegin/parend 구조

이 구조는 5.3절에서 이미 설명하였으므로 여기서는 다음과 같은 한 줄의 계산식을 parbegin/parend 구조를 사용하여 병렬 실행이 가능하도록 표현한 예를 보면 되겠다.

267

Chapter 13 다중처리 시스템과 운영체제

$$Result := (a + b) * (c + d) - (e/f)$$

```
begin
  parbegin
    begin
      parbegin
        t1 := a+b;
        t2 := c+d;
      parend
      t3 := t1*t2;
    end
    t4 := e/f;
  parend
  Result := t3-t4;
end
```

☑ and 구조

and의 앞과 뒤에 있는 명령을 동시에 실행하라는 구조로서 위에서 예를 든 계산식을 and를 사용해 표현하면 아래와 같을 것이다.

```
begin
  t1 := a+b and t2 := c+d;
  t3 := t1*t2;
end
and t4 := e/f;
Result := t3-t4;
```

☑ fork/join/quit 구조

프로그램의 임의의 지점에서 병렬 실행을 위한 새로운 프로세스를 생성시키고 다시 임의의 지점에서 합치도록 하는 구조로서 parbegin/parend 구조나 and 구조로는 표현할 수 없는 병렬처리를 가능하게 해주며 다음과 같은 세 개의 명령을 사용한다.

268

13.2 병렬처리 시스템

- **fork w;** 명령은 이 명령을 실행하는 프로세스 P가 레이블 w로 지정된 곳부터 실행하는 새로운 프로세스 Q를 생성시킨다. 즉, P는 이 명령 이후의 명령을 계속 실행하면서 w 지점부터 실행하는 Q를 추가로 생성시킴으로서 이때부터 P와 Q는 병렬로 실행되는 것이다.

- **quit;** 명령은 프로세스를 종료시킨다. 예를 들어 P가 이 명령을 실행한다면 P는 종료되는 것이다.

- **join t, w;** 명령은 분리 불가능(indivisible) 명령이며, 먼저 정수형 변수 t의 값을 1만큼 감소시키고 그 결과가 0인 경우 레이블 w 지점으로 분기(branch)한다.

이해를 쉽게 하기 위해 위에서 예를 든 계산식을 fork/join/quit 구조로 표현해 보자.

```
        n := 2;
        fork p3;
        m := 2;
        fork p2;
        t1 := a+b; join m, p4; quit;
p2:     t2 := c+d; join m, p4; quit;
p4:     t3 := t1*t2; join n, p5; quit;
p3:     t4 := e/f; join n, p5; quit;
p5:     Result := t3-t4;
```

13.2.1.2 병렬성의 자동 탐지

프로그램에 내재된 병렬성을 시스템이(정확하게 말하면 컴파일러가) 찾은 후 병렬처리가 가능하도록 실행코드를 만들어 내는 방법이며 다음과 같은 것들이 있다.

↘ 순환 분배(Loop distribution)

순환문내의 문장들이 상호 종속성이 없어 병렬로 실행이 가능한 경우 컴파일러는 이 부분을 찾아 병렬 실행 구조로 바꾸어준다. 예를 든다면 다음과 같

269

Chapter 13 다중처리 시스템과 운영체제

은 for 문장을 아래와 같이 바꾸어 병렬 실행시킬 수 있는 것이다.

```
for i:= 1 to 4 do
    a(i) := b(i) + c(i);
```

```
parbegin
    a(1) := b(1) + c(1);
    a(2) := b(2) + c(2);
    a(3) := b(3) + c(3);
    a(4) := b(4) + c(4);
parend
```

▶ 트리 높이 감축(Tree height reduction)

컴파일러는 연산자 선행 규칙들을 이용하여 대수적 수식에 내재된 병렬성을 찾아 병렬 실행이 가능한 기계어 코드를 만들어 줄 수 있는데, 아래 그림 13.5는 결합법칙을 이용하여 3단계의 계산을 2단계로 병렬 실행이 가능함을 보여준다.

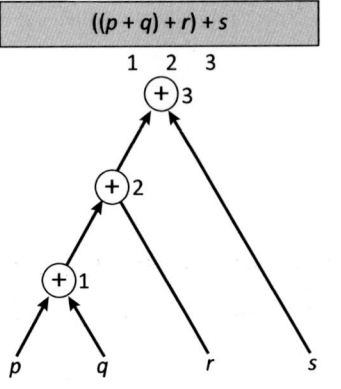 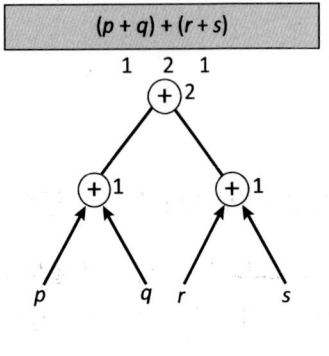

❖ 그림 13.5 결합법칙에 의한 트리 높이 감축

13.2.2 "Never wait" 규칙

이 기법은 유휴(idle) 처리기를 그냥 쉬게 하는 것보다는 사용될 가능성이 보이는 작업을 실행하게 하여 전체적인 실행 속도를 가능한 높이자는 생각이다. 다음과 같은 코드 부분을 보자.

```
a:= b * c;
if a = 9 then d:= 10;
e:= d * f;
```

첫 번째 명령의 결과에 따라 두 번째 명령에서 d의 값은 10으로 바뀔 수도 있고 원래의 값을 그대로 유지할 수도 있다. 이 경우 첫 번째와 세 번째를 동시에 실행시켜 d의 값이 바뀌지 않을 때는 그만큼 빨리 실행을 끝낼 수 있다. 물론 d의 값이 바뀌는 경우에는 다시 세 번째 명령을 실행해야겠지만 이미 했던 계산은 유휴 처리기를 동원한 것이므로 손해 볼 일은 없는 것이다.

13.2.3 Fetch-and-add 명령

이미 배웠던 testandset 명령을 떠올려 보자. 병렬처리의 경우 많은 처리기가 이 명령을 실행할 수 있고 이 명령의 파라미터인 공유변수에 대한 접근경쟁은 곧, 공유메모리에 대한 접근경쟁 문제를 일으킨다. 게다가 더 나쁜 점은 하나의 처리기만이 실행권한을 갖게 되고 나머지는 모두 바쁜대기(busy waiting)를 하게 되어 성능상의 문제를 유발할 것이다.

이런 문제를 해결하기위해 제안된 Fetch-and-add(s, i) 명령은 분리 불가능 명령으로 공유변수 s를 i만큼 증가시키되 원래 s값을 반환한다. 여러 처리기가 이 명령을 실행하면 연결망의 스위치 소자가 결합(combining)이라 불리는 연산을 수행하여 모든 충돌하는 Fetch-and-add명령의 증가 값들을 합한 값 $I(= i_1 + i_2 + \ldots + i_n)$를 만들어 Fetch-and-add(s, I)를 수행하고 s를 참조한 여러 처리기들에게는 s, $s + i_1$, $s + i2$, $\ldots$, $s + i_n$과 같은 유일한 값을 줌으로서 접근요구를 순서화(serialize)한다. 순환문 하나를 예로 Fetch-and-add명령의 장점을 알아보자.

Chapter 13 다중처리 시스템과 운영체제

```
for i:= 1 to 50 do
    a(i) := b(i) + c(i);
```

위 순환문은 50개의 처리기가 사용가능할 때 다음과 같이 병렬처리로 표현할 수 있다.

```
forall i:= 1 to 50 do
    a(i) := b(i) + c(i);
```

하지만 forall 명령은 유휴 처리기의 개수가 50이라는 값에 고정됨으로서 상황에 따라 더 적은 개수의 유휴 처리기가 있을 때 유연하게 대처하지 못하며 이 문제는 Fetch-and-add명령을 사용함으로서 해결할 수 있다. Fetch-and-add명령은 사용가능한 처리기의 수에 민감하지(구애받지) 않으며, 처리기들의 상대적인 속도 차에도 영향 받지 않는 장점과 함께 구현 비용이 비싸다는 단점이 있다.

```
j:= fetchandadd(i, 1);
while (j<50) do
    begin
        a(j):= b(j) + c(j);
        j:= fetchandadd(i, 1);
    end
```

13.2.4 병렬 운영체제의 구조

병렬처리 시스템에서 병렬성을 가지는 프로세스가 병렬로 실행되기 위해서는 운영체제의 지원 즉, 한 프로세스가 병렬로 실행될 프로세스들로 나뉘는 경우 이들이 각각 독립적으로 병렬 실행되기 위해 커널 구조를 구성하고 사용가능한 처리기들을 할당해 주는 일들이 필요하다. 부연하면, 일반 다중프로그래밍의 기능 외에 처리기들에 프로세스 할당, 부하균형(load balancing), 처리기들의 고장과 복구에 따른 시스템 재구성 기능 등을 가져야하며, 병렬 프로세스의 생성 시 이들을 위한 커널 자료구조를 갱신하고 병합될 때는 이들의 동기화를 위한 수단도 가져야 한다. 병렬처리를 위한 운영체제의 구조는 크게 다음과 같은 세 가지 형태로 나눌 수 있다.

◪ Master/Slave 구조

한 처리기는 master로 나머지는 slave로 지정하여 master는 입출력과 계산을 slave는 계산위주의 작업을 맡는다. 다시 말해, master는 운영체제를 실행하는 권한을 가지고 slave는 사용자 프로세스들만 실행할 수 있다. slave의 실행 도중 필요한 운영체제 서비스는 master에게 인터럽트를 보냄으로서 해결하므로 시스템의 비대칭성 즉, slave의 고장은 일부 계산능력만 잃지만 master의 고장은 시스템의 고장으로 이어지는 문제가 있다. 모든 입출력이 master로 몰리는 문제의 단순한 해결은 입출력위주 프로세스들을 master에게, 계산위주 프로세스들은 slave들에게 할당하는 것도 한 방법이다.

◪ 독립 운영체제(Separate executives) 구조

각 처리기는 각자의 운영체제를 가지며 발생하는 인터럽트도 해당 처리기에서 해결하므로 구조적으로는 약결합 시스템에 부합하는 형태이다. 특정 처리기에서 실행되도록 배정된 프로세스는 완료시까지 그 처리기에서 실행되며 전체 시스템에서 사용되는 자료구조는 상호배제를 지키도록 신중하게 설계되어야한다.

이 구조는 master/slave 구조보다 신뢰성이 높아 한 처리기의 고장이 전체 시스템의 고장으로 이어지지는 않으며, 운영체제의 데이터는 각 운영체제에 분산되어 있어 접근경쟁은 약한 대신 개개의 프로세스의 실행을 처리기 간에 돕지 않아서 일이 밀리는 처리기와 유휴 처리기가 같이 있을 수 있다.

◪ 대칭적(Symmetrical) 구조

master/slave의 단점을 보완하는 구조로 복잡하지만 가장 강력하다는 강점을 가진다. 시스템의 모든 처리기들이 대칭적 즉, 동등하게 운영체제를 실행할 수 있는 권한을 가지며 이 권한은 처리기 사이에서 그때그때 옮겨 다닌다. 임의의 시점에 운영체제를 실행하고 있는 처리기를 관리자 처리기라 부르며

Chapter 13 다중처리 시스템과 운영체제

각종 시스템 호출에 대한 서비스와 자원에 대한 관리 의무를 가진다.

이 구조는 처리기의 고장에 대한 결함허용이 있어 신뢰성이 매우 높으며 자원의 활용도도 높고, 한 프로세스의 실행에 여러 처리기가 협력하는 병렬처리가 가능하다.

13.3 분산 처리 (Distributed processing) 시스템

분산 시스템이란 통신 네트워크를 통하여 서로 약결합된, 메모리와 클록 (clock)을 공유하지 않는 처리기들의 집합이다. 각 처리기들은 자신의 지역메모리와 운영체제를 가지며 고속의 버스(bus)나 전화선과 같은 다양한 통신 라인을 통해 서로 통신한다.

분산 시스템내의 각 처리기들은 그 크기와 기능이 다양할 수 있어 스마트기기부터 대용량 범용 컴퓨터 등이 분산 시스템을 구성하는 처리기가 된다. 처리기의 관점에서 자신이 가지고 있는 자원을 지역(local)이라고 하고, 그 외 나머지 모든 처리기들과 그들에 속해있는 자원들은 원격(remote)이라고 한다. 이 들 처리기는 책들에 따라 사이트(site), 노드(node), 호스트(host) 등 여러 가지 용어로 불리며, 일반적으로 한 사이트의 자원을 다른 사이트에서 사용할 때 자원을 가진 쪽을 서버(server)라 하고 그 자원을 이용하는 쪽을 클라이언트(client)라 부른다.

분산 시스템으로 얻을 수 있는 이점을 열거하면, 먼저 자원의 공유로서 연결된 모든 사이트들이 보유하는 자원들을 사용할 수 있다는 점이며, 두 번째 특정 연산이 동시에 실행 가능한 여러 개의 부분 연산으로 나눌 경우 여러 사이트에 그 연산을 분산시켜 처리하여 연산 속도를 향상할 수 있다. 세 번째는 시스템 확장성으로 시스템 전체를 교체하는 대신 필요한 만큼의 소형 시스템들을 추가로 연결함으로서 성능의 개선이 가능해지며, 네 번째로 가격 대비 성능이 우수하고 신뢰성(reliability)과 가용성(availability) 역시 우수하다는 것이다. 하지만 시스템이 분산되어 있기 때문에 교착상태 문제와 중앙식 시스템에서는 발생하지 않는 문제들을 처리하기 위해 프로세스 동기화와 통신기법을 반드시 제공해야 한다.

이 절부터는 먼저 분산 운영체제의 유형에 대해 알아본 후 설계 시 고려사항

274

13.3 분산처리 시스템

들과 함께 클라이언트/서버(client/server) 시스템과 미들웨어(middleware), 클러스터(cluster), 기타 이슈들에 대해 설명하겠다.

13.3.1 분산 운영체제의 유형

분산 운영체제가 가져야 할 대표적 기능은 분산 시스템 전체를 가상의 단일 호스트 환경으로 보이게 하는 투명성(transparency)일 것이다. 분산 운영체제 의 기능들은 투명성을 염두에 두고 설계, 구현되어야 하며 이것은 사용자의 편의성을 위해서도 필요한데 이를테면 사용자가 전체 시스템에 대한 정보 없 이도 원하는 작업을 수행할 수 있도록 해야 하기 때문이다.

분산 운영체제는 각 호스트의 지역 운영체제들을 확장시킨 형태이다. 다시 말해, 각 호스트의 운영체제는 다른 호스트의 운영체제와 협동으로 작업을 처 리하거나, 자원들을 관리하고 사용자에게는 가상의 단일 호스트 환경을 제공 할 수 있도록 확장되며 이렇게 확장된 부분들을 분산 운영체제라 부른다.

커널의 크기에 따라 Monolithic과 Micro로 분류해보면, Monolithic 커널은 기존의 단일 시스템용 운영체제가 가지는 대부분의 서비스 기능을 각 호스트 에 탑재시킴으로서 많은 기능들이 호스트 간에 중복배치 되고 메모리도 낭비 하게 되는 단점이 있다. 반면에, Micro 커널은 각 호스트에 최소한의 기능을 가진 운영체제를 탑재하고 나머지 모든 서비스 기능들은 서비스 프로세스로 구성함으로써 운영체제의 크기를 최소화할 수 있다. Micro 커널은 많은 서비 스 프로세스로 인한 오버헤드가 발생할 수 있지만 시스템 기능들의 모듈화가 쉽고 개방성이 보장되므로 시스템의 재구성이나 확장성이 요구되는 분산 시스 템의 특성상 더 선호된다.

여기서는 분산 운영체제의 유형과 관련해 두 가지 종류의 네트워크 지향 (network oriented) 운영체제에 대해 설명하기로 한다.

13.3.1.1 네트워크 운영체제(Network operating system)

네트워크 운영체제는 사용자가 통신망의 연결 구조를 잘 알고 있다고 가정 하고 비교적 간단하게 구현할 수 있지만 편리하게 접근해서 사용하기는 어렵 다. 사용자는 원격 자원을 이용하기 위해 원격 호스트에 명시적으로(explicitly)

275

Chapter 13 다중처리 시스템과 운영체제

로그인하거나, 원격 호스트에서 자신의 호스트로 자료를 명시적으로 전송시켜야 한다.

🔽 원격 로그인(Remote login)

사용자들이 원거리에서 다른 컴퓨터에 로그인할 수 있도록 하는 기능이다. 좋은 예로 인터넷의 Telnet 기능을 생각하면 되겠다.

🔽 원격 파일 전송(Remote file transfer)

네트워크 운영체제의 또 다른 주요 기능은 한 시스템에서 다른 시스템으로 파일을 전송하는 방법을 제공하는 것이다. 역시 인터넷을 예로 들면 파일 전송 프로토콜(File transfer protocol, FTP)이라 보면 된다.

위에서 본 네트워크 운영체제의 대표적인 두 가지 기능을 Telnet과 FTP로 설명해보면 이 둘은 사용자가 다른 환경에 알아서 적응해야 한다는 것이다. FTP는 일반적인 운영체제 명령어와는 완전히 다른 명령어를 알아야 하고, Telnet의 경우는 사용자가 원격 시스템에서 사용되는 명령어를 알아야 한다. 이런 이유로 네트워크 운영체제가 편리하게 접근해서 사용하기 어렵다고 하였는데 분산 운영체제는 이런 문제들을 개선하기 위해 설계되었다.

13.3.1.2 분산 운영체제(Distributed operating system)

분산 운영체제에서는 사용자들이 지역 자원에 접근하는 방법과 동일하게 원격 자원에 접근할 수 있다. 사이트 간의 자료와 프로세스의 이주(migration)는 분산 운영체제의 제어 하에 투명하게 이루어진다.

🔽 데이터 이주(Data migration)

원격 사이트에 있는 파일을 접근할 경우의 구현 방법으로 두 가지가 있다. 첫째는 그 파일을 내 사이트(지역 사이트)로 전송받아 필요한 작업을 마친 후 (수정이 있었을 경우) 원격 사이트에도 전송하여 갱신해 주면 된다. 파일이 크고 수정내용이 적을 경우는 비효율적이므로, 두 번째로 실제 필요한 부분만을 내 사이트로 전송 받아 작업한 후 수정된 내용만 원격 사이트로 전송하는 방법을 쓸 수 있다. 참고로, 두 사이트가 파일의 구성법에서 직접 호환되지 않을 경우 여러 가지 형태의 자료 변환 작업이 부담될 수 있다.

◪ 연산 이주(Computation migration)

원격 사이트에 있는 다수의 대형 파일에 접근하거나, 그들의 정보가 필요할 경우는 파일의 대량 전송보다는 작업을 지시하는 내용(연산)을 보내 원격 시스템에서 실행하여 그 결과를 반환받는 것이 더 효율적이다. 이 때 사용되는 메시지 전달(Message passing)이나 원격 프로시저 호출(Remote procedure call) 방법은 좀 있다 설명하겠다.

◪ 프로세스 이주(Process migration)

연산 이주를 논리적으로 확장한 것이라 보면 된다. 프로세스는 생성된 사이트에서만 실행되는 것이 아니라 자신의 일부 또는 전체를 다른 사이트에서 실행함으로서 다음과 같은 여러 가지 목적을 이룰 수 있다.

- **부하 공유(Load sharing).** 부하가 많은 쪽에서 적은 쪽으로 프로세스를 이동시켜 전체 성능을 향상시킬 수 있다. 다만, 균등한 부하를 위해 필요한 통신량이 늘어날수록 성능을 감소시킬 가능성도 염두에 두어야 한다.

- **연산 속도 향상.** 한 프로세스를 여러 개의 서브프로세스로 분할하여 각자 다른 사이트에서 실행시킬 수 있다면 종료시간이 빨라질 것이다.

- **통신 성능.** 긴밀한 상호작용을 하는 프로세스들은 통신비용을 줄이기 위해 같은 사이트로 이동될 수 있으며, 프로세스 크기보다 작업해야할 자료가 큰 경우 자료보다는 프로세스를 자료가 있는 쪽으로 이주시켜 실행하는 것이 효율적이다.

- **가용성.** 장기적으로 실행되는 프로세스들은 미리 알 수 있는 고장이나 예정된 시스템의 다운에도 생존할 수 있도록 이동할 필요가 있다.

- **특별한 기능의 이용.** 특정 사이트에서만 운영되는 하드웨어나 소프트웨어를 사용하기 위해 이동될 수 있다.

프로세스의 이주는 사용자가 명시적으로 강제할 때 – 위의 특별한 기능의

Chapter 13 다중처리 시스템과 운영체제

이용 때가 예이다. - 도 있고, 프로세스가 클라이언트로부터 이주되었다는 사실을 숨기는 방법도 있다. 후자의 경우는 사용자의 개입이 필요 없으며, 일반적으로 같은 기종 시스템간의 부하 공유와 연산 속도 향상을 위해 사용된다.

분산 환경의 특성을 잘 보여주고 있는 대표적인 예가 여러분이 거의 매일 접하는 웹(Web)이다. 웹은 웹 서버와 클라이언트간의 데이터 이주와 연산 이주를 제공하고 있는데 클라이언트의 웹 서버 데이터베이스 처리 개시, Java Applet의 서버로부터 클라이언트로의 전송 및 실행 등이 그 예이다. 분산 운영체제가 가지고 있는 이런 강력하고 편리한 특성이 WWW(World Wide Web)을 크게 성공시킨 이유이기도 하다.

13.3.2 분산 운영체제의 설계 시 고려사항

분산 운영체제는 사용자로 하여금 전체 시스템을 가상의 단일 호스트 환경으로 보고 작업할 수 있도록 지원하는 소프트웨어이다. 다시 말해, 처리기와 저장 장치의 다중성을 투명하게(transparent)하여 사용자들에게 전통적인 중앙 집중식(Centralized) 시스템으로 보여야한다. 이런 관점에서 분산 운영체제를 위한 여러 가지 기능과 방법들에 대해 하나씩 설명하겠다.

13.3.2.1 통신 방식

분산 시스템은 공유메모리를 사용하지 않기 때문에 이미 배웠던 세마포어와 같이 공유메모리에 의존하는 프로세스간의 통신(상호 정보 교환)은 쓸 수 없다. 분산 시스템을 위한 통신 기법은 아래에 설명한 두 가지가 있다.

◢ 메시지 전달(Message passing)

단일 시스템에서 사용되는 메시지 전달을 분산 환경에 적용한 것이며, Send와 Receive라는 두 개의 기능이 필요하다. Send는 목적지를 명시하고 메시지 내용을 포함하며, Receive는 메시지가 누구로부터 왔는가와 메시지가 저장될 버퍼를 제공한다. 그림 13.6을 보면 이해가 쉬울 것이다.

13.3 분산처리 시스템

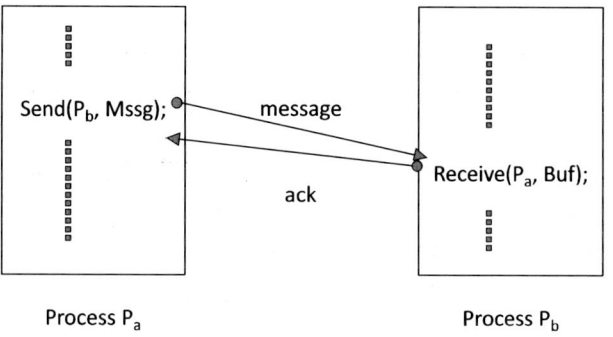

❖ 그림 13.6 메시지 전달

송수신이 동기적(synchronous) – 책에 따라 블로킹(blocking)이라고도 부른다 – 이면 수신자는 Receive를 실행하는 시점에서 메시지의 도착까지 기다리거나, 송신자는 수신자로부터 확인 메시지가 올 때까지 기다려야지만 송수신의 신뢰성은 비동기적(asynchronous)일 때보다 우수할 것이다. 참고로, 자료 표현 방법이 다른 이기종간의 자료 전송 때에는 모든 호스트들이 알 수 있는 공통의 자료 표현 방법이 있어야한다는 것도 알아두자.

☑ 원격 프로시저 호출(Remote procedure call, RPC)

메시지 전달 기법을 변형하여 개선한 것으로 많이 사용되는 기법이며, 프로시저 호출 기법을 원격 서비스에 대한 접근을 위해 사용하는 것이라 이해하면 된다. 즉, RPC는 클라이언트의 한 프로세스에서 서버의 프로시저를 호출할 경우 관련정보들(프로시저 이름, 파라미터들 등)을 메시지로 묶어 서버로 전달하고 서버에서는 이 메시지를 원래의 형태로 풀어서 지정된 프로시저에게 넘겨 실행시킨 후 그 결과 값들을 다시 클라이언트에게 돌려주는 기능을 가진다.

통신 프로세스간의 인터페이스를 IDL(interface definition language)을 사용하여 정의한 후 컴파일하면 클라이언트와 서버 측에 각각 스터브 코드가 생성되는데 이 코드들은 클라이언트에서 서버로 전달되는 프로시저 이름과 파라미터들을 공통의 데이터 표현 형태로 변환하여 하나의 메시지로 묶는(Marshalling) 기능과 이 메시지를 다시 원래의 형태로 풀어내는(Unmarshalling) 기능을 가진다. 그림 13.7을 보며 호출 과정을 이해해 보자.

279

Chapter 13 다중처리 시스템과 운영체제

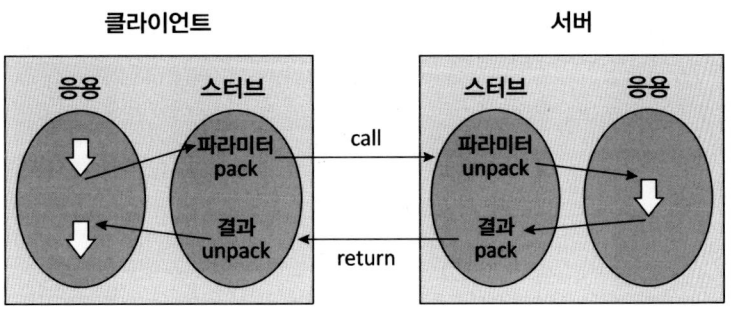

❖ 그림 13.7 원격 프로시저 호출

13.3.2.2 투명성(Transparency)

위에서 말했듯이 투명성이란 시스템 환경의 구체적인 부분을 사용자가 알
수 없도록 하여 이런 정보가 없어도 원하는 작업을 수행할 수 있도록 지원하
는 개념이다. 요구되는 여러 가지 투명성 중에서도 접근과 위치 투명성은 분
산 시스템에서 기본적으로 요구되는 요소로서 접근 투명성은 특정 자원이 어
디에 있든 동일한 방법으로 접근할 수 있도록 해야 하며, 위치 투명성은 특정
자원을 접근할 때 그 자원이 존재하는 위치와 상관없이 같은 이름을 사용할
수 있어야 하는 개념이다.

투명성의 또 다른 측면은 사용자 이동성이며, 이 말은 사용자들이 어떤 시
스템에서든지 로그인 할 수 있도록 해야 한다는 것을 의미한다.

13.3.2.3 확장성(Expandability)

분산 시스템의 규모가 커지는 경우에도 시스템의 성능이 급격하게 떨어지
지 않도록 해야 하는 즉, 서비스 부하의 증가에 적응할 수 있는 능력을 말한
다. 시스템의 확장은 고비용의 설계비용을 요구할 수 있는데 확장성 있는 시
스템은 이런 문제를 초래하지 않고 확장될 수 있는 잠재성을 가져야 하며 이
와 같은 부드러운 확장능력은 매우 중요한 특성이다.

13.3.2.4 결함 허용(Fault tolerance)

결함 허용은 넓은 의미로 사용되며 통신 결함, 기계 결함, 저장장치 고장 또는 훼손의 결함에도 시스템은 약간의 성능저하는 있을지라도 원래의 기능을 계속 수행할 수 있어야 한다. 시스템은 결함들을 탐지한 후 시스템을 재구성하여 연산이 계속되도록 해야 하고 사이트 또는 링크가 고쳐진 후 복구되어야 하는 견고성(Robustness)도 요구된다.

13.3.2.5 호환성(Compatibility)

시스템을 구성하는 요소들 간의 상호연동성이 얼마나 보장되는가를 의미하며, 설계 시 어떤 정도의 호환성을 제공할지 결정해야 한다. 호환성에는 모든 호스트들이 같은 하드웨어 구조 및 기계어를 가져야하는 이진 레벨 호환성부터 가장 약한 단계인 호스트간의 통신을 위해 같은 통신 프로토콜이 있어야한다는 프로토콜 레벨 호환성이 있다.

13.3.2.6 이름 부여(Naming)

각 호스트마다 소속 객체들에 대해 이름을 주는 방식이 다를 수 있으므로 여러 호스트에 분산되어 존재하는 객체들에 대해 일관성 있는 형태의 이름을 제공하는 방법이 있어야 한다. 또한 응용 프로그램에 의해 상징적인 이름으로 객체에 대한 접근이 요구될 때 이를 해당 객체에 대한 시스템 이름으로 변환하는 기능도 필요하며, 이를 전담하는 호스트 또는 프로세스를 네임 서버(Name server)라 한다.

13.3.2.7 서버 프로세스 구조

분산 시스템에서 서버는 많은 클라이언트들이 동시에 서비스를 요구할 때 효율적으로 운영되어야 하며 이 경우 최선의 해결책 중 하나는 3장에서 배운 스레드를 이용하는 것으로 이 기법은 서버의 확장성을 부여하는데 필수적인 요소이다.

Chapter 13 다중처리 시스템과 운영체제

13.3.2.8 전역 상태(Global state)의 유지

상호배제나 교착상태 및 프로세스 기아와 같이 밀결합 시스템이 직면하는 병행성 문제들은 분산 시스템에서도 발생한다. 분산 시스템은 시스템들로부터 상태정보를 수집하는 과정에서 통신 지연이 발생할 수밖에 없어서 매순간 시스템 전체의 전역상태를 파악하기가 거의 불가능하므로 위와 같은 문제들을 해결하기 위해 가상적으로 일관된 시스템 상태를 유지하기 위해 타임스탬프를 이용한 이벤트 순서화(Event serialization) - 이 순서는 실제의 시간 순서와 같을 필요는 없고 전체 시스템에 동일한 내용으로 보이기 위해 사용 된다 - 기능이 필요하다.

13.3.2.9 분산 상호배제(Distributed mutual exclusion)와 교착상태

상호배제와 교착상태를 위한 분산 알고리즘 운영의 기본은 위에서 말한 이벤트 순서화이다. Lamport에 의해 제시된 타임스탬프 기법은 메시지 전송으로 구성되는 이벤트들을 순서화할 수 있는데 좀 더 구체적으로 설명해 보겠다.

네트워크상의 각 시스템 i는 클록 기능을 수행하는 지역 계수기 C_i를 가지고 시스템에서 메시지를 보낼 때마다 자신의 클록 값을 1씩 증가시킨다. m이 메시지 내용, T_i가 메시지의 타임스탬프(= C_i), i가 해당 사이트의 식별자일 때, 메시지는 (m, T_i, i)의 형식으로 전송되고 수신 시스템 j가 메시지를 받으면 현재의 클록과 수신된 타임스탬프 중 큰 수에 1을 더해 자신의 클록으로 설정한다($C_j = 1 + \max(C_j, T_i)$). 결과적으로 그림 13.8과 같이 진행될 경우 다음 조건 중 하나가 성립되면 i가 j에 앞선다고 결정한다.

> 1. $T_i < T_j$
> 2. $T_i = T_j$ & $i < j$

분산 시스템의 상호배제는 타임스탬프 기법이 부여한 순서에 따라 처리하면 해결된다. 교착상태 역시 이 순서를 사용한 전역 상태를 유지하면서 메시지 도착이 실제 상황과 다를 경우 발생할 수 있는 유령 교착상태(Phantom deadlock)를 겪지 않고 탐지가 가능하다.

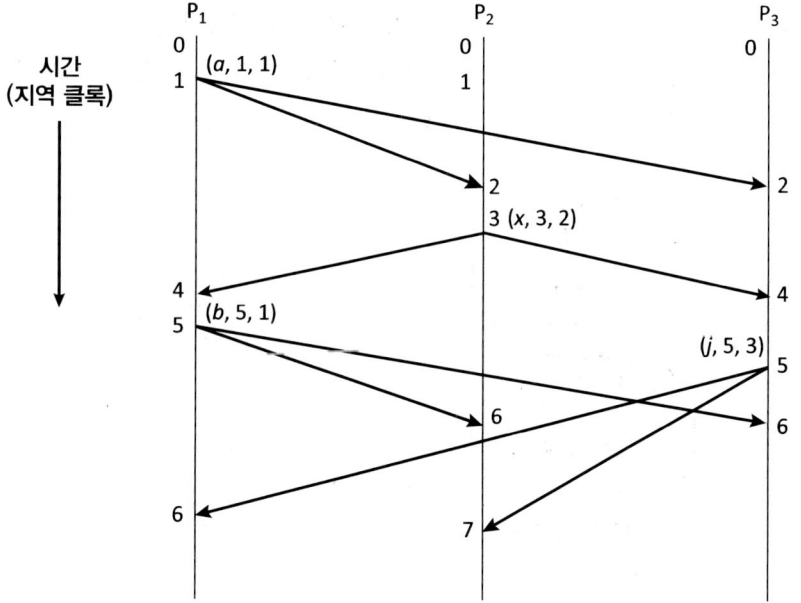

✤ 그림 13.8 타임스탬프 알고리즘 동작 예

13.3.2.10 분산 파일 시스템(Distributed file system, DFS)

분산 파일 시스템은 파일 시스템의 전통적인 시분할 모델을 분산 환경으로 확장한 것으로서, 다수의 사용자들이 파일과 저장장치들을 공유할 수 있도록 해주며 여러 사이트에 분산된 파일의 접근을 지역 파일을 접근하는 것과 같은 방식이 되도록 해야 한다.

13.3.3 클라이언트/서버 시스템과 미들웨어

분산 시스템의 호스트들이 동등한 위치에 있는 것이 아니라 일부는 서비스를 요청하는 클라이언트로, 다른 일부는 클라이언트들에 서비스를 제공하는 서버로 비대칭적 구조를 갖는 형태를 클라이언트/서버 시스템이라 부르며 구축의 용이성 때문에 많이 사용된다. 클라이언트/서버 시스템은 전형적인 분산 컴퓨팅이며 클라이언트, 서버 그리고 네트워크로 구성되고 구조는 그림 13.9와 같다.

Chapter 13 다중처리 시스템과 운영체제

클라이언트/서버 양쪽에서의 기본 소프트웨어는 하드웨어 플랫폼에서 수행되는 운영체제이며, 클라이언트와 서버가 상호 동작을 가능하게 하는 기능은 통신 소프트웨어가 담당하는데 대표적으로 TCP/IP가 있다.

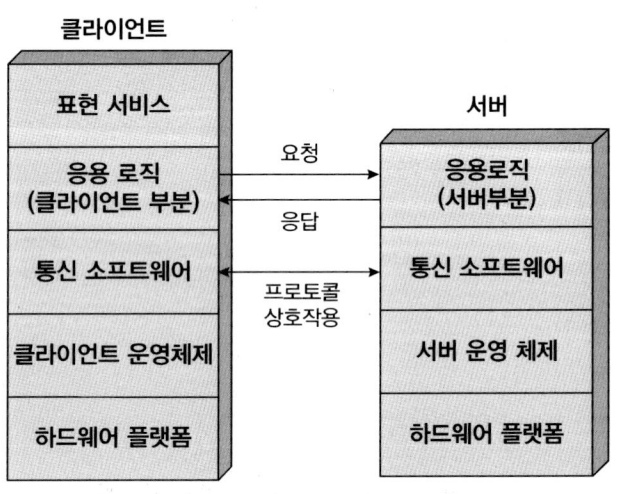

❖ 그림 13.9   일반적인 클라이언트/서버 구조

전통적인 클라이언트/서버 구조는 클라이언트와 서버 계층으로 구성되는 2계층(Two-Tier) 수준이며, 최근에는 클라이언트와 서버 사이에 중간 계층 서버가 연결되는 3 계층(Three-Tier) 구조가 보편적으로 사용되고 있다. 이 때 중간 계층 서버는 프로토콜 변환과 데이터베이스 질의 변환 기능 등을 가지는 게이트웨이 역할을 한다.

클라이언트/서버 접근 방식의 장점들이 다양한 플랫폼과 응용들을 쉽게 연결하고 사용하게 하는 모듈화 방식과 능력에 기반하고 있기 때문에, 상호 운영성 문제는 꼭 해결되어야 한다. 클라이언트/서버 방식의 이점을 얻기 위해서는, 다양한 플랫폼에 분산되어 있는 모든 시스템 자원을 일관된 수단과 방법으로 접근할 수 있는 툴들의 집합이 제공되어야 하며 이를 통해 개발자는 클라이언트/서버 환경을 가상적으로 동일한 시스템으로 보고 자신이 원하는 데이터의 위치와 관계없이 동일한 방법으로 접근할 수 있어야 한다.

284

이런 요구사항을 만족하는 가장 보편적인 방법은 그림 13.10과 같이 위로는 응용과 아래로는 통신 소프트웨어와 운영체제 사이에 존재하는 표준 프로그래밍 인터페이스와 프로토콜을 사용하는 것인데 이것을 미들웨어(Middleware)라 한다.

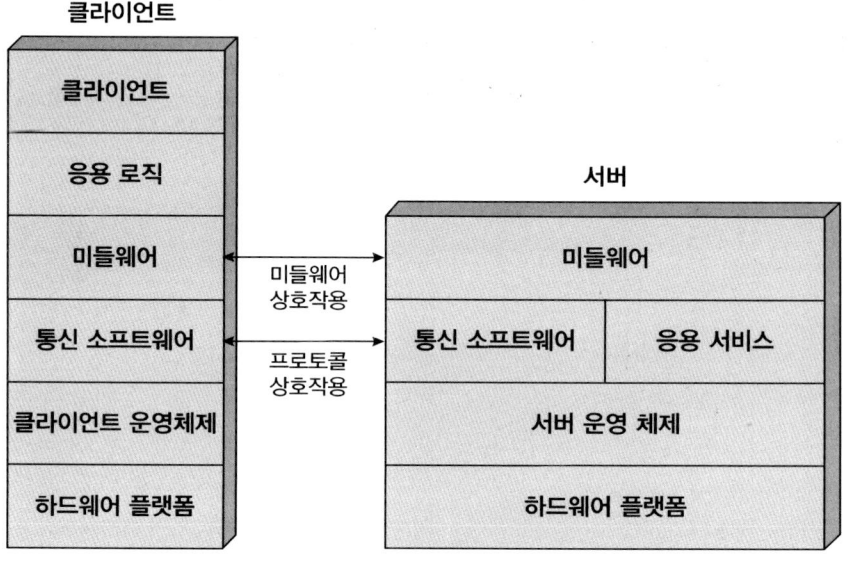

❖ 그림 13.10 클라이언트/서버 구조에서의 미들웨어 역할

미들웨어는 클라이언트가 여러 가지 다양한 서버들에게 일관된 방법으로 접근할 수 있도록 지원하며, 클라이언트 요구를 적절한 서버에 전달하고 서버의 구조가 바뀌는 경우에도 그 영향이 클라이언트에 미치지 않도록 하는 역할을 담당한다. 결과적으로 사용자는 데이터나 응용의 위치를 고려할 필요가 없고, 클라이언트 프로그램의 개발과 서버 프로그램의 개발이 독립적으로 이루어질 수 있는 것이다. 참고로, 미들웨어 제품들은 분야에 따라 무척 다양하지만 – 예를 들어, 대표적인 객체지향 미들웨어로 마이크로소프트의 COM/OLE와 OMG의 CORBA 등이 있으나 다른 분야까지 모두 열거 하지는 않겠다. – 기본적으로 13.3.2.1 통신 방식에서 배운 두 가지 통신 기법 중 하나에 기초하여 만들어지고 있음도 알아두자.

Chapter 13 다중처리 시스템과 운영체제

13.3.4 클러스터

클러스터링은 위 13.2.4에서 배운 대칭적 구조에 대한 대안으로, 고성능과 고가용성을 제공하며 특히, 서버시스템에 많이 사용된다. 클러스터는 여러 컴퓨터가 고속의 링크로 연결되어 있으며, 논리적으로는 하나의 컴퓨터인 것처럼 보여지도록 자원을 일관되고 통일되게 관리하는 시스템이다. 구조적으로는 분산 시스템에 가까우나 적은 수의 컴퓨터들을 고속의 네트워크로 묶고, 필요할 경우 공유 디스크를 사용함으로서(그림 13.11) 접근성능을 확실히 더 높일 수 있다.

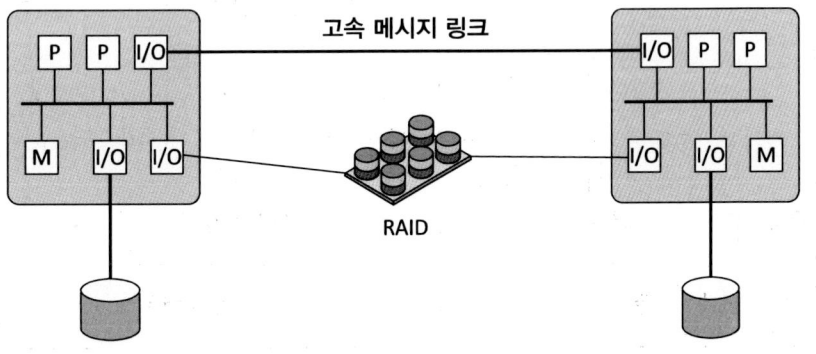

❖ 그림 13.11 공유 디스크가 있는 클러스터링

클러스터링으로 가질 수 있는 장점은 확장성(Scalability), 높은 가용성 그리고 우수한 가격 대비 성능이며, 탑재될 운영체제는 이러한 장점들이 구현될 수 있도록 결함 허용과 부하 균등화 그리고 병렬계산 등의 기능을 가져야한다.

13.3.5 클라우드 컴퓨팅

이 장을 제외하고 우리는 다수의 사용자가 단말기(Terminal)를 통해 중앙 시스템의 모든 서비스를 받는 전통적인 단일처리 시스템을 염두에 두고 많은 얘기를 해왔다. 그렇다면, 단말기를 개인용 컴퓨터나 워크스테이션 또는 스마트 기기로 바꾸고 중앙 시스템과의 연결선은 인터넷 망으로, 중앙시스템은 서버로 바꿔놓고 보면 어떨까? 프로그램과 문서는 서버에 있고 내 컴퓨터로 그

286

곳에 인터넷을 통해 접속해서 이용하는 모양이 되고, 이것이 바로 최근에 많이 듣게 되는 클라우드 컴퓨팅(Cloud computing)이다. 즉, 클라우드 컴퓨팅은 정보처리를 자신의 컴퓨터가 아닌 인터넷으로 연결된 다른 컴퓨터로 처리하는 기술을 말한다.

클라우드 – 이 이름은 많은 사람들이 인터넷 망을 구름으로 표현한 것에서 지어졌다 – 는 기본적으로 분산 시스템이며, 서버가 제공하는 다양한 서비스를 필요한 만큼 비용을 지불하고 빌려 쓰는 개념으로, 사용자는 프로그램과 문서를 자신의 컴퓨터에 둘 필요가 없으므로 이 들을 위한 관리 비용도 절감하며 고성능의 시스템을 가진 효과와 함께 언제 어디서든 인터넷만 된다면 접근이 가능하다. 다만, 서버나 인터넷에 문제가 생길 경우 이용이 불가능한 단점도 있다. 클라우드 컴퓨팅과 빅데이터(Big data)는 분산처리라는 환경에서 밀접한 연관이 있는데 이 부분은 각자가 알아보는 것을 숙제로 하자.

어떻게든 이해를 시켜야겠다는 고심과 함께 13개의 장에 걸쳐 많은 이야기들을 했으나, 결국은 여러분의 의지에 달렸다는 것이 중요하다. 일러준 대로 복습, 집중해서 읽고 파악하기 그리고 여러 가지 경우를 머릿속에 떠올려 봄으로써 응용력을 높이는 것들이 그것이며, 중요한 것은 외우려 하지 말고 이해하라는 것이다. 아무튼 여기까지 오느라 고생 많았고, 처음 시작할 때의 "OS?"가 이제는 "Oh Yes!"로 바뀌었으리라는 것이 필자의 바람이다. 인연이 닿아 또 다른 경로로 만나게 되기를 바라며 여기서 글을 맺는다.

찾아보기

숫자

2단계 디렉터리	194
2단계 페이징	157
50% 규칙(50-percent Rule)	141, 183

A

Access Control Key	160
Access List	202
Access Matrix	200
Access Method	190
Access Rights	201
Active State	39
Aging	58
Allocation Strategy	134, 170
and 구조	268
Anticipatory Fetch	169
Array processor	265
Associative Memory	153
Authentication	237, 242
availability	274

B

Backdoor	259
Bad Block	209
Bakery Algorithm	84
Banker's Algorithm	117

Best-fit	140
Big data	287
Binary Semaphore	89
Bit Vector	199
Block	148
blocking	279
Boom	208
Bootstrap Loader	20
Boundary Register	135
Buffer Cache	223
Buffering	223
Busy Wait	85

C

Cache coherency	264
Capability List	203
Chained Allocation	197
Channel	30
Checkpointing	127
Circular-Wait	113
Cleaning Strategy	182
client	274
clock 기법	176
Cloud computing	287
Coalescing	141
cobegin/coend	78

찾아보기

COM/OLE	285	Disk Striping	207, 224
Compaction	142	Dispatcher	52
Compatibility	281	Distributed file system(DFS)	283
Computation migration	277	Distributed mutual exclusion	282
Constant Angular Velocity	210	Distributed operating system	276
Constant Linear Velocity	210	Distributed processing	274
Context Switching	26	Dual Mode	14
Contiguous Allocation	197		
CORBA	285	**E**	
Counting Semaphore	89	EDF(Earliest Deadline First)	
CPU 스케줄링	51	알고리즘	68
CPU-bound Process	54	Effective Access Time	154
Critical Resource	77	Eschenbach 스케줄링	220
Critical Section	77	Event serialization	282
Cryptography	236	Eventcount	95
C-SCAN 스케줄링	218	exchange	87
Cycle Stealing	31	Expandability	280
Cylinder	209	Expedient State	122

D		**F**	
Data flow	265	Fair-share 스케줄링	66
Data migration	276	Fault Acceptance Rate	242
Database	190	Fault Rejection Rate	242
Deadlock	107	Fault tolerance	264, 281
Decryption	237	FCFS 스케줄링	56
Dekker의 알고리즘	83	Fetch Strategy	133, 168
Demand Cleaning	182	Fetch-and-add	271
Demand Fetch	169	FIFO 모순	173
Demand Paging	169	FIFO 스케줄링	56
Digital Watermarking	251	FIFO Anomaly	173
Direct Memory Access	30	File Allocation	197
Directory	193	File transfer protocol(FTP)	276
Discretionary Access Control	235	Fingerprinting	251
Disk Controller	222	Firewall System	251
Disk Interleaving	224	Firmware	13

First-fit	140
Fixed Head Disk	209
Folder	193
fork/join/quit	268
Fragmentation	137
Frame Locking	185
Frame	150
Future-knowledge 스케줄링	60

G – H

Global Replacement	170
Global state	282
Graph Reduction	122
Habermann의 알고리즘	120
Hard Realtime System	67
Hash	193
hit ratio	154
Hold & Wait	112
Hole	140
HRRN 스케줄링	61

I

I/O-bound Process	54
IDL	279
Indefinite Postponement	109
Indexed Allocation	197
Integer Semaphore	89
Interactive System	6
Interception	234
Inter-fault Time	181
Interrupt	22
Interrupt-driven I/O	30
Interruption	234
Isolated I/O	31

J – K

Job Scheduling	52
Kernel Level Thread	48
Kernel Mode	14
Kernel	12
Knot	124

L

L = S 법칙	183
Latency Time	210
LINUX	9
Livelock	83
load balancing	272
Load Control	182
Load sharing	277
Local Replacement	170
Locality	178
Lock-key	203
Logical Concurrency	73
LOOK 스케줄링	217
Loop distribution	269
Loosely coupled	261
LRU 스택	173

M

Magnetic Core Memory Device	6
Magnetic Disk Pack	6
Mandatory Access Control	235
Marshalling	279
Master/Slave	273
Mean Response Time	211
Mean Time Between Faults (MTBF)	183
Memory-mapped I/O	31
Micro 커널	275

찾아보기

Microprocessor	10
Micro-programming	13
migration	276
MIMD	263
Mirroring	225
MISD	263
Mobile Computing	231
Mode Switching	42
Modified Bit	168
Monitor	97
Monolithic 커널	275
Moving Head Disk	209
Multi-level Feedback Queue(MFQ)	64
Multi-level Queue	64
Multimode	9
Multiprocessing System	6
Multiprogramming Degree	132
Multiprogramming System	6
Multi-threading	43
Mutual Exclusion Condition	112
Mutual Exclusion	76

N - O

Naming	281
Network operating system	275
Never wait	271
next-fit	141
Nonpreemptive	55
N-step SCAN 스케줄링	217
NUR(Not Used Recently) 기법	176
Operating Systems	1
Overlay	134

P

Page Buffering	177

Page Fault Frequency	167
Page Table Origin Register	152
Page	147
Paging	150
Parallel processing	263
parbegin/parend	78
Parity	226
Path	194
Peterson의 알고리즘	83
PFF(Page Fault Frequency)	178
Phantom deadlock	282
Physical Concurrency	73
Placement Strategy	133, 169
Polling	22
Precleaning	182
Preemptible	110
Preemptive	55
Prepaging	169
Priority	36
Process Control Block	36
Process migration	277
Process State	37
Created State	
Ready State	
Running State	
Blocked State	
Suspended Ready State	
Suspended Blocked State	
Terminated State	
Producer-consumer Problem	92
Program Status Word	21
Programmed I/O	29
Protection Bits	155
Public Key	238
Pure Code	155

R

Race Condition	76
RAID(Redundant Array of Inexpensive Disks)	207, 225
Real Address	148
Realtime System	6, 67
Record	190
Reentrant	155
Reference Bit	168
Reference String	171
Register	20
Relative Address	148
reliability	274
Relocatable	136
Remote file transfer	276
Remote login	276
Remote procedure call(RPC)	49, 279
Replacement Strategy	134, 170
Resource Allocation Graph	121
Resource	109
Response Ratio	61
Response Time	53
Restart	127
RM(Rate Monotonic) 알고리즘	68
Robustness	281
Rotating Parity Array	226
Rotational Delay	210
Round-Robin	61

S

Safe State	118
Satellite Processor	30
Scalability	286
SCAN 스케줄링	215
Scheduling	51
Sector Queueing	221
Sector	209
Security	231
Seek Time	210
Segment	147
Segmentation	160
Semaphore	89
Separate executives	273
Sequencer	95
server	274
Shared Bus	30
Shell	11
SIMD	263
Single-stream Batch Processing Systems	5
SISD	263
SJF(Shortest Job First) 스케줄링	57
SLTF (Shortest Latency Time First)	221
Soft Realtime System	67
Sparse Matrix	201
Spatial parallelism	265
Spindle	208
Spinlock	85
SPN(Shortest Process Next) 스케줄링	57
Spooling	101
SRT 스케줄링	59
SSTF(Shortest Seek Time First) 스케줄링	214
Starvation	76
Storage Hierarchy	27
Stored Program Concept	7
Strip	224
Superscalar 구조	265
Swapping	40

찾아보기

Symmetrical	273
Synchronization	85
System Call	23
Systolic 배열구조	265

T

Task	8
TCP/IP	284
Telnet	276
Temporal parallelism	264
Termination Cost	126
testandset	87
Thrashing	178
Thread	42
Three-Tier	284
Threshold Value	60
Throughput	54, 211
Tightly coupled	261
Time Quantum	38, 61
Time Stamping	172
Timesharing System	6
TLB	153
Track	209
Translation Lookaside Buffer	153
Transmission Time	211
transparency	275, 280
Trap	23
Turnaround Time	53
Two-Tier	284

U

Ubiquitous Computing	231
UNIX	9
Unmarshalling	279
Unsafe State	118

User Authentication	237
User Interface	2
User Level Thread	46
User Mode	14
Utility Program	12
Utilization	54

V - W

Worst-fit	140
Virtual Address	148
Virtual Memory	147
Waiting Signaler Queue	97
Winchester Disk	210
Wiretapping	234
Working set 이론	178
World Wide Web	278
Worm	255

ㄱ

가변(Variable) 분할	132, 134
가상 메모리	147
가상(Virtual) 라운드 로빈	63
가상주소	148
가용성	274
간트 차트	57
강제 접근 제어	235
개선된 Second-chance(NUR)	176
갱신 비트	168
검사점 지정	127
결함 허용	264, 281
결합 스위치	262
경계 레지스터	135
경로	194
경성 실시간 시스템	67

찾아보기

경쟁 상태	76
계수 세마포어	89
계층 디렉터리	195
고정 분할	133
고정 헤드 디스크	209
고정(Fixed) 분할	132
공간 병렬성	265
공개 키 암호 방식	238
공유 버스	30
공통 키(Shared Key) 암호 방식	238
교착 상태	76, 88, 103, 107, 114
교체 기법	134
교체 정책	170
FIFO 기법	172
LFU(Least Frequently Used) 기법	177
LRU 기법	173
MFU(Most Frequently Used) 기법	177
Second-chance 기법	174
최적 기법	171
페이지 버퍼링 기법	177
권한 리스트	203
그래프 제거법	122
그래프 탐색(Search) 방법	123
기아	76
기억 장치의 계층적 구조	27

ㄴ

내부(Internal) 단편화	137
내장 프로그램 개념	7
네임 서버	281
네트워크 운영체제	275
노트	124
논리적 병행성	73

ㄷ

다단계 망	266
다단계 큐 스케줄링	64
다단계 피드백 큐 스케줄링	64
다중 사용자 컴퓨터 시스템	2
다중 스레딩	43
다중 인터럽트	27
다중 프로그래밍 시스템	6, 7
다중 프로그래밍의 정도	132
다중모드	9
다중처리 시스템	6, 7
단기 스케줄링	52
단편화	137
대기 상태	38
대화식 시스템	6, 9
더미(Pile) 파일	190
데이터 이주	276
데이터 페이지	156
데이터 플로우	265
데이터베이스	190
데이터의 종속성	265
독립적인 입출력	31
동기화	85
듀얼 모드	14
디렉터리	193
디스크 스케줄링	207
디스크 스트라이핑	207, 224
디스크 인터리빙	224
디스크 컨트롤러	222
디스패처	52
디지털 워터마킹	251

ㄹ

라운드 로빈 스케줄링	61
라이브락	83

295

찾아보기

락-키 방식	203
레지스터	20
레코드	190
루트 테이블	158

ㅁ

마이크로-프로그래밍	13
마이크로프로세서	10
메모리 상주 프로그램	12
메모리 인터리빙 (Memory interleaving)	267
메모리 주소지정 입출력	31
메시지 전달(Message passing)	278
명령어 실행주기	22
모니터	97
모드 스위칭	42
무한 대기	109
문맥교환	41
물리적 병행성	73
미들웨어(Middleware)	285
미러링	225
밀결합 시스템	261

ㅂ

바쁜 대기	85
바이러스	256
반환 시간	53
방화벽	252
배열 프로세서	265
배치 기법	133
배치 정책	169
백도어	259
버디시스템	143
버퍼 캐시	223
버퍼링	223

베이커리 알고리즘	84
벡터(Vector) 레지스터	264
병렬처리	263
병합	141
병행 프로세스	73
보류 대기 상태	40
보류 상태	40
보류 준비 상태	40
보안 메커니즘	235
보유와 대기 조건	112
보호 비트	155
복구(Recovery) 기법	113
복호화	237
부분 인덱스	191
부츠트랩 로더	20
부팅	20
부하 공유	277
부하 조절	182
부하균형	272
분산 상호배제	282
분산 운영체제	276
분산 처리	274
분산 파일 시스템	283
불안전 상태	118
블로킹	279
블록	148
비선점 조건	112
비선점	55
비순환 그래프(Acyclic Graph) 디렉터리	195
비트 벡터	199
빅데이터	287

ㅅ

사용자 레벨 스레드	46

296

사용자 인증	237	시스템 소프트웨어	2
사용자 인터페이스	2	시스템 콜	23
상대주소	148	시스템 프로그램	2
상호배제 조건	112	식사하는 철학자	102
상호배제	76	신뢰성	274
생산자-소비자 문제	92	신호자 대기 큐	97
생성 상태	37	실 접근 시간	154
시비	274	실린더	209
선 페이징	169	실시간 시스템	6, 67
선점 가능 자원	110	실시간 클래스	70
선점 불가능 자원	110	실주소	148
선점	55	실행 상태	38
세그먼테이션	160		
세그먼트	147		
세마포어	89	안전 상태	118
섹터 큐잉	221	암호 알고리즘	232
섹터	209	암호 키	232
소모성(Consumable) 자원	110	암호 해독	241
소프트웨어 공학	9	암호	236
순차(Sequential) 파일	191	약결합 시스템	261
순환 분배	269	에이징	58
쉘	11	역(Inverted) 페이지 테이블	158
스레드 라이브러리	46	연관 메모리	153
스레드 제어 블록	44	연산 위주 프로세스	54
스레드	42	연산 이주	277
스레싱	178	연성 실시간 시스템	67
스와핑	40	연속 할당	197
스케줄링	51	예방(Prevention) 기법	113
스터브	279	예상(Anticipatory) 적재	133
스트립	224	예측 적재	169
스풀링	101	예측 클리닝	182
스핀락	85	오류 거부율	242
시간 병렬성	264	오류 블록	209
시간 할당량	38, 61	오류 허용률	242
시분할 시스템	6, 8	오버레이	134

찾아보기

오버플로우 파일	191	인터럽트	22, 23
와이어태핑	234	인터럽트에 의한 입출력	30
완전 인덱스	191	일괄처리 시스템	5
외부(External) 단편화	137	일반 그래프(General Graph)	
요구 적재	169	디렉터리	195
요구 클리닝	182	일반 클래스	70
요구 페이징	169	일정 각속도	210
요구(Demand) 적재	133	일정 선형 속도	210
우선순위	36, 64	임계 값	60
운영체제	1	임계영역	77
원격 로그인	276	임계자원	77
원격 파일 전송	276	임의 접근 제어	235
원격 프로시저 호출	49, 279	입출력 위주 프로세스	54
웜	255		
위성 프로세서	30	**ㅈ**	
윈도 크기	179		
윈체스터 디스크	210	자기 디스크 팩	6
유령 교착상태	282	자기코어 기억 장치	6
유비쿼터스 컴퓨팅	231	자료의 무결성	234
유저 모드	14	자원 할당 그래프	121
유틸리티 프로그램	12	자원	109
은행가 알고리즘	117	자원의 가용성	234
응답 시간	53	작업 스케줄링	52
응답률	61	장기 스케줄링	52
응용 소프트웨어	2	재배치 레지스터	148
이동 컴퓨팅	231	재배치 번역	136
이동 헤드 디스크	209	재시작	127
이분(Bipartite) 그래프	121	재진입 코드	155
이진 레벨 호환성	281	적재 기법	133
이진 세마포어	89	적재 정책	168
인덱스 할당	197	적중률	154
인덱스(Index) 순차 파일	191	전송 시간	211
인덱스(Index) 파일	191	전역 교체	170
인증	242	전역 상태	282
인터럽트 처리 루틴	24	전역 테이블	201
		절대(Absolute)로더	136

접근 권한	201	컴퓨터 바이러스	247
접근 리스트	202	컴퓨터 보안	231
접근 제어 키	160	코드 페이지	156
접근 행렬	200	크래킹	256
정보의 비밀성	234	크로스바 스위치	266
정보인증	237	클라우드 컴퓨팅	286, 287
정수 세마포어	89	클라이언트	274
존재(Residence) 비트	151	클러스터	286
종료 비용	126	클리닝 정책	182
종료 상태	38		
준비 상태	38		

ㅌ

준비 큐	56	탐색 시간	210
중기 스케줄링	52	탐지(Detection) 기법	113
즉시 할당 상태	122	태스크	8
지수 평균 방법	58	통합	142
지역 교체	170	트랙	209
지역성	178	트랩	23
지지대	208	투명성	275, 280
		트리 높이 감축	
		(Tree height reduction)	270

ㅊ

참조 비트	168		
참조 열	171		

ㅍ

채널	30	파이프라인(Pipeline)	264
처리량	54	파일 할당	197
체인 할당	197	파일시스템	189
최악적합	140	패리티	226
최적적합	140	펌웨어	13
최초적합	140	페이지 공유	156
침입 차단 시스템	251	페이지 부재 빈도	167
		페이지 부재	171
		페이지 부재의 간격	181

ㅋ

		페이지 테이블 기준 레지스터	152
캐시 일관성	264	페이지 테이블	151
커널 레벨 스레드	48	페이지	147
커널 모드	14	페이지의 공유(Sharing)	155
커널	12		

찾아보기

페이지의 보호(Protection)	155
페이징	150
평균 응답 시간	57
평면 디렉터리	193
폰 노이만 구조	265
폴더	193
폴링	22
프레임 잠금	185
프레임	150
프로그램 상태 워드	21
프로그램에 의한 입출력	29
프로세스 스위칭	42
프로세스 이주	277
프로세스 제어 블록	36
프로세스	35
프로세스의 상태	37
생성 상태	37
준비 상태	37
실행 상태	37
대기 상태	37
보류 준비 상태	37
보류 대기 상태	37

종료 상태	37
프로토콜 레벨 호환성	281
필드(Field)	190
핑거프린팅	251

ㅎ

하이퍼 큐브	266
할당 기법	134
할당 정책	170
해시	193
해킹	256
호환성	281
홀	140
확장성	280
환형 대기	113
활성 상태	39
활용도	54
회전 지연 시간	210
회전 패리티 배열	226
회전축	208
회피(Avoidance) 기법	113
희소 행렬	201